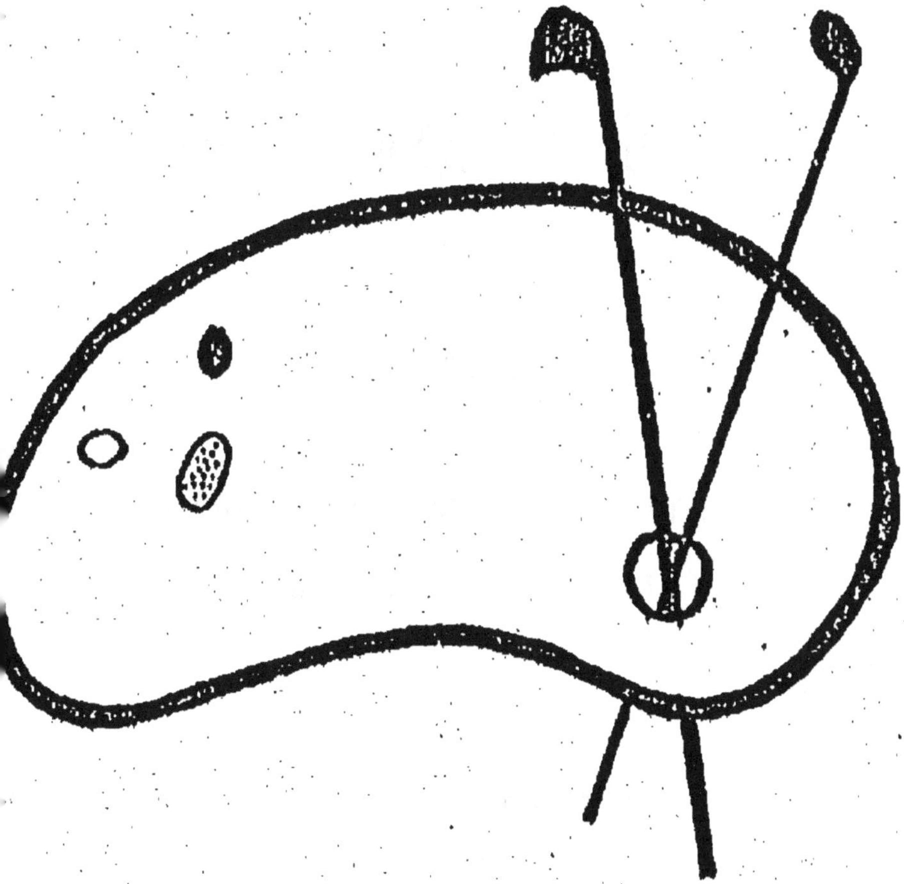

DEBUT D'UNE SERIE DE DOCUMENTS
EN COULEUR

CERCLE PARISIEN

DE LA

LIGUE DE L'ENSEIGNEMENT

ENQUÊTE

SUR

L'OBLIGATION, LA GRATUITÉ ET LA LAÏCITÉ

DE L'ENSEIGNEMENT PRIMAIRE

SIÈGE DE LA SOCIÉTÉ

175, rue Saint-Honoré

PARIS

IMPRIMERIE CENTRALE DES CHEMINS DE FER

A. CHAIX ET Cie

RUE BERGÈRE, 20, PRÈS DU BOULEVARD MONTMARTRE

1880

IMPRIMERIE CENTRALE DES CHEMINS DE FER. — A. CHAIX ET Cie,
RUE BERGÈRE, 20, A PARIS. — 1070-0.

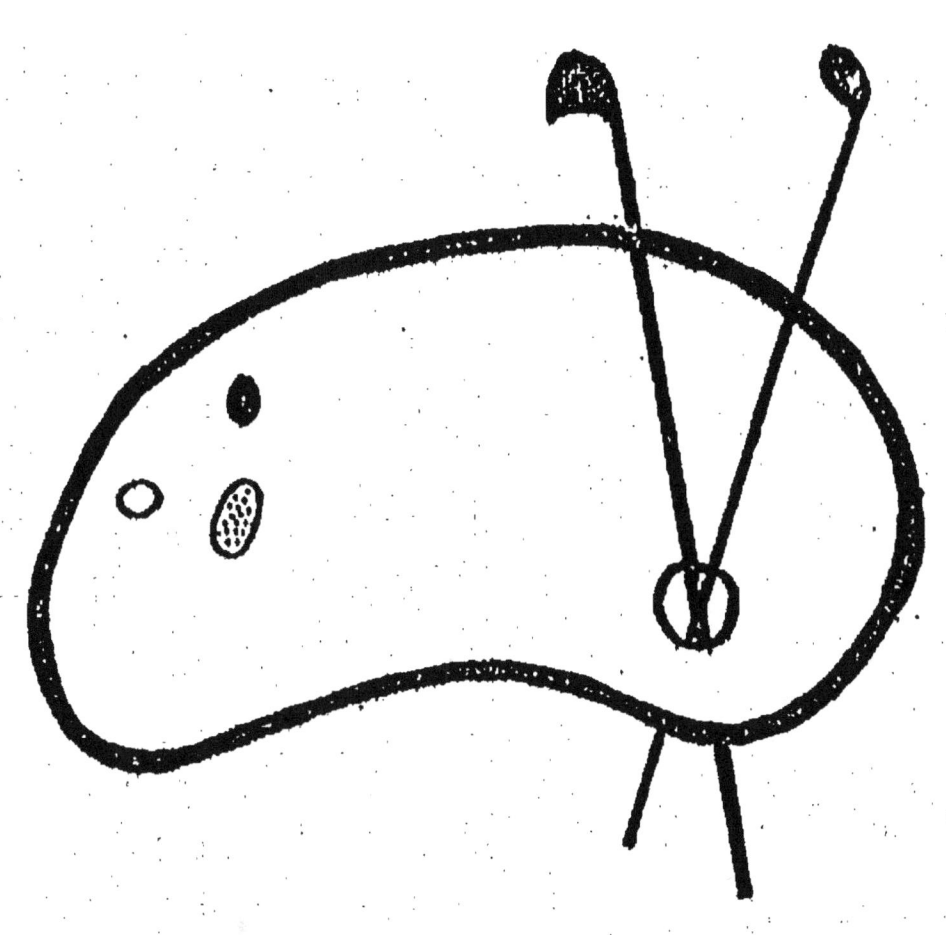

FIN D'UNE SERIE DE DOCUMENTS
EN COULEUR

CERCLE PARISIEN
DE LA
LIGUE DE L'ENSEIGNEMENT

ENQUÊTE

SUR

L'OBLIGATION, LA GRATUITÉ ET LA LAÏCITÉ

DE L'ENSEIGNEMENT PRIMAIRE

SIÈGE DE LA SOCIÉTÉ

175, rue Saint-Honoré

PARIS
IMPRIMERIE CENTRALE DES CHEMINS DE FER
A. CHAIX ET Cie
RUE BERGÈRE, 20, PRÈS DU BOULEVARD MONTMARTRE
1880

ENQUÊTE OUVERTE

PAR LE

CERCLE PARISIEN

DE LA

LIGUE DE L'ENSEIGNEMENT

SUR

L'Instruction obligatoire, gratuite & laïque

L'Enquête dont nous publions aujourd'hui le résultat a été commencée en 1872 par M. Emmanuel Vauchez, le secrétaire général du Cercle Parisien de la Ligue, qui en a pris l'initiative.

Au 1er novembre de cette même année, il avait envoyé déjà près de 3,000 lettres, et reçu plus de 500 réponses d'acquiescement formel au triple principe de l'obligation, de la gratuité et de la laïcité de l'Enseignement primaire. Parmi les Conseils municipaux qui avaient répondu à l'appel du Secrétaire du Cercle Parisien, nous citerons ceux de : Paris, Lyon, Marseille, Alger, Bordeaux, Lille, Le Havre, Roubaix, Reims, Toulon, Angers, Clermont-Ferrand ; parmi les Conseils généraux, ceux de la Seine, des Bouches-du-Rhône, du Var, de l'Yonne, de Saône-et-Loire.

Interrompu une première fois par le 24 mai, une seconde fois par le 16 mai, le mouvement n'a été repris sérieusement que cette année.

Au mois de septembre dernier, le Cercle Parisien de la Ligue de l'Enseignement envoyait à tous ses correspondants la circulaire suivante :

MONSIEUR ET CHER CONCITOYEN,

Nous désirerions clôturer, cette année, notre enquête en faveur de l'instruction primaire obligatoire, gratuite et laïque.

C'est là une question que nous considérons comme capitale, au point de vue du respect de la liberté de conscience, de l'union dans les familles et du relèvement national.

Les réponses affirmatives qui nous sont déjà parvenues de la part des Conseils municipaux représentent au moins la moitié de la population de la France. Dans les circonstances actuelles, il importe d'arriver à une solution aussi prompte et aussi complète que possible, et c'est pour cela que nous nous adressons à votre patriotique concours pour faire signer hors séance le document ci-joint par les Conseillers municipaux de votre commune, et si c'est possible par les Conseillers généraux et d'arrondissement.

Recevez, Monsieur et cher Concitoyen, nos remercîments et nos salutations bien fraternelles.

Le Secrétaire général,   *Le Président,*
EMMANUEL VAUCHEZ.   JEAN MACÉ.

Voici le document qui devait être présenté à la signature des Conseillers municipaux, généraux et d'arrondissement :

Département d _____
Arrondissement d _____
Commune d _____

Considérant que l'esprit a autant besoin de lumière que le corps a besoin d'aliments; que l'expérience a démontré que le niveau moral d'un peuple s'élève avec son degré d'instruction; que, dans un gouvernement républicain basé sur le suffrage universel, tous les citoyens doivent être mis à même de comprendre leurs devoirs et leurs droits;

Les soussignés demandent l'instruction primaire, *obligatoire*, *gratuite* et *laïque*, pour les deux sexes, dans toutes les écoles subventionnées par les communes, les départements et l'État :

Obligatoire, dans le double intérêt de l'individu et de la société, au nom de leur solidarité réciproque;

Gratuite, au nom de l'égalité, et pour ôter tout prétexte aux mauvais vouloirs;

Laïque, parce que ce principe : « *La science à l'École et l'instruction religieuse à l'Église* », est le seul qui protège efficacement la liberté de conscience.

(Prière de faire un relevé *très lisible* des signatures en ajoutant, après les noms, les titres de chacun des signataires.)

Il y a longtemps que cette formule de l'instruction obligatoire, gratuite et laïque, a cours dans le parti républicain. Le moment est venu enfin de la faire passer dans la loi, non pas que les raisons à donner en sa faveur soient meilleures aujourd'hui qu'autrefois, mais parce que l'opinion qu'elle effarouchait jadis, s'y est ralliée maintenant.

J'ai eu tort de dire que les raisons ne sont pas meilleures. L'on a une raison à donner maintenant qui n'existait pas, il y aura bientôt trente-deux ans, une raison meilleure que toutes les autres, qui s'impose aux esprits sans résistance possible, dès qu'ils consentent à réfléchir, et devant laquelle toute velléité d'opposition tombera forcément quand on en viendra à la discussion de la loi : le 24 février 1848, la France est tombée dans le suffrage universel.

Tombée est bien le mot. Il y a certes là un droit qu'on ne doit pas méconnaître, et auquel d'ailleurs nul ne peut aujourd'hui penser à toucher ; mais si l'on veut aller au fond des choses, à qui la France à son tour est-elle en droit de redemander l'Alsace et la Lorraine?

En bonne conscience, eût-ce été trop de trente ans d'instruction obligatoire en France, avant l'établissement du suffrage universel? Voici trente-deux ans tout à l'heure que nous avons le suffrage universel, et nous n'avons pas encore l'instruction obligatoire! Et l'on rencontre des gens effrayés de la rapidité avec laquelle nous marchons! En vérité, si c'est là marcher trop vite, de quel pas devrions-nous donc aller?

L'obligation entraîne nécessairement la gratuité. L'école assimilée au régiment par où tous les Français doivent passer pour payer leur dette à la patrie, cette école-là demande à être gratuite comme le régiment, et au même titre. Cela paraît si évident que le débat ne saurait être long sur ce deuxième terme de la formule, qui est une conséquence forcée du premier.

Reste le troisième qu'on est bien forcé de conserver tel quel, puisqu'il est maintenant consacré, mais dont le choix n'a pas été heureux. Même donnée par un laïque, l'instruction de l'école appellera la réforme tant qu'on la fera empiéter sur ce qui est du domaine de la conscience. C'était *neutre* qu'il fallait dire, ou selon l'expression anglaise *unsectarian*; non sectaire, en dehors de tout rite particulier, de toute doctrine confessionnelle.

Dans un pays où il n'y a pas de religion d'État, l'existence d'une religion d'école — d'école publique, bien entendu — n'est pas seulement un non-sens; c'est un audacieux démenti à la loi reconnue de l'État. Il a fallu les défaillances, disons mieux, les trahisons des gouvernements contre-révolutionnaires par les mains desquels nous venons de passer, pour imposer si longtemps à nos écoles cette violation manifeste du principe fondamental de la société française, en matière de religion. Et l'on ose invoquer la liberté du père de famille pour maintenir dans l'école l'enseignement d'office aux enfants d'une religion réglementaire, qu'elle soit ou non celle de leurs parents. S'imagine-t-on que les protestants et les juifs soient les seuls qui trouvent à redire au catéchisme approuvé par Monseigneur l'Évêque?

C'est bien ainsi au surplus que l'ont entendu les signataires de la pièce envoyée par le Cercle Parisien. Elle est catégorique sur ce point: *la science à l'École, et l'instruction religieuse à l'Église*, ce qui ne veut pas dire que toute idée religieuse sera bannie de l'école, et qu'on n'y parlera jamais aux enfants des grands principes qui doivent les guider dans la vie. C'est l'enseignement confessionnel seulement qu'il s'agit de renvoyer à l'église, l'enseignement des dogmes et des croyances spéciales qui distinguent une religion de l'autre. Quant à ce fonds commun de religion universelle qui s'impose à toutes, et qu'élargit d'âge en âge le progrès de la conscience humaine, il ne saurait être bien certainement rayé du programme de nos écoles. Elles pécheraient par la base si la conscience des enfants n'y était pas l'objet de la même sollicitude que leur intelligence et leur raison. Peut-il se concevoir, par exemple, pour ne prendre qu'un des côtés de la question, une école républicaine où l'on n'enseigne pas la religion de la patrie ?

L'école républicaine ! Là est le véritable terrain du débat. Là est la raison péremptoire pour laquelle nous ne pouvons plus laisser l'école publique aux mains des congréganistes. Il leur est défendu de faire des républicains. Est-il besoin de dire pourquoi ?

Or, nous sommes en République, et nous y resterons en dépit de tout, parce que nous ne voyons pas autre chose à mettre à la place. Mais ce n'est pas assez pour une nation d'avoir la République, si elle n'a pas en outre le tempérament républicain. Le grand obstacle au fonctionnement normal du régime actuel, le caillou dans le soulier de la patrie, c'est que les générations en activité de service, s'il est permis de s'exprimer ainsi, n'ont pas eu à l'école cette première éducation républicaine que rien ne remplace tout à fait, et que l'esprit civique, sans lequel il n'y a pas de république bien portante, n'est pas encore suffisamment développé chez nous. Que ceux-là disent le contraire qui ont payé de leur personne, et remué le pays pour y faire surgir des citoyens !

L'école laïque, neutre au point de vue religieux, républicaine au point de vue politique, est donc une question de salut public, de santé publique, si vous aimez mieux, nos institutions présentes étant données, et vous ne lui trouverez pas un adversaire convaincu, qui n'ait une pensée de derrière tournée vers un régime meilleur, à ses yeux, que celui que nous avons. Rien ne vaudra jamais les congréganistes pour fabriquer des sujets.

Faut-il s'étonner après cela de l'intérêt passionné qui s'attache de part et d'autre à ce débat de l'école laïque, la grosse question du moment. Le jour a fini par se faire dans les esprits, et s'il y a un mot d'ordre universellement accepté au sein du parti républicain, c'est assurément celui-là. Nous en apportons la preuve dans les innombrables adhésions au principe de la laïcité qu'une simple société privée, sans relations administratives, a pu recueillir en cinq mois dans les conseils municipaux du pays tout entier. Ceux qui ont pu craindre la résistance des populations au remplacement des frères et des sœurs, auront de quoi se rassurer en parcourant ces listes de signatures d'élus du suffrage universel, dont la légalisation n'était pas une formalité bien nécessaire puisqu'elle a été donnée presque partout par les signataires eux-mêmes.

Ajoutons que ce sont eux aussi qui sont appelés à décider dans la commune quel sera le caractère de l'école publique, et qu'il est permis de les supposer prêts à faire honneur à leur signature, en établissant eux-mêmes chez eux ce qu'ils demandent à voir établi dans tout le pays. C'est même de cette façon que s'accomplira le plus sûrement ce grand progrès de la transformation de nos écoles, transformation qui commence déjà d'elle-même, tantôt sur un point, tantôt sur un autre, par des votes de conseils municipaux, et qui gagnera de proche en proche, par la contagion de l'exemple, sous la pression de l'opinion.

Notre enquête n'aura pas été sans action sur ce mouvement qui s'accentue chaque jour davantage, et qui contribuera certainement au réveil de la vie communale, réduite depuis si longtemps à néant par les vieux pouvoirs monarchiques. Ce ne sera pas pour rien que tant d'hommes dévoués auront fait acte de citoyens dans nos villes et nos campagnes, allant de l'un à l'autre; prêchant à tous l'importance, trop souvent méconnue, de l'école; le devoir incombant à quiconque possède une autorité personnelle de la faire intervenir pour arracher l'éducation de nos enfants aux ennemis déclarés de nos idées et de nos institutions. Il en restera toujours quelque chose, ne fût-ce que l'élargissement des horizons, et la pensée de la patrie un peu plus présente dans les délibérations municipales.

Il faudrait citer trop de noms si nous entreprenions de rendre justice à tous les auxiliaires qui ont offert leur concours patriotique au Cercle Parisien, pour l'aider dans une aussi lourde tâche. Nous mentionnerons seulement parmi ceux dont les efforts ont été le plus couronnés de succès :

MM. Auguste Bonniol, maire du Cannet (Alpes-Maritimes).
Ch. Monier, adjoint à Forcalquier (Basses-Alpes).
Tabourin, chimiste, adjoint au maire de Miribel (Ain).
Dr Dulieu, maire de Longueval (Aisne).
Camille Arnaud, maire de Forcalquier (Basses-Alpes).
David Bacot, conseiller général à Sedan (Ardennes).
Adolphe Regnier, conseiller municipal à Charleville (Ardennes).
Paul Bouchard, conseiller général à Bligny-sous-Beaune (Côte-d'Or).
Grillot-Roy, maire de Nolay (Côte-d'Or).
Dr Lavallée, Mansle (Charente).

MM. Henri Second, rédacteur en chef du *Journal de Valence* (Drôme).
Janoyer, maire de Beaumont-lès-Valence (Drôme).
Faure, maire à Montmeyran (Drôme).
D⁽ʳ⁾ Cambassédès, au Vigan (Gard).
H. de Sabatier, pasteur à Ners (Gard).
Ibos, maire de Saint-Bertrand de Comminges (Haute-Garonne).
Jean David, député de l'arrond. d'Auch (Gers).
Benjamin Bouquet, président du conseil d'arrondissement de Lodève (Hérault).
D⁽ʳ⁾ de Dervieux, conseiller municipal à Ganges (Hérault).
Bourgeois, négociant à Dôle (Jura).
Richard, maire de Sollières (Jura).
Le général Vergne, conseiller d'arrondissement à Châteauroux (Indre).
Godefroy, maire de Sacy-sur-Eure (Eure).
D⁽ʳ⁾ Henrot, président du Comité rémois de la Ligue de l'Enseignement à Reims (Marne).
Gérard, maire d'Épernay (Marne).
Henri Bertrand, maire de Briey (Meurthe-et-Moselle).
Fourman-Piot, maire de Soilly (Marne).
Louis Durr, négociant à Nancy (Meurthe-et-Moselle).
Maury, maire de Verdun (Meuse).
Bastien Laferrière, à Vaucouleurs (Meuse).
Ch. Lenglet, avocat à Arras (Pas-de-Calais).
Fourcade, conseiller général, maire de Céret (Pyrénées-Orientales).
Henri Laffon, rédacteur en chef de l'*Indépendant*, à Perpignan (Pyrénées-Orientales).
Mossé fils, négociant à Perpignan (Pyrénées-Orientales).
Ducharme, Clermont-Ferrand (Puy-de-Dôme).
Mauchamps, conseiller municipal à Chalon (Saône-et-Loire).
Limonnier, maire de Givry (Saône-et-Loire).
Noirot, député de l'arrondissement de Vesoul (Haute-Saône).
D⁽ʳ⁾ Bontemps, maire de Jussey (Haute-Saône).

MM. Lebrun, maire de Saint-Loup-sur-Semouse (Haute-Saône).
Pourmoirac, ingénieur à Ronchamps (Haute-Saône).
Maige, maire de Grésy-sur-Isère (Savoie).
Edmond Richardin, à Paris.
Le Prévost, à Elbeuf (Seine-Inférieure).
Eugène Vienot, à Rouen (Seine-Inférieure).
G. Lagache, manufactur., à Cosson (Seine-et-Marne).
Antoine Michel, maire de Fayence (Var).
Capuro, maire de Saint-Tropez (Var).
Frédéric Petit, à Amiens (Somme).
Fourmon, maire de l'Isle (Vaucluse).
Henry Reynaud de la Gardette, maire de Bollène (Vaucluse).
Félix Vayson, maire de Gordes (Vaucluse).
Motreau, à la Roche-sur-Yon (Vendée).
Drouin, maire de Saint-Cloud (Algérie).
Florion, président du Cercle spinalien de la ligue de l'Enseignement, à Épinal (Vosges).
Conus, secrétaire du même Cercle.
Jeannoël, maire de Bulgnéville (Vosges).
D' Leroux, à Legny-le-Châtel (Yonne).
Herold, secrétaire de la Société de l'Yonne à Auxerre (Yonne).
Burat, à Cinerchy (Yonne).

Qu'ils reçoivent ici, pour eux et tous leurs compagnons de travail, nos remerciements et nos félicitations. Ils auront rendu un grand service à la cause du relèvement national, en fournissant une preuve de plus, concluante entre toutes, de l'impopularité de l'enseignement congréganiste, sans distinction des congrégations autorisées et de celles qui ne le sont pas. *Enseignement laïque*, ce mot là va plus loin que l'article 7. Et de fait, la seule autorisation qui puisse compter ici, c'est l'autorisation venue de Rome de donner à nos enfants une éducation conforme aux principes de la société française. Quelle congrégation religieuse pourra jamais la produire ?

Il nous reste à faire à tous ceux qui nous ont soutenu de leur concours dans cette campagne un appel qui sera entendu comme le premier, nous osons l'espérer. Le Cercle parisien, qui a déjà tant d'emplois des souscriptions et des dons qu'il recueille, des fondations de bibliothèques populaires et de bibliothèques pédagogiques d'instituteurs à encourager tous les jours, des écoles à doter de matériel scolaire sur tous les points de la France à la fois; qui est grevé de frais allant toujours grandissant par le service gratuit des achats de livres pour les bibliothèques populaires et régimentaires, et l'expédition *franco* des colis de livres et de matériel scolaire, le Cercle parisien s'est vu entraîner dans des dépenses exceptionnelles par le développement considérable qu'a pris cette enquête, développement qu'il n'aurait eu garde d'arrêter. Le chiffre atteint par les envois de lettres et d'imprimés, celui qu'atteindront l'impression des documents de l'enquête et leur distribution, but final de tout cet immense travail, menacent d'épuiser les ressources disponibles du Cercle, et d'aller même bien au delà.

D'interrompre son service, nous ne pouvons pas y penser. Nous avons eu pour règle, depuis le commencement, d'aller de l'avant sans compter, ne reculant devant rien de ce qui nous paraissait utile à faire, et nous fiant, pour y suffire, au concours patriotique de ceux qui nous voyaient à l'œuvre. Ce concours ne nous a pas fait défaut jusqu'à présent : nous nous fions encore à lui.

Le Président du Cercle Parisien,

Jean MACÉ.

Le Comité du *Cercle parisien de la Ligue de l'Enseignement* adresse un pressant appel, non seulement à ses adhérents, mais encore à tous les esprits libéraux et à tous les cœurs patriotes.

Les nombreuses écoles auxquelles nous avons distribué des globes, des cartes de France et d'Europe, des tableaux du système métrique et d'histoire naturelle ; — les bibliothèques populaires et pédagogiques dont nous avons encouragé la fondation ; — les frais de service gratuit pour l'achat des livres et de port pour leur envoi aux écoles ou aux bibliothèques populaires et militaires ; — les dépenses considérables nécessitées par l'enquête auprès des Conseils municipaux sur la triple question de l'obligation, de la gratuité et de la laïcité de l'enseignement primaire ; — enfin l'impression de tous les documents et du compte rendu des travaux du Cercle, — ont grevé de la façon la plus onéreuse notre budget.

Il importe de combler au plus vite ce déficit momentané. Afin d'associer plus étroitement encore nos souscripteurs aux efforts vraiment extraordinaires et exceptionnels que nous venons de faire en faveur de l'instruction populaire, de l'éducation civique et de la liberté de conscience, nous les prions instamment de bien vouloir doubler le chiffre de leurs cotisations pour cette année, ou du moins de l'augmenter dans une large mesure. Nous invitons également tous les amis du progrès, de l'émancipation intellectuelle, de la moralisation par l'étude, à nous venir en aide.

On a dit avec raison que la première des questions

sociales est la question scolaire : nous ajoutons que s'occuper de l'instruction, c'est travailler pour la *Patrie* et pour l'*Humanité*.

Le Comité du Cercle parisien :

MM. JEAN MACÉ, *Président* ; HENRI MARTIN, ÉMILE JAVAL, EUGÈNE NUS, *Vice-Présidents* ; EMMANUEL VAUCHEZ, *Secrétaire général* ; CH. BIGOT, J. DE BAGNAUX, ÉDOUARD DE POMPERY, VICTOR POUPIN, *Secrétaires* ; G. WICKHAM, *Trésorier* ; BAUDOT, E. BONNEMÈRE, CLAMAGERAN, DE SERRES, CH. FAUVETY, ERNEST FIGUREY, EM. GROSSELIN, CH. GOUDCHAUX, GEORGES GUÉROULT, P. GUIEYSSE, HIPPEAU, G. HUBBARD, P. JOURDE, ERNEST LEFÈVRE, LEREBOULLET, LEMARIGNIER, LIMOUSIN, PAUL POYDENOT et FERDINAND ROSSIGNOL, *membres*.

Le Comité des Membres honoraires :

MM. VICTOR HUGO, *Président* ; EMM. ARAGO, ÉMILE BRELAY, ERNEST BRELAY, BERTHELOT, PAUL BERT, MICHEL BRÉAL, HENRI BRISSON, CARNOT, CHALLEMEL-LACOUR, ÉDOUARD CHARTON, CLAUDE, CORBON, CRÉMIEUX, CAMILLE FLAMMARION, FOURCAND, le général GUILLEMAUT, CYPRIEN GIRERD, HÉROLD, Dr LAILLER, LEBLOND, LE ROYER, CH. LEPÈRE, LITTRÉ, LAISANT, Dr LOVE, MAGNIN, Dr MALLEZ, MARMOTTAN, MÉNIER, MOIGNEU, PEYRAT, SCHŒLCHER, SPULLER, TESTELIN, THUREL et TIRARD, *membres*.

Le Comité des Dames :

MM^{es} C. CARNOT, *Présidente* ; CLAMAGERAN, DORIAN, ANAÏS GUÉROULT, HIPPEAU, *Vice-Présidentes* ; B.-G. CAVAIGNAC, *Secrétaire générale* ; BERTHELOT, PAUL GUIEYSSE, ARTHUR PERNOLET, G. WICKHAM, *Secrétaires* ; MICHEL BRÉAL, ÉMILE BRELAY, HENRI BRISSON, PAUL BROCA, Mlle MARIE BOUTTEVILLE, Ve CHARRAS, COIGNET, CORNIL, DENTU, DUBRISAY, GOUDCHAUX, HÉROLD, YVAN-GARRAUD, ÉMILE JAVAL, PH. JOURDE, Ve KESTNER, JULES KOECHLIN, LAILLER, ERNEST LEFÈVRE, LOCKROY, MÉNARD-DORIAN, MOREAU DE JONNÈS, Ve MICHELET, Ve EDGAR QUINET, RÉTY, ROUDIER, SALLARD, SIMON-LAZARD, J. SIEGFRIED, THULIÉ, TIRARD, Mlle TOUSSAINT, *membres*.

MEMBRES DU COMITÉ

MM.

Président : Macé (Jean), château de Monthiers (Aisne) ;
Vice-présidents : Martin (Henri), sénateur, membre de l'Académie française, 38, rue Vital (Passy) ;
   Javal (Emile), 58, rue de Grenelle-Saint-Germain ;
   Huet, professeur, 7, rue du Pot-de-Fer-Saint-Marcel ;
   Nus (Eugène), 80, rue Bonaparte ;
Secrétaire général : Vauchez (Emmanuel), 175, rue Saint-Honoré ;
Secrétaires : Bigot (Ch.), rédacteur du *XIXe Siècle*, 66, rue Larochefoucauld ;
   Bagnaux (J. de), conseiller d'Etat, 50, rue d'Amsterdam ;
   De Pompery (Edouard), 34, rue de Londres ;
   Poupin (Victor), 66, rue de Rivoli ;
Trésorier : Wickham (Georges), président de la chambre syndicale de l'art médical, 16, rue de la Banque ;
Baudot, maire du 1er arrond., 48, rue Croix-des-Petits-Champs ;
Bonnemère, 31, rue de Boulogne ;
Clamageran, conseiller d'Etat, 57, avenue Joséphine ;
De Serres, 126, rue Lafayette ;
Fauvety (Ch.), 8, avenue Pereire (Asnières) ;
Figurey (Ernest), 32, rue Notre-Dame-des-Victoires ;
Goudchaux (Charles), 16, rue de la Banque.
Grosselin (Emile), sténographe à l'Assemblée nationale, 126, rue de l'Université ;
Guéroult (Georges), à Paris ;
Guieysse (Paul), ingénieur hydrographe de la marine, 42, rue des Ecoles.
Hippeau, Paris.
Hubbard (G.), secrétaire général de la questure à la Chambre des députés ;
Jourde (Ph.), directeur du *Siècle*, 26, rue Chauchat ;
Lefèvre (Ernest), administrateur du *Rappel*, 45, rue de Richelieu ;
Lereboullet, rédacteur du *Temps*, 10, faubourg Montmartre ;
Lemarignier, 1 *bis*, rue Hautefeuille ;
Limousin (Ch.), publiciste, 112, avenue d'Orléans, Paris ;
Poydenot (Paul), 4, cité de Londres ;
Rossignol (Ferdinand), 112, rue Saint-Lazare.

MEMBRES HONORAIRES DU COMITÉ

MM. Victor Hugo, sénateur, *président*.
Emmanuel Arago, sénateur.
Berthelot, membre de l'Institut.
Paul Bert, député.
Michel Bréal, membre de l'Institut.
Émile Brelay, député.
Ernest Brelay.
Henri Brisson, député, vice-président de la Chambre.
Carnot, sénateur.
Challemel-Lacour, sénateur, ambassadeur de France, en Suisse.
Ed. Charton, sénateur.
Claude, sénateur.
Corbon, sénateur.
Crémieux, sénateur.
Camille Flammarion, astronome.
Fourcand, sénateur.
Cyprien Girerd, député, sous-secrétaire d'État au ministère de l'agriculture et du commerce.
Le général Guillemaut, sénateur.
Hérold, sénateur, préfet de la Seine.
D' Lailler.
Laisant, député.
Le Blond, sénateur.
Le Royer, sénateur, ancien ministre de la Justice.
Ch. Lepère, député, ministre de l'intérieur, et des Cultes.
Littré, sénateur.
D' Love.
Magnin, sénateur, ministre des finances.
D' Mallez.
Marmottan, député.
Ménier, député.
Moigneu, propriétaire.
Péyrat, sénateur.
Shœlcher, sénateur.
Spuller, député.
Testelin, sénateur.
Thurel, sénateur.
Tirard, député, ministre de l'agriculture et du commerce.

COMITÉ DES DAMES

Organisé pour la souscription nationale destinée à fournir un matériel d'enseignement primaire aux écoles rurales de France, d'Algérie et des Colonies.

Présidente : Mme C. CARNOT, 122, rue de la Boétie.
Vice-Présidentes : Mmes CLAMAGERAN, 57, avenue Joséphine.
    DORIAN, 56, rue de la Victoire.
    Anaïs GUÉROULT, 150, rue Lafayette.
    HIPPEAU, Paris.
Secrétaire générale : Mme J.-B. CAVAIGNAC, à Angoulême (Charente).
Secrétaires : Mmes BERTHELOT, 57, boulevard Saint-Michel.
    Paul GUIEYSSE, 42, rue des Écoles.
    Arthur PERNOLET, 42, rue du Luxembourg.
    G. WICKHAM, 16, rue de la Banque.
  Mmes Michel BRÉAL, 63, boulevard Saint-Michel, Paris.
    Emile BRELAY, 5, rue Saint-Joseph.
    Henri BRISSON, 9, rue Mazagran.
    Paul BROCA, 1, rue des Saints-Pères.
  Mlle Marie BOUTTEVILLE, 3, rue Racine.
  Mmes Veuve CHARRAS, 18, rue de Berri.
    COIGNET, 22, rue de Berri.
    CORNIL, 6, rue de Seine.
    DENTU, 6, rue Sainte-Claire, Passy.
    DUBRISAY, 6, rue de Marengo.
    GOUDCHAUX, 3, rue Greffulhe.
    HÉROLD, à la préfecture de la Seine.
    IVAN-CARRAUD, 39, boulevard Malesherbes.
    Emile JAVAL, 58, rue de Grenelle-Saint-Germain.
    Ph. JOURDE, 26, rue Chauchat.
    Veuve KESTNER, 18, rue de Berri.
    Jules KOECHLIN, 4, avenue Ruysdaël.
    LAILLER, 22, rue Caumartin.
    Ernest LEFÈVRE, 45, rue de Richelieu.
    LOCKROY, Paris.
    MÉNARD-DORIAN, 52, rue Taitbout.
    MOREAU DE JONNÈS, 6, rue de Bouillé.
    Veuve MICHELET, 76, rue d'Assas.
    Veuve Edgard QUINET, 166, boulevard Montparnasse.

Mmes RETY, 6, rue des Lavandières-Sainte-Opportune.
ROUDIER, 17, boulevard de la Reine, Versailles.
SALLARD, 9, rue de Douai.
Simon LAZARD, 73, boulevard Haussmann.
Jacques SIEGFRIED, 12, rond-point des Champs-Elysées.
THULIÉ, 31, boulevard Beauséjour, Passy.
TIRARD, au ministère de l'agriculture et du commerce.
Mlle TOUSSAINT, 3, rue de Douai.

STATUTS

Article premier. — Une Société est créée, à Paris, sous le titre de Cercle parisien de la Ligue de l'Enseignement.

Art. 2. — Elle a pour but de propager l'instruction principalement au sein des populations rurales.

Art. 3. — Elle compte atteindre son but par les moyens suivants :

1º En stimulant l'initiative individuelle ;

2º En provoquant la fondation d'écoles, de cours gratuits et de conférences publiques ;

3º En favorisant la création de bibliothèques populaires ;

4º En employant enfin tous les moyens susceptibles d'amener la diffusion générale de l'instruction.

Art. 4. — Le Cercle parisien fait appel au concours de tous ceux qui comprennent la nécessité de développer l'instruction. Le Cercle n'est l'œuvre d'aucun parti ; il ne s'occupera ni de politique, ni de religion.

Art. 5. — Le Cercle parisien se compose de toutes les personnes qui adhèrent à ses Statuts et qui versent annuellement une cotisation qui ne peut être inférieure à 5 francs.

Tout souscripteur qui fait un versement d'une somme de 200 francs au *minimum* devient membre perpétuel du Cercle.

Le capital provenant des souscriptions perpétuelles sera placé en fonds d'État français ou en valeurs garanties par l'État français et ne pourra jamais être aliéné.

Dans le cas de dissolution de la Société, les souscripteurs vivants à cette époque pourront rentrer dans leurs fonds, dans le délai d'un an, en subissant la perte qui pourrait survenir sur ces valeurs.

Les sommes non réclamées une année après la dissolution de la Société seront versées à des Sociétés d'instruction.

Art. 6. — Les ressources du Cercle parisien se composent : 1° des cotisations annuelles de ses adhérents ; 2° des dons qui peuvent lui être faits.

Art. 7. — Le Cercle parisien est administré par un président et un Comité de trente membres élus par l'assemblée générale des adhérents.

Art. 8. — Le Président est élu pour un an ; le Comité se renouvelle par tiers chaque année. Les membres sortants sont rééligibles.

Le Comité peut proposer à l'assemblée générale la nomination de membres honoraires.

Art. 9. — Le Comité nomme son Bureau, fait son Règlement et publie au moins une fois par an le Bulletin du Cercle, lequel sera envoyé à tous ses membres.

Art. 10. — Les membres du Cercle parisien sont convoqués chaque année en assemblée générale ; la date de l'assemblée est annoncée un mois d'avance par le Comité. Il est rendu compte dans cette assemblée des travaux de la Société, de l'état des finances, et il est procédé à l'élection des membres sortants du Comité.

Art. 11. — Tout projet de modifications aux Statuts devra être communiqué au Comité quinze jours avant l'assemblée générale, et ne sera adopté qu'après sanction de l'assemblée générale.

Le siège social est à Paris, 175, rue Saint-Honoré.

ENQUÊTE SUR L'OBLIGATION, LA GRATUITÉ
ET LA LAÏCITÉ
DE L'ENSEIGNEMENT PRIMAIRE

QUATRIÈME LISTE.

Ain.

Arrondissement de Belley.

COMMUNE D'ARGIS.
(827 habitants.)

Considérant que l'esprit a autant besoin de lumière que le corps a besoin d'aliments; que l'expérience a démontré que le niveau moral d'un peuple s'élève avec son degré d'instruction; que, dans un gouvernement républicain basé sur le suffrage universel, tous les citoyens doivent être mis à même de comprendre leurs devoirs et leurs droits ;

Les soussignés demandent l'instruction primaire, *obligatoire, gratuite* et *laïque*, pour les deux sexes, dans toutes les écoles subventionnées par les communes, les départements et l'État :

Obligatoire, dans le double intérêt de l'individu et de la société, au nom de leur solidarité réciproque;

Gratuite, au nom de l'égalité, et pour ôter tout prétexte aux mauvais vouloirs ;

Laïque, parce que ce principe : « *La science à l'École et l'instruction religieuse à l'Église* » est le seul qui protège efficacement la liberté de conscience.

Déclaration signée par MM. André Reverdy, maire; Alexandre Boutte, Hippolyte Bouvard, François Chazelle, Joseph Dufour, François Guillet, H. Guyot, J. Jacquemain et Henri Reverdy, conseillers municipaux.

Arrondissement de Bourg.

COMMUNE DE PRIAY.
(1,061 habitants.)

Même déclaration signée par MM. Mingat, maire; Gingeat, adjoint; Chambaud, conseiller général; Bererd, Carre, Colonel, Foray, Gicollet, Morel, Nallard, Tête et Sevos, conseillers municipaux.

Arrondissement de Gex.

COMMUNE DE CHALLEX.
(656 habitants.)

Même déclaration signée par MM. Jean Gros, maire; Pierre Recour, adjoint; Aimé Collet, Cyrille Collet, Jean-Pierre Cusin, Irénée Dépery, Isidore Favre, Jules Lapalud, Théodore Odet et Célestin Pernoud, conseillers municipaux.

COMMUNE DE POUGNY.
(450 habitants.)

Même déclaration signée par MM. Crépel, maire; Mottier, adjoint; David, Gassmann, Leverat, Lachaux, Landrecy, Perréal et Vuichard, conseillers municipaux.

COMMUNE DE POUILLY-SAINT-GENIS.
(797 habitants.)

Même déclaration signée par MM. Vuaillet, maire; J. Buffat, A. Dormet, Donnet, Ajax Dupontet, Fournier-Mollid, François Gauthier, Godet, Léger, Murvy et Vallaton, conseillers municipaux.

Arrondissement de Trévoux.

COMMUNE DE BEYNOST.
(855 habitants.)

Même déclaration signée par MM. Eugène Pernet, maire; Antoine Rigaud, adjoint; Jean Bernard, Claude Charbonnier, Claudius Delorme, Joseph Gauthier, Claude Jonas, Noël Pocholat, Louis Romand, Claude Venard et Louis Villardier, conseillers municipaux.

COMMUNE DE MIRIBEL.
(3,480 habitants.)

Même déclaration signée par MM. Guillaume Nique, Léon Tabourin, adjoints; Balland, Berger, Berthet, Chassignol, Cuzin, Guillard, Moreau, Mutin, Rapet, Rollet, Sève, Tholon, Tranchant, Vignat et Vincent, conseillers municipaux.

COMMUNE DE NEYRON.
(553 habitants.)

Même déclaration signée par MM. Alexandre Avril, maire; Joseph Robergeon, adjoint; Louis Debrabant, Pierron, Pierre

Pin, Jean Ravu, Jean-Baptiste Sève et Joseph Sochy, conseillers municipaux.

COMMUNE DE RILLIEUX.
(1,337 habitants.)

Même déclaration signée par MM. Molard, maire; Amy, adjoint; Commarmot, Coqui, Cretin, Drevet, Forest, Mallaval et Talon, conseillers municipaux.

COMMUNE DE SAINTE-CROIX
(385 habitants.)

Même déclaration signée par MM. E. Riondel, maire; Pens adjoint; Blanc, Combe, Couturier, Fauchez, Gabillon, Garnier, conseillers municipaux.

Aisne.

Arrondissement de Château-Thierry.

VILLE DE CHATEAU-THIERRY.
(6,902 habitants.)

Même déclaration signée par MM. Coutelier, maire; Carrier, premier adjoint; Heurvaux, deuxième adjoint; Cauley, conseiller d'arrondissement; Barbey, Bruneau, Bétaucourt, Ch. Bailly, Albert Callou, Michel Domoucy, Deville, Dezy, Lacaze, Linet, Leclerc, Maraux, — Sarrazin, Sellier et Taupin, conseillers municipaux.

COMMUNE DE BRÉCY.
(463 habitants.)

Même déclaration signée par MM. Himelin, maire; Celles, Jésus, Laurin, Lambert, Latour, Lefèvre, Mercier et Romain, conseillers municipaux.

COMMUNE DE BRUYÈRES.
(276 habitants.)

Même déclaration signée par MM. Chauvin, adjoint; Bécar, Debarle, Droizy, Flamant, Guidet, Hourlier et Levistre, conseillers municipaux.

COMMUNE DE FOSSOY.
(272 habitants.)

Même déclaration signée par MM. S. Ninout, maire; V. Bardou, adjoint; Bardou-Dupuis, E. Gage, L. Ninout, A. Triollet, G. Vacheron et J. Vacheron, conseillers municipaux.

COMMUNE DE MONTHIERS.
(303 habitants.)

Même déclaration signée par MM. Delorme, Jean Macé, Taté et Trichet conseillers municipaux.

CANTON DE FÈRE-EN-TARDENOIS.
(2,367 habitants.)

Même déclaration signée par MM. J. Charbonniez, maire; Leclerc, adjoint; A. (de) Bonnefoy, Callon, Collard, Évrard, Henry, Lesguillier, Ch. Louveau, Porché, C. Remy, Robillard et Ch. Simonnet, conseillers municipaux.

Arrondissement de Laon.

VILLE DE LA FÈRE.
(4,914 habitants.)

Même déclaration signée par MM. Dupuis, maire; Lecertisseur, premier adjoint; Dr Geoffroy, deuxième adjoint; Leroux, conseiller général du canton; Mention, conseiller d'arrondissement; Bayen, Delamotte, Évrard, Flament, Guerland, Juquellier, Dr Labouret, Louis Marotte, Marlin, Richepin et Serreau, conseillers municipaux.

Arrondissement de Saint-Quentin.

VILLE DE SAINT-QUENTIN.
(38,924 habitants.)

Même déclaration signée par MM. Mariolle-Pinguet, maire; P. Bénard, H. Souplet, E. Hérouard, adjoints; A. Brunois, Cardon, J. Colombier, G. Cordier, Ed. Delière, Dreptin, Derlet-Prévot, Duclos-Gambier, Ed. Dufour, E. Deverly, C. Guénot, Hachet, Huez, Hamelle-David, Le Caisne, J. Lefèvre, Lefèvre-Lefebvre, Lefèvre-Herbert, D. Mourette, Ch. Poëtte, Ch. Querette, Ratel et Vatin-Thiéry, conseillers municipaux.

CANTON DE BOHAIN.
(6,005 habitants.)

Même déclaration signée par MM. Elisée Alavoine, adjoint; A. Bienfait, Bobœuf, Louis Bobœuf, Eugène Bossuot, E. Fléchelle, Fontaine, Fleury, Gadel, E. Groulard, Guillot, Nicolas Hoet, Jonquais, Lefebre-Defrance, Prince, conseillers municipaux; et par huit électeurs industriels, banquier, brasseur et négociants.

COMMUNE DE SURFONTAINE.
(334 habitants.)

Même déclaration signée par MM. Henri Salandre, maire; Isidore Tribouilloy, adjoint; Joseph Bara, Aimable Delval, Eugène Favereaux, Séverin Favereaux, Xavier Favereaux, Simon Guilbert, Alphonse Meunier, Louis Moyer et Viéville Muzeux, conseillers municipaux.

Arrondissement de Soissons.

COMMUNE DE DHUIZEL.
(255 habitants.)

Même déclaration signée par MM. Alfred Dévoitine, maire; Paul Regnart, adjoint; Eugène Démaret, Jérôme Duriez, Alfred Leclère, Jules Rémy Leclère, Auguste Liévrat, Jules Mathieux, Arthur Maublan, conseillers municipaux, et par vingt-deux électeurs.

COMMUNE D'HARAMONT.
(428 habitants.)

Même déclaration signée par MM. Grossier, maire; Dudon, adjoint; Colinet, Colpin, Durand, Amédée Leblanc, Leblanc-Cottin, Milcent et Touchebœuf, conseillers municipaux.

COMMUNE DE LONGUEVAL.
(428 habitants.)

Même déclaration signée par MM. Dulieu, maire; Demaret, adjoint; Battoux, Bouchez-Marotaux, Debraine-Bellier, Adonis Lahaye, Leclère, Leparc et Crépin Marotaux, conseillers municipaux.

COMMUNE DE MERVAL.
(104 habitants.)

Même déclaration signée par MM. Vasselon, maire; Petit, adjoint; Bain, Duplan, Eloy, Lagrange, Lambert Morois et Vasselon, conseillers municipaux.

COMMUNE DE RÉVILLON.
(88 habitants.)

Même déclaration signée par MM. E. Fery, maire; L. Couturier, adjoint; Létanneaux, Langlet, Roger, Thibaut, conseillers municipaux, et par Paris, instituteur.

COMMUNE DE SERVAL.
(100 habitants.)

Même déclaration signée par MM. Parent, adjoint; Bertrand Gérard, Lagrelle, Lebeaux, Leclère, Martel et Petit, conseillers municipaux.

COMMUNE DE VAUXTIN.
(121 habitants.)

Même déclaration signée par MM. François Tonnelier, maire; Théophile Courty, adjoint; Théodore Boutessocq, Etienne Crépin Emile Héry, Julien Legras, Michez Coulon, Frédéric Michez et Joseph Orban, conseillers municipaux.

COMMUNE DE VIEL-ARCY.
(327 habitants.)

Même déclaration signée par MM. Loth, maire; Dardenne, adjoint; Boutté, E. Délan, Dupont, Garçon, conseillers municipaux, et par quatorze électeurs.

Arrondissement de Vervins.

COMMUNE DE LEMÉ.
(1,449 habitants.)

Même déclaration signée par MM. Liévin, maire; Dussaussoir, adjoint; Brouillard, Favéreaux, Lagasse, Leclère, Loiseau, Renaux, Jean-Louis Voreaux et Pierre-Joseph Voreaux, conseillers municipaux.

COMMUNE DE LESOURD.
(643 habitants.)

Même déclaration signée par MM. Tourneux jeune, maire; Gosset, adjoint; Ancelet, Filachet, Eug. Gosset, Guillaume et Mennechet, conseillers municipaux.

CANTON DE SAINS-RICHAUMONT.
(2,188 habitants.)

Même déclaration signée par MM. Pecque, maire; Wateau, adjoint; Batteux, Barot, Crémont, Dr Deruelle, Dumont, Floquet et Moroy, conseillers municipaux.

COMMUNE DE WIÈGE ET FATY.
(690 habitants.)

Même déclaration signée par MM. Blondelle, maire; Bureau, Bondon, Cetsland, Gosset, Vassolin, conseillers municipaux, et par quarante-quatre électeurs.

Allier.

Arrondissement de Moulins.

COMMUNE DE BEAULON.
(2,342 habitants.)

Même déclaration signée par MM. Ch. Desvernois, maire, conseiller d'arrondissement et président de la délégation cantonale; Despalles, adjoint; Baudot, Boiron, Billiaux, Charrier, Chevalier, Dinet, Durand, Gamet, Mathé, Picard et Roy, conseillers municipaux.

COMMUNE DE COULEUVRE.
(2,301 habitants.)

Même déclaration signée par MM. Paul Burguin, maire; Antoine Servant, adjoint; Artigaut, Berger, Sébastien Clostre, Augustin Delelis, Blaise Dagois, Dodat, Fragnon, Matheau, Charles Métémer, Rainaud et Pierre Rollin, conseillers municipaux.

CANTON DE LURCY-LÉVY.
(3,914 habitants.)

Même déclaration signée par MM. Vinatier, maire et conseiller d'arrondissement; Barathon, Bernardot, Boutet, Boutry, Civray, Colon, Desbruères, Durand, Gillet Filliol, Lavelotte, Martin, Alfred Petitjean, Pinguet, Radureau, Sorot et Tixier, conseillers municipaux.

COMMUNE DE POUZY-MÉZANGY.
(1,398 habitants.)

Même déclaration signée par MM. Rodolphe Thuret, maire; Pierre Lavergne, adjoint; Jean Berthet, François Bureau, Joseph Chaudron, Jean Massy, François Thévenin et Gilbert-Thibier, conseillers municipaux.

COMMUNE DE TRÉVOL.
(1,211 habitants.)

Même déclaration signée par MM. C. Bonin, adjoint; Etienne Bizet, Gilbert Charnet, Judet, André Laroche, Mounin aîné, Claude Pérot, J. Picard et Antoine Rapiat, conseillers municipaux.

Arrondissement de Montluçon.

VILLE DE MONTLUÇON.
(23,416 habitants.)

Même déclaration signée par MM. Chantemille, maire, député, conseiller général et délégué cantonal; Deboutin, conseiller général, conseiller municipal et délégué cantonal; Renom, ancien maire, conseiller d'arrondissement, conseiller municipal et délégué cantonal; Siramy, maire de Lourour de Beaune, conseiller d'arrondissement; Philippon, maire d'Huriel, conseiller d'arrondissement et délégué cantonal; Mage, conseiller d'arrondissement et délégué cantonal; Joly, conseiller d'arrondissement et conseiller municipal; Simonnet, maire d'Hérisson, conseiller d'arrondissement et délégué cantonal; Pereton, adjoint de Commentry, secrétaire du conseil d'arrondissement et délégué cantonal; Vachée, maire de Maulne, président du conseil d'arrondissement et délégué cantonal; Boissier, maire de Néris-les-Bains, conseiller d'arrondissement et délégué cantonal; E. Piquaud, adjoint, délégué cantonal; Maugenest, conseiller municipal, délégué cantonal; Baudot, D. Bidault, Chapy, Chambenoist, Chemel, Chassagne, Duby, Dubuyadoux, Guillot, Jolier, Laugère, L. Lamarche, Moreau, Pinthon, E. Rebière, Soulier, J. Vacherat, Vincent, E. Zegre, conseillers municipaux, et L. Dupuy, délégué cantonal.

COMMUNE DE COLOMBIER.
(930 habitants.)

Même déclaration signée par MM. Jean-Antoine Dumas, maire; Gilbert Balladier, adjoint; Gilbert Bidon, Jean Charvillat, Jean Decorps, François Michard, François Jardon, Médard Picandet et Gilbert Sagout, conseillers municipaux.

VILLE DE COMMENTRY.
(12,078 habitants.)

Même déclaration signée par MM. Aujame, maire et conseiller général; Dr Pereton, premier adjoint et conseiller d'arrondissement; Desgranges, deuxième adjoint; Aupierre, Auberger, Alexaline, Aufauvre, Bayet, Beaumont, Bellot, Bertrand, Combeau, Chaudet, Dauge, Dubœuf, Lafontaine, Lafont, Fontvielle, Maroiller, Mangeret, Renon, Rigollot, Plavéret et Thivrier, conseillers municipaux.

COMMUNE DE NÉRIS.
(2,190 habitants.)

Même déclaration signée par MM. Michel Boissier, maire et conseiller d'arrondissement; Julien Aucouturier, Louis Bachard, Jean Desriot, Bernard Dubreuil, Marien Dupeyrat, Alexandre Forichon, Alexandre Guillaumin, Etienne Lafont, Pierre Legay, Etienne Maraudet et Pierre Moreau, conseillers municipaux.

Alpes (Basses-).

Arrondissement de Castellane.

COMMUNE DE MORIEZ.
(466 habitants.)

Même déclaration signée par MM. Jean-Chrysostôme Coullet, maire; Ad. Audemard, adjoint; Sauvère, conseiller d'arrondissement; Barras, Brion, Coullet, Coullet, Fournier, Michel et Noé, conseillers municipaux.

Arrondissement de Digne.

COMMUNE DE QUINSON.
(763 habitants.)

Même déclaration signée par MM. A. Beuf, maire et délégué cantonal; Melchior Avond, adjoint; Pierre Arnaud, Maurice Amaudric, Joseph Beuf, Louis Bouteille, Marc-Antoine Durand, Félix Goin, Joseph Goin, Marius Lambert, Frédéric Massebeuf et Marcelin Segond, conseillers municipaux.

Arrondissement de Forcalquier.

COMMUNE DE LA BRILLANNE.
(300 habitants.)

Même déclaration signée par MM. Reyne, maire; Etienne Michel, adjoint; Fiastre, Gastinel, Girard, Paysan et Sube, conseillers municipaux.

VILLE DE FORCALQUIER.
(2,717 habitants.)

Même déclaration signée par MM. Camille Arnaud, maire, juge honoraire et chevalier de la Légion d'honneur; Eugène Bouche et Charles Monier, adjoints; Camille Arnaud, Pierre Allemand, Laurent Allemand, Aubert, Joseph Blanc, Hippolyte Bouffier, André Bonnefoy, Joseph Brun, André Gondran, Baptistin Gros, Jean Gondran, Eugène Geoffroy, Esprit Gaubert, Fortuné Isnard, Claude Martin, Louis Maurel et Joseph Sibon, conseillers municipaux.

COMMUNE DE LURS.
(804 habitants.)

Même déclaration signée par MM. Bergier, maire et conseiller d'arrondissement; Richand, adjoint; Aubert, Basset, Bernard, Lodoïs Comte, Daurelle, Jean Esmiol, Maurel, Joseph Mayoly et Nicot, conseillers municipaux.

COMMUNE DE MALLEFOUGASSE.
(200 habitants.)

Même déclaration signée par MM. Joselet, maire; E. Gaubert, adjoint; Beaujour, Brun, Gaubert, C. Gaubert, Fortuné Gaubert, Julien Gilles, conseillers municipaux, et par 13 électeurs.

COMMUNE DE MONTLAUX.
(322 habitants.)

Même déclaration signée par MM. Vial, maire; Fauque, adjoint; Achard, Boyer, F. Fauque, Laugier, Maurel et Rolland, conseillers municipaux.

COMMUNE DE NIOZELLES.
(354 habitants.)

Même déclaration signée par MM. Mollet, maire; Armand, Blanc, Bernier, Jean Michel, Magnan, Paul, Joseph Paul, Roche et Turin, conseillers municipaux.

COMMUNE DE PIERRERUE.
(585 habitants.)

Même déclaration signée par MM. Jaubert, maire; Cléopâtre, Coulomb, Depieds, Girard, Henry, Louis Lebre, Pierre Nalin, Roche, Sautel et A. Sauteyron, conseillers municipaux.

CANTON DE SAINT-ÉTIENNE LES ORGUES.
(1,038 habitants.)

Même déclaration signée par MM. Pallet, maire; Imbert, adjoint; Etienne Bonnet, Bouillot, Champiot, Feautrier, Michel (notaire), Adolphe Paul, Richaud Paul, François Segond et Tourniaire, conseillers municipaux.

COMMUNE DE SAINT-MICHEL.
(877 habitants.)

Même déclaration signée par MM. Rouchon, maire; Amalric, adjoint; Jean Bernier, Bremond, Escoffier, G. Escoffier, T. Escoffier, Mégy, Mollet, Rolland et Siméon, conseillers municipaux.

COMMUNE DE SIGONCE.
(561 habitants.)

Même déclaration signée par MM. Ferdinand Petit, maire; Gondran, adjoint; Basset, Estève, Granier, Genin, Isnard, Petit aîné et Pons, conseillers municipaux.

Alpes (Hautes-).

Arrondissement de Briançon.

COMMUNE DE LA ROCHE-DE-BRIANÇON.
(718 habitants.)

Même déclaration signée par MM. Celse, maire; Alliaud, adjoint; Celse, V.-J. Fourrat, Dr F. Frédéric, V. Jallice, Poullilian, Ch. Queyras et Reymond, conseillers municipaux.

Alpes-Maritimes.

Arrondissement de Grasse.

VILLE D'ANTIBES.
(6,752 habitants).

Même déclaration signée par MM. Olivier, maire et conseiller général; Thouvenel, premier adjoint; Frédéric Isnard, deuxième adjoint; Fioupe, conseiller d'arrondissement; Honoré Audibert, Paulin Audibert, Barnaud, Cochois, Féraud, Garbe, Gazan, Guiraud Guirard, Guisolphe, Auguste Isnard, Lombard, Marotto, Millaud, Mus, Nicolet, Raibaud et Raphel, conseillers municipaux.

VILLE DE CANNES.
(14,022 habitants.)

Même déclaration signée par MM. Gazagnaire, maire; Arluc et Sorailler, adjoints; Hibert, conseiller général et conseiller municipal; Aubert, Antelme, Bertrand, Bon, Brun, Carlavan, Consolat, Escarras, Fontan, Jeancard, Lacour, Lange, Maubert, Morlot, Panisse, Sicard, Silvy et Tourneur, conseillers municipaux.

COMMUNE DU CANNET-LES-CANNES.
(1,738 habitants.)

Même déclaration signée par MM. Borniol, maire; Devaho, adjoint; André, Cessin, Calvy, Jean Gardou, Gastaud, Hugues, Mallet, Muraire, Perrissol et Joseph Sardou, conseillers municipaux.

COMMUNE DE GATTIÈRES.
(549 habitants.)

Même déclaration signée par MM. D. Feraud, conseiller général et maire; Martin, adjoint; Ardoni, Caravel, Ferrandery, Nirascony, Nirascoun, M. Raymond, Pastouy, Vermicy et Vogadé, conseillers municipaux.

COMMUNE DE MOUANS-SARTOUX.
(894 habitants.)

Même déclaration signée par MM. Lions, maire; Legros, adjoint; Honoré Aune, Aussel, Bernard, Boutin, Hugues, Maire, Merle, Pellegrin et Vidal, conseillers municipaux.

COMMUNE DE VALLAURIS.
(3,666 habitants.)

Même déclaration signée par MM. Cotte, maire; Ardisson, Aussel, Conil, Carbonel, Eugène Gazan, Joseph Gazan, Girard, Gounet, Marius Jaumé, Jourdan, Lions, Mathieu et Niel, conseillers municipaux.

Ardèche.

Arrondissement de Privas.

CANTON DE ROCHEMAURE.
(1,200 habitants.)

Même déclaration signée par MM. Chaneguier, maire; Julien, adjoint; Jean Cavard, Lucien Chabanne, Emmanuel Coullet

Cyrille Guigonnet, Auguste Jammo, Casimir Laville, Vincent Rion et Clovis Véron.

COMMUNE DE SAINT-ÉTIENNE DE SERRES.
(906 habitants.)

Même déclaration signée par MM. Bay, maire; Charra, adjoint; Brunel, Chambon, Frachon, Riffard et Testard, conseillers municipaux.

COMMUNE DE SAINT-VINCENT DE DURFORT.
(661 habitants.)

Même déclaration signée par MM. Dausson, maire; Marmey, adjoint; Chabriot, Chaveyne, Mondon, Mouron, Pourhaire, Rioux, Rouvier, P. Sabatier, Tarrasse et H. Terrasse, conseillers municipaux.

Arrondissement de Tournon.

VILLE DE TOURNON-SUR-RHÔNE.
(6,083 habitants.)

Même déclaration signée par MM. Moutin, maire; Lavenent, adjoint; Barjot, Boutaud, Em. Chirouze, Eug. Chirouze, Louis Gallix, Robin, Robert et Roustain, conseillers municipaux.

VILLE D'ANNONAY.
(15,848 habitants.)

Même déclaration signée par MM. Auguste Riboulon, maire; Léon Adhéran, premier adjoint; Auguste Delarbre, deuxième adjoint; Abel Bertrand, Alphonse Charra, François Chatelet, Saturnin Déaux, Jean-Pierre Duny, Hippolyte Defrance, Aimé Fabion, Lucien Guerby, Auguste Hurtier, Jean Jumel, Franki Kramer, Régis Mathon, Jean Marchand, Gustave Plantier, Léon Sausse et Henri Vérilhac, conseillers municipaux.

COMMUNE D'ANDANCE.
(1,553 habitants.)

Même déclaration signée par MM. Jean Cessieux, maire; Cessieux jeune, Chalayé, Jérôme Cuminal, Charles Filhol, Henri Forest, Pierre Fontanel, Laljard aîné, Roman, Pierre Rodillon et Veyre, conseillers municipaux.

CANTON DE SERRIÈRES.
(1,810 habitants.)

Même déclaration signée par MM. Vincent, adjoint, faisant fonctions de maire; Alloi, Berard, Boudin, Chatagne, Delosse, Donnet, Fressetheme, Gervet, Landuron, Mad, Novalier, Régis-Guerin et Savoye, conseillers municipaux.

Ardennes.

Arrondissement de Mézières.

VILLE DE CHARLEVILLE.
(13,759 habitants.)

Même déclaration signée par MM. A. Dethan, faisant fonctions de maire; Corneau, conseiller d'arrondissement et conseiller municipal; Autier, Agez, Chaussier, Charles Delahaut, David, Desban, Joye-Leblanc, J. Jolly, Ch. Kinable, Kepffer, Victor Laurent, Martinet, Millat-Jauveau, Millat-Lami, Moyen, J. Roussan, Adolphe Regnier, Léon Rousseau, Raffaux et Ch. Vesseran, conseillers municipaux.

COMMUNE DE DOM-LE-MESNIL.
(789 habitants.)

Même déclaration signée par MM. Raulin Petit, maire; Jean-Paulin Moreaux, adjoint, Jean-Baptiste Alfred Moreaux, Martin-Auguste Petit, Lambert-Victor Pilard, Laurent-Modeste Pilard, Jean-Baptiste Raulin-Cordier, Tristant-Joseph Raulin et Charles Regnery, conseillers municipaux.

COMMUNE DE DOMMERY.
(468 habitants.)

Même déclaration signée par MM. Petit, maire; Day, adjoint; Bonnefoy, Bultel, Dapremont, Jennesseaux, Mercier, Millet, Singery et Thierry, conseillers municipaux.

COMMUNE DE MAZERNY.
(366 habitants.)

Même déclaration signée par MM. Fagot, maire et conseiller d'arrondissement; E. Geoffroy, adjoint; Desban, Chopin, Colinet, Leduc, Peltier et Trembley, conseillers municipaux.

COMMUNE DE MONTCY-NOTRE-DAME.
(850 habitants.)

Même déclaration signée par MM. Goury-Donatien, maire; Emile Guérin, Hosteau-Lefèvre, Lefèvre-Wahart, Aristide Peltriaux, Victor Roynette, Vingt-Deux, Henry Wahart, conseillers municipaux, et deux électeurs.

COMMUNE DE NOUZON.
(5,411 habitants.)

Même déclaration signée par MM. E. Henrot-Toupet, maire; Dié-Malicet, premier adjoint; Hardy-Désaga, deuxième adjoint; Bellier-Grandry, Brézol-Mala, Compas-Grisard, Colas-Hénon, Cury-Génot, Dupont-Raynette, Drion-Rondeau, Faynot-Ballot, Maudière-Hénon, Petit-Gabron, Radelet-Foulon, Raynette-Lefèbvre, Toupet-Lejay et Toupet-Pascal, conseillers municipaux.

CANTON D'OMONT.
(400 habitants.)

Même déclaration signée par MM. Warnesson, maire; Henriet, adjoint; Bourgain, Beaufoy, Fayot, Lebrun, Maillard, Moutarde et Paucheron, conseillers municipaux.

COMMUNE DE THEUX.
(462 habitants.)

Même déclaration signée par MM. Delattre, maire; Schmitz, adjoint; Blanchemanche, Clément, Contoise, Jean-Baptiste Hubert, Leconte-Contoise et Mailloux, conseillers municipaux.

COMMUNE DE VILLE-SUR-LUMES.
(265 habitants.)

Même déclaration signée par MM. Auguste Baron, maire; François Blanchet, adjoint; Pierre Baron, Célestin Billy, Auguste Blanchemanche, Gabriel Blay, Pierre Fuzeiller, François Ladouce, Jean-Baptiste Pellerin et Jean-Baptiste Saimper, conseillers municipaux.

Arrondissement de Réthel.

COMMUNE D'HAGNICOURT.
(176 habitants.)

Même déclaration signée par MM. Guerin, maire; Perin, adjoint; Baufay, Dautel, Flandre, Lantenois Poncelet, Thomas Lantenois, Quinart et Watelet, conseillers municipaux.

COMMUNE DE WIGNICOURT.
(184 habitants.)

Même déclaration signée par MM. Gury, maire; Coffin, adjoint; Carquin, Fay, Hureau, Lebrun, Moreau, Namur et Pechenart, conseillers municipaux.

Arrondissement de Rocroi.

VILLE DE GIVET.
(5,575 habitants.)

Même déclaration signée par MM. Lartigue et Doyen-Davaux adjoints; Collardeau, conseiller d'arrondissement et conseiller municipal; Delacroix, Poncelet et Richebourg, officiers de la Légion d'honneur et conseillers municipaux; Brasseur, Biffe, Dortelle, Fenaux-Sitié, Fesler, Fissiaux, J. Jouve, E. Lassalle, E. Proteau, Robson et Wauthier-Aubrebis, conseillers municipaux.

COMMUNE DE VIREUX-MOLHAIN.
(1,209 habitants.)

Même déclaration signée par MM. Alexis Lavocat, maire et conseiller d'arrondissement; Victor Thomas, adjoint; Louis-Léopold Antoine, Alexis Boucher, Isidore Lefevre, Edouard Magis, Alexandre Piette, Ferdinand Vasseur, Alexis Wauthier et Stanislas Wauthier, conseillers municipaux.

Arrondissement de Sedan.

VILLE DE SEDAN.
(16,593 habitants.)

Même déclaration signée par MM. David Bacut, conseiller général et conseiller municipal; Benoist, Collinée, Husson, Langlois, J. Lecomte, Letellier, Maubacq Koch, Morelle, Maquel, Parent-Petit, Paris, Peltier, Poncelet, Quinard, Stackler, Savigny, Troller, Tellier, Weill, Wuilliems, conseillers municipaux.

COMMUNE D'ANGECOURT.
(703 habitants.)

Même déclaration signée par MM. Collignon, maire; Lembert, adjoint; Allardin, Baudru, Hanotel, Jaucheron, Laurain, Lefebvre, Rosquin et Warin, conseillers municipaux

COMMUNE DE BALAN.
(1,736 habitants.)

Même déclaration signée par MM. J.-B. Habary, adjoint; B. Biévrot, E. Decotigny, F. Fabre, C. Gibavu, M. Jacquemain, Royer, T. Rouveur et N. Tiphine, conseillers municipaux.

COMMUNE DE BAZEILLES.
(1,768 habitants.)

Même déclaration signée par MM. Braffort, maire; Hector Henry, adjoint; Depainban, conseiller d'arrondissement et conseiller municipal; Béti, F. Dehaye, Girardun, Gillain, Lecomte, L. Mariey et L. Robert, conseillers municipaux.

COMMUNE DE DOUZY.
(1,844 habitants.)

Même déclaration signée par MM. Eugène Galloy, maire; Jean-Baptiste Galloy, adjoint; Bourgerie, Laurent Gipeaux, Stéphany Gipeaux, Husson-Cahart, Henri Laurent, Alphonse Lemmens, Jean-Baptiste Maillard, Petit-Dupa, Paul Thellier, et Alexis Thuillot, conseillers municipaux.

COMMUNE DE FLEIGNEUX.
(408 habitants.)

Même déclaration signée par MM. Grégoire, maire; Muno, adjoint; Onézime Bourbon, Alexis Bourbon, Barthélemy Lallemant, Grégoire Lallemant, Gustave Maréchal, Laurent Thomassin et Nicolas Thomassin, conseillers municipaux.

COMMUNE DE FLOING.
(2,238 habitants.)

Même déclaration signée par MM. Louis-Charles Day-Watelet, maire; François Cunin, Jean-Baptiste Chédron, Eugène Chédron, Victor Duru-Gochard, Louis Duclos, Simon Denis, Remy Milon-Mangin, Michel-Hins, Victor Servais-Pratts, Jules Sécheret et Edouard Vauché, conseillers municipaux.

COMMUNE DE FRANCHEVAL.
(1,485 habitants.)

Même déclaration signée par MM. Remy Lamotte, maire; Sionville fils, adjoint; J.-B. Biron, Joseph Damuzeau, Gaspard,

Victor Guintrange, Habert, Lombard, Malaisié, Maljean, Pierson et Robert, conseillers municipaux.

COMMUNE DE GLAIRE-ET-VILLETTE.
(362 habitants.)

Même déclaration signée par MM. Boizard, maire; Delvincourt, Duplan, Pierrot, Renel et Richard, conseillers municipaux.

COMMUNE DE LA CHAPELLE.
(309 habitants.)

Même déclaration signée par MM. Edouard Riché, maire; Eugène Némery-Lénel, adjoint; Dainville, Daumerly, Cordier, Fuillier, Liénard, Némery, conseillers municipaux.

COMMUNE DE MESSINCOURT.
(1,022 habitants.)

Même déclaration signée par MM. E. Balteau, maire; Jean-François Vanhol, adjoint; André Flamion, Pierre Bas, Victor Charlier, H. Jacquemin, Alphonse Ledon, Jean Maljean, E. Rhoden et Gravier Servais, conseillers municipaux.

CANTON DE MOUZON.
(1,985 habitants.)

Même déclaration signée par MM. Thiriet, maire; Dian, adjoint; Duprez, conseiller général et municipal; Turquet-Lallement, conseiller d'arrondissement et conseiller municipal; Aimez, Brixon, Baye, Froissard, Emond, Fortier-Bréville, Guillaume, Henry Marée et Paulin Sternaux, conseillers municipaux.

Arrondissement de Vouziers.

COMMUNE DE CHAMPIGNEULLE.
(351 habitants.)

Même déclaration signée par MM. Joseph-Auguste Poncelet, maire; François-Honoré Ludet, adjoint; Henri Barré, Joseph Caillot, Alphonse Feuillette, Jean Godart, Jean-Baptiste Mollet, Nicolas Robert, Louis Simon et Jean-Baptiste Wolron, conseillers municipaux.

COMMUNE DE SAUVILLE.
(869 habitants.)

Même déclaration signée par MM. Cousinard, maire; Corda, Dupont, Frémont, George, Lefèvre, Lelarge, Eugène Lelarge, Leroux, Petit et Pombart, conseillers municipaux.

Ariège.

Arrondissement de Foix.

COMMUNE DE CARCANIÈRES.
(232 habitants.)

Même déclaration signée par MM. Roquelaure, maire; J. Bataille, adjoint; Abeid, Magdelone, Roquelaure, Roquelaure, Roquelaure et Soulié, conseillers municipaux.

COMMUNE D'ILLIER-ET-LAMARADE.
(385 habitants.)

Même déclaration signée par MM. Raymond Joulé, maire; Bernard Vidal, adjoint; Louis Joué, Philippe Mage, Baptiste Marfaing, Mathias Ruffié, Antoine Vidal et François Vidal, conseillers municipaux.

CANTON DE LAVELANET.
(3,095 habitants.)

Même déclaration signée par MM. Henri Portet, maire; Hector Roques et Aimé Thibaudeau, adjoints; Benoît Audabram, Benjamin Baudru, Edouard Baya, Paul Christaud, Pierre Delpech, Eugène Douménach, Norceste Fau, François Lapasset, Pierre Maury, Achille Monié, Jean-Baptiste Monié, Jean-Baptiste Monié cadet, Léonce Tricoire, Fernand Verdier et François Verdier, conseillers municipaux.

COMMUNE D'UNAC.
(203 habitants.)

Même déclaration signée par MM. Bonnel, maire; Alzieu, Bonnel, A. Bonnel, Carrière, Dezon-Araboyra et Péloffi, conseillers municipaux.

Arrondissement de Pamiers.

COMMUNE DES BORDES-SUR-ARIZE.
(1,155 habitants.)

Même déclaration signée par MM. A. Ladevèse, maire; Gardel, adjoint; Bégou, V. Dumas, Eugène Dumas, de Verbizier, Ressejeac, Sans, Toulza et Vergé, conseillers municipaux.

COMMUNE DE CAMARADE.
(1,045 habitants.)

Même déclaration signée par MM. Edmond Durrieu, maire; André Portet, adjoint; Boudonis, Guichou, Grillères, Laborde, Charles Lourde, Pierre Lourde et Pierre Portet, conseillers municipaux.

COMMUNE DE CASTEX.
(374 habitants.)

Même déclaration signée par MM. Pujol, maire; Daspet, adjoint; Audouin, Louis Casteras, François Daspet, Fossé et Pédoussaut, conseillers municipaux.

COMMUNE DE DAUMAZAN.
(1,199 habitants.)

Même déclaration signée par MM. Duros, maire; Vidal, adjoint; Aressy, Cassé, Cousinet, Doumenc, Lavolte, Mamy, Mandement et Tatureau, conseillers municipaux.

COMMUNE DE GABRE.
(581 habitants.)

Même déclaration signée par MM. Eugène de Robert Lafregeyre, maire; Déjean, adjoint; de Robert Garils, Armand Dupont, Diogène de Grenier, Philibert de Robert, Joseph Fauré, Mathieu Rouch et Jacques Vergé, conseillers municipaux.

CANTON DU MAS-D'AZIL.
(2,521 habitants.)

Même déclaration signée par MM. le Dʳ Bernard, maire; Sol, adjoint; Boujas, Dʳ Boujas, Capitaini, Begou, Hippolyte Gabarron, Adolphe Lourde, Paul Maury, Joseph Petit, le Dʳ Pujol, Louis Pujol, Achille Pons et Paulin Savignac, conseillers municipaux.

COMMUNE DE MÉRAS.
(189 habitants.)

Même déclaration signée par MM. Baptiste Lavolte, maire; Bertrand Merly, adjoint; Henri Bergout, Pierre Descuns, Camille Lavolte et Jean Merly, conseillers municipaux.

COMMUNE DE MONTFA.
(345 habitants.)

Même déclaration signée par MM. Jean-Eugène Vergé, maire; Jean-Pierre Faillefer, adjoint; Jean-Louis Barioulet, Jacques Bruel, Joseph Dedieu, François Escaich, Jean-Charlot Pons, Jean-Maleguerre Pons, Jean-Petit Pons et Paul Vergé, conseillers municipaux.

COMMUNE DE SABARAT.
(696 habitants.)

Même déclaration signée par MM. Dupias, maire; Dugain, adjoint; Bourianne, H. Cathala, U. Cathala, de Grenier, Lafont et Pons, conseillers municipaux.

COMMUNE DE SAINT-JULIEN-DE-GRAS-CAPOU.
(153 habitants.)

Même déclaration signée par MM. François Caujolle, maire; Jean Delpoux, adjoint; Jean Bayle, Paul Caujolle, Louis Durand, Baptiste Noyez, Charles Roques et Osmin Sartre conseillers municipaux.

COMMUNE DE THOUARS.
(124 habitants.)

Même déclaration signée par MM. Toulza, maire; Dussenty, Lougarre, Naudy, Pailhès et Respaud, conseillers municipaux.

Arrondissement de Saint-Girons.

VILLE DE SAINT-GIRONS.
(4,953 habitants.)

Même déclaration signée par MM. Hippolyte Trinqué, maire; Biros et Olivier, adjoints; Sentende, député; Amiel, Etienne Barthet, Paul Barthet, Bonnet, Brun, Commenge, Dedieu

Delort, Fonquergne, Galey, Gros, Monnereau, Pujol, Regagnon, Rumeau, Sans, Soum, Tort et Viviès, conseillers municipaux.

COMMUNE DE CLERMONT.
(358 habitants.)

Même déclaration signée par MM. Dupins, maire ; Vergé, adjoint ; Bergé, Geraud, Jules Pons, Portet, Rouch et Vergé, conseillers municipaux.

COMMUNE DE RIMONT.
(1,979 habitants.)

Même déclaration signée par MM. Eychenne, maire ; Daraux, adjoint ; Cazenave, Escaich, Gouazé, Gounon, Maurette, Saint-Martin et Sentenac, conseillers municipaux.

Aube.

Arrondissement d'Arcis-sur-Aube.

VILLE D'ARCIS-SUR-AUBE.
(2,817 habitants.)

Même déclaration signée par MM. Sardin, maire et conseiller d'arrondissement ; Aviat-Bertrand et Jacquin-Lambert, adjoints ; Asselin, Baraton, Bouvard, Béquin, Bécot, Chapelle, Cony, J. Chambaud, Fouchez, Hublot, Lasnier, Mariot, Millot, Pothier-Pesme, Schmidt, Sirault et Vadet, conseillers municipaux.

Arrondissement de Bar-sur-Aube.

COMMUNE D'ARSONVAL.
(389 habitants.)

Même déclaration signée par MM. Maîtrot, maire ; Barrilliez, adjoint ; E. Geoffroy, E. Hurpoil, Dr Matrion et Pothier, conseillers municipaux.

COMMUNE DE MATHAUX.
(421 habitants.)

Même déclaration signée par MM. Guillemin, maire ; Delaine, adjoint ; Bouvin, Delaine, Guillemin, Guillemin, Legrand, Maillard et Voulleminot, conseillers municipaux.

CANTON DE VENDEUVRE-SUR-BARSE.
(2,091 habitants.)

Même déclaration signée par MM. Guilhaumon Javelle, maire; Drozière, adjoint; Arnoult, Fontanier, A. Michelon, E. Martin, L. Péronne, J. Peronne, Olivier, J. Sardin, Dr Ch. Vauthier et Vincent, conseillers municipaux; Bourdouin, percepteur et Duglin, ancien instituteur.

Arrondissement de Bar-sur-Seine.

COMMUNE DE CHERVEY.
(515 habitants.)

Même déclaration signée par MM. Gros, maire; Jacquard, adjoint; Doussat, Gourdon, Jolly, Emile Geoffroy, Laculle, Philbois, Petit, Victor Geoffroy et Verpy, conseillers municipaux.

COMMUNE DE LANDREVILLE.
(1,354 habitants.)

Même déclaration signée par MM. Comte, maire; Depontailler-Cadot, adjoint; Jules Basset, Brocard-Collin, Hector Cadot, Estienne-Larrivé, Emile Géraux, Gomy, Jardinet-Bréaudat, Martry-Bréaudat et Prélat, conseillers municipaux.

COMMUNE DE VIVIERS.
(271 habitants.)

Même déclaration signée par MM. Robert Lécuriot, maire; Victor Nourissat, adjoint; Lécuriot-Bonnemin, Léonidas Massin, Hector Milleret, Dominique Pralin, Léopold Pralin, Anatole Ribaud, Honoré Robert et Charles Robin, conseillers municipaux.

Arrondissement de Nogent-sur-Seine.

VILLE DE NOGENT-SUR-SEINE.
(3,435 habitants.)

Même déclaration signée par MM. Dr E. Chertier, maire; Harmant, premier adjoint; Beaujean, Bègue, Chasseigne, Gauthier-Cautrin, Gillard, Foy, Lautelet, Olive, N. Parisot, Polétuich, Picquet, Tartary-Ménuelle et Vignole, conseillers municipaux.

Arrondissement de Troyes.

COMMUNE DE LAINES-AUX-BOIS.

(507 habitants.)

Même déclaration signée par MM. Nicolas Prudent, maire; Auguste Continant, adjoint; Alix Abit, Alphonse Coqué, Hilaire Coqué, Hilaire Coulon, Auguste Degois, Camille Degois, Léandre Martin, Louis-Maxime Messager, Alphonse Phillippon et Olivier Piat, conseillers municipaux.

COMMUNE DE MARAYE-EN-OTHE.

(992 habitants.)

Même déclaration signée par MM. Alfred Pouard, maire; Paul Regnault, adjoint; Fayard-Vinot, Garnier-Leblanc, Prudent Lagoguey, Louis-François Maillard, Justin Maudier, Marnot-Nicolas, Prudent Michel, Emile Mosdier et Justin Prin, conseillers municipaux.

COMMUNE DU PAVILLON.

(265 habitants.)

Même déclaration signée par MM. Jossie, maire; Henry, adjoint; Jules Doche, Dollat-Tulaire, S. Huchard, Lannois, Lutel et B. Thomassin, conseillers municipaux.

COMMUNE DE SAINT-MARDS-EN-OTHE.

(1,607 habitants.)

Même déclaration signée par MM. Richard, maire; Mathieu, adjoint; Aubrat, Amédée Boulan, Bouillancy, Cabut, Delépine, Enfumey, Maillard, E. Mosdier, Noël-Saraille, E. Noël, Normand, Portier, Renodot et Seng, conseillers municipaux.

COMMUNE DE SAINTE-SAVINE.

(2,577 habitants.)

Même déclaration signée par MM. P. Chaperon, maire; Bélicaut, E.-J. Bauley, Blanche, Dauphin Caillot, E. Cornuello, Diot, Duflexis, Gustave Derrey, Habert Piat, Haillot, Jules Huot, Louis Jacob, Alfred Lange, Charles Lange, Leclère, Morel, Piat Leclerc et Joseph Ruelle, conseillers municipaux.

COMMUNE DE VILLEMOIRON.
(544 habitants.)

Même déclaration signée par MM. Adolphe Gousteaux, maire; Charles Toulouse, adjoint; Augustin Baillet, ex-maire et conseiller municipal; Théophile Bruley, Avit Dauphin, Victor Douine, Alexis Grisier et Arsène Marot, conseillers municipaux.

Aude.

Arrondissement de Carcassonne.

COMMUNE DE PREIXAN.
(479 habitants.)

Même déclaration signée par MM. Alborny aîné, maire; Cantalan, adjoint; Boyer, Jean Boyer, Cantalan, Dufis, E. Embry et Maynadier, conseillers municipaux.

Arrondissement de Limoux.

COMMUNE DE BELVIANES-ET-CAVIRAC.
(516 habitants.)

Même déclaration signée par MM. Antoine Baston, maire; Jean-Baptiste Monié, adjoint; Jean-Baptiste Andrieu, Dominique Cartier, Adrien Delmas, Jean Delmas, Benoît Pagès et Antoine Tisseyre, conseillers municipaux.

Arrondissement de Narbonne.

CANTON DE GINESTAS.
(1,093 habitants.)

Même déclaration signée par MM. le Dr Jules Rôcus, maire; Victor Sistat, adjoint; Jean-Pierre Barraillé, Antoine Barthe, Auguste Bédard, Paulin Cadennes, Jean Foulquier, Michel Guiraud, Clément Malric, Adrien Plauzolles, Bernard Sicard et Aubin Sigé, conseillers municipaux.

COMMUNE DE NÉVIAN.
(968 habitants.)

Même déclaration signée par MM. B. Piquet, maire et conseiller d'arrondissement; J. Prouchet, adjoint; R. Barel, Brugnière, J. Couarde, L. Coulon, J.-P. Durand, C. Rech, J. Rouède, B. Tournissa et O. Vènes, conseillers municipaux.

COMMUNE D'ORNAISONS.
(1,258 habitants.)

Même déclaration signée par MM. Adolphe Raynaud, maire; Alexis Bouscat, adjoint; J.-J. Boutet, conseiller d'arrondissement et conseiller municipal; Sabin Badel, Jules Bonnes, Félicien Bonnes, Lucien Bouchère, Cazanove, Marcelin Escloupié, Pierre Gaïsset, Pascal Manenc et Guillaume Raynaud fils, conseillers municipaux.

Aveyron.

Arrondissement de Millau.

VILLE DE MILLAU.
(15,695 habitants.)

Même déclaration signée par MM. Paul Bonhomme, conseiller général; Sully Chaliès, maire; Maurice Vialettes et Léon Jugla, adjoints; Ernest Abric, Maurice Artières, Calixte Bac, Henri Bouisset, Pierre Bénézech, Adrien Cabantous, Numa Fesquet, Isidore Fraissinnet, Paul Galzin, Victor Galtier, Emile Michelet, Jules Mathieu Prévôt, Adolphe Reynes, Casimir Sollasol, Louis Vaissac et Esprit Vidal, conseillers municipaux.

Bouches-du-Rhone.

Arrondissement d'Aix.

COMMUNE DE PUYLOUBIER.
(828 habitants.)

Même déclaration signée par MM. François Décomis, maire; Joseph Fabre, adjoint; François Coulon, François Coulon, P.-Joseph Gouirand, Fortuné Malot, Pierre Malot, Simon Pelissier et Jean-Baptiste Toulon, conseillers municipaux.

COMMUNE DE THOLONET.
(510 habitants.)

Même déclaration signée par MM. Petit, maire; Venture, adjoint; Pierre Brun, Berne, Car, Dubourg, Gautier, Griess et Gueyrard, conseillers municipaux.

Arrondissement de Marseille.

CANTON DE LA CIOTAT.
(10,058 habitants.)

Même déclaration signée par MM. Badelon, maire; J. Reynier, premier adjoint; B. Ventre, deuxième adjoint; Casimir Barthélemy, Julien Berenger, Louis Brémond, Jean-B. Coste, Charles David, François Dolze, Joseph Givaudan, Roger Moutte, Toussaint Pascal, Marius Ricaud, Stanislas Ruffier, Adrien Roman, Fortuné Soula, H. Valléo, Louis Velin et Jacques Vincent, conseillers municipaux.

Calvados.

Arrondissement de Caen.

CANTON DE TILLY-SUR-SEULLES.
(1,127 habitants.)

Même déclaration signée par MM. L. Le Persennier, maire; Duclos, adjoint; Carabie, Larose, Le Révérend, Le Petit, Tahin, conseillers municipaux.

Cantal.

Arrondissement d'Aurillac.

COMMUNE DE BOISSET.
(1,990 habitants.)

Même déclaration signée par MM. Jean Antraygues, maire; G. Courchinoux, adjoint; Antoine Antraygues, Antoine Castanier, David, Guillaume Lacoste, Antoine Lacoste, Jean Lavergue, Antoine Lavergue, Guillaume Labrume, Emile Ratier et Gérard Saphary, conseillers municipaux.

COMMUNE DE GLÉNAT.
(678 habitants.)

Même déclaration signée par MM. L. Bessières, maire; Boudet, adjoint; Belaubre, Bruel, Capel, Caldamaison, Darses, Dessales, Lescure, Salabert, conseillers municipaux; Besairie, Brugnes, Four et Louqual, notables habitants.

Arrondissement de Mauriac.

VILLE DE MAURIAC.
(3,262 habitants.)

Même déclaration signée par MM. Bouiges, maire; Constant, adjoint; Coste, Delpont, Lascombes, André Lafarge, Eugène Lafarge, Lavergne, Merlin et Schaffner, conseillers municipaux.

COMMUNE DE SAINT-HIPPOLYTE.
(591 habitants.)

Même déclaration signée par MM. de Lajolaine, maire; Robert Roux, adjoint; Bosson, Boyer, Chavanon, Deflisque, Gilbert, Pierre Roux, B. Sanson, Jean Valarcher et Jacques Valarcher, conseillers municipaux.

Arrondissement de Saint-Flour.

VILLE DE SAINT-FLOUR.
(5,381 habitants.)

Même déclaration signée par MM. Albert Baduel, premier adjoint, faisant fonctions de maire; Bert fils, Cayrol, Chazot, Chanson, Coumoul, Delort, Malafosse, Montel, Rabbe et J. Ravoux, conseillers municipaux.

Charente.

Arrondissement d'Angoulême.

VILLE D'ANGOULÊME.
(30,513 habitants.)

Même déclaration signée par MM. Bellamy, adjoint; Broquisse, conseiller municipal et ancien maire; Bouyer, Chapelle, Jules Delage, Ducasse, Duphot, Duroux, Lameaud, Mayet et A. Sazerac de Forges, conseillers municipaux.

CANTON DE ROUILLAC.
(2,198 habitants.)

Même déclaration signée par MM. Maurin, maire; Allincaud, adjoint; Barouyer, Caute, Chollet, Goutier, Lebègue, Lecler, A. Martin, E. Martin, P. Mauvin, Perrin, Poitevin, Robert, Roché et Saizy, conseillers municipaux.

COMMUNE DE TOUVRES.
(397 habitants.)

Même déclaration signée par MM. Martin Couprie, maire; Gauthier, adjoint; Rivaud, juge au tribunal de commerce et conseiller municipal; Blanloeil, Couillandeau, Couprie, Goubert, Riffaud, Varaché et Vergnaud, conseillers municipaux.

Arrondissement de Barbezieux.

CANTON D'AUBETERRE.
(751 habitants.)

Même déclaration signée par MM. Lafargue, maire; Morillière, adjoint; E. Gaillardon, Monteilh, Ch. Rizardel et Rossignol, conseillers municipaux.

Arrondissement de Cognac.

VILLE DE JARNAC.
(4,979 habitants.)

Même déclaration signée par MM. Ernest Tricoche, maire; Louis Delamain et Léandre Billochon, adjoints; Auguste Hine, conseiller d'arrondissement et conseiller municipal; Jules Boujert, Louis Dupuy, Abel Foucaud, Frédéric Guionnet, Emile Hébré, Georges Hine, Lhomond Martin, Félix Ozé, Henri Portier, François Pelletier, Louis Pignon, Philipe Richard, Paul Roullet, Michel Rullier, Baptiste Tétoin et Méderic Tiffon, conseillers municipaux.

Arrondissement de Confolens.

COMMUNE D'EXCIDEUIL.
(1,286 habitants.)

Même déclaration signée par MM. Nassaud, maire; Bourgoin, adjoint; L. Devautour, Gauchon, Lavie, Paulet, Rivet et Tissouil, conseillers municipaux.

Arrondissement de Ruffec.

COMMUNE DE CELLEFROUIN.
(1,805 habitants.)

Même déclaration signée par MM. Pierre Gros, maire; Geneix adjoint; Duclazeaud, Gravelat, Grosvignaud, Jean dit Laurent,

Antoine Lavaud, Levesque, Jacques Lhoumand, Martin-Grassin, François Martin, Nougier et Pierre Simon, conseillers municipaux.

COMMUNE DE FONTCLAIREAU.
(552 habitants.)

Même déclaration signée par MM. François Coizard, maire; Jean Rangier, adjoint; Louis Barroaud, Louis Boilvain, Louis Changeur, Clément Grénier, Lavaux, Jean Piat et Jean Rangier conseillers municipaux.

COMMUNE DE MOUTONNEAU.
(220 habitants.)

Même déclaration signée par MM. Léaud, maire; Bernard, Pierre Bernard, Second Gros, Lenoir et Tardat, conseillers municipaux.

COMMUNE DE VILLOGNON.
(530 habitants.)

Même déclaration signée par MM. Maurin, maire; Renon adjoint; Estienne Bernard, Jean Delouche, Goyaux, Guindon Louis Lacour, Pierre Lacour, Lambert et G. Martonnaud, conseillers municipaux.

Charente-Inférieure.

Arrondissement de Jonzac.

CANTON DE MIRAMBEAU.
(2,277 habitants.)

Même déclaration signée par MM. Peguigner, adjoint; Chateauneuf, Gallerit, Furit, Joyau, Lucas, Martin, Quesson, Rousseau et Véron, conseillers municipaux.

Arrondissement de Marennes.

COMMUNE DE BREUILLET.
(1,194 habitants.)

Même déclaration signée par MM. Hippolyte Favreau, maire; Sicard, adjoint; Henri Blanc, Bricou, P. Chaillé, E. Curandeau, Denéré, Favre, Gautier, Martin, Siroit et Villeur, conseillers municipaux.

COMMUNE DE L'EGUILLE.
(702 habitants.)

Même déclaration signée par MM. Martin, maire ; Barot, adjoint ; Elisée Labbé, conseiller d'arrondissement et conseiller municipal ; Bataillé, Bernard, Coutard, Coureau, A. Martin, Lis, Riogeau, Touzineau et Valleau, conseillers municipaux.

COMMUNE DE MORNAC.
(610 habitants.)

Même déclaration signée par MM. H. Rouffineau, maire ; E. Joguet, adjoint ; A. Augraud, Chapront, Cheyrouze, Corbeau, Dumontet, Forgerit, Lamoureux, Louis, Adolphe Moiroux et Sicard, conseillers municipaux.

VILLE DE ROYAN.
(5,155 habitants.)

Même déclaration signée par MM. Frédéric Garnier, conseiller général, maire ; Auguste Poirier, adjoint au maire, Ernest Filleux, conseiller d'arrondissement et conseiller municipal ; Albert Barthe, Adrien Brotreau, Ernest Ballay, François Castres, Jean Chauvet, André Griesshabert, Pierre Gallet, Pierre Morin, Emile Poché, Ernest Quod, Alexandre Richard, Samuel Renauaud, F. Lys Renaubaud, et Joseph Simon, conseillers municipaux.

COMMUNE DE SAINT-PALAIS-SUR-MER.
(756 habitants.)

Même déclaration signée par MM. A. Péravaud, maire ; Chéri Talonneau, adjoint ; Jean Burgaud, Silas Cornillier, Frédéric Cousin, Télémaque Patry et André Sicard, conseillers municipaux.

COMMUNE DE SAINT-SULPICE-DE-ROYAN.
(804 habitants.)

Même déclaration signée par MM. Pilloton, maire ; Dr Hervé, adjoint ; Bourdonneau, Bureau, Gravaud, Josué Gravaud, Luneau, Méchain, Richaud, Robin et Vallet, conseillers municipaux.

Arrondissement de la Rochelle.

VILLE DE LA COUARDE-EN-RÉ.
(1,353 habitants.)

Même déclaration signée par MM. François Mourat, maire; Honoré Caillonneau, adjoint; P. Babiaud, Brin, E. Brullon, E. Brunereau, Pierre Gibaud, L. Gibaud, Ridaret et Pierre Rolland, conseillers municipaux.

COMMUNE DE SAINTE-MARIE DE RÉ.
(2,556 habitants.)

Même déclaration signée par MM. Triou, maire; Favreau, premier adjoint; Richard, deuxième adjoint; Bernard, Brizard, Bouyer, Chatonnet, Dervieux, David Favreau et Guilbon, conseillers municipaux.

Arrondissement de Saintes.

COMMUNE DE MONTPELLIER.
(700 habitants.)

Même déclaration signée par MM. Barbotin, maire; F. Poitevin, adjoint; Grand, Leroyer, Mercraud, Picoulet et Souchal, conseillers municipaux.

CANTON DE SAUJON.
(3,039 habitants.)

Même déclaration signée par MM. Ardouin, Biret aîné, Dr Chavanon, Pierre Charron, Victor Charuau, Chailloleau, Desmontès, Geay-Laplante, Guillon, E. Guindet, Garry, Dr Lucien Papillaud, Portie, Revillé et J. Touzeau, conseillers municipaux.

COMMUNE DE SEMUSSAC.
(906 habitants.)

Même déclaration signée par MM. Reparon, adjoint; Jacques Dupont, Ema Jarousseau, L. Lair et Nambrard, conseillers municipaux.

Arrondissement de Saint-Jean d'Angely.

COMMUNE D'ANTEZANT.
(389 habitants.)

Même déclaration signée par MM. F. Abelin, maire; F. Bogaud, adjoint; Aboloteau, J. Bertin, Coyteux, Just Delage, Gardré, B. Guionnet, F. Hallard et Martin, conseillers municipaux.

COMMUNE DES NOUILLERS.
(1,000 habitants.)

Même déclaration signée par MM. Bernet, maire; Fraprie, adjoint; Drahonnet, Gourbail, Gouttegatte, Guindet, Jouve, Mathé, Martin, Peluchon, Rocher et Veteau, conseillers municipaux.

Cher.

Arrondissement de Bourges.

CANTON DE GRAÇAY.
(3,168 habitants.)

Même déclaration signée par MM. Ludovic Martinet, maire et conseiller d'arrondissement; Edmond Poucet, premier adjoint; Germain, deuxième adjoint; P. Jourdain et Leblanc, faisant fonctions d'adjoints; C. Barrat, Bernard, Bisson, C. Brossard, Courcou, Eugène Fleuret, D' Gibert, Giraudon, Mandereau, Métivier, Patoux, Petat, Jules Petit et Riolet, conseillers municipaux.

CANTON DE MEHUN-SUR-YÈVRE.
(6,326 habitants.)

Même déclaration signée par MM. Boulard, maire, conseiller général et député; Moulin, premier adjoint; Halot, deuxième adjoint, conseiller d'arrondissement; Bourgouin, G. Delaire, Lamarre, Larchevêché, Millot, Pichonnas, Rochet, Soupize et Vannier, conseillers municipaux.

Arrondissement de Saint-Amand-Mont-Rond.

VILLE DE SAINT-AMAND-MONT-ROND.
(8,499 habitants.)

Même déclaration signée par MM. Charles Gallerand, maire; Bergeron de Charron, Emile Bormelat, adjoints; Eugène Rollet, député; Dr Vallet, conseiller d'arrondissement et conseiller municipal, Aubouet, Benoist, Bourdier Émile, François Chameau, Fix, Fournier, Guibert, Girault, Joblot, Laureau, Limousin, Millet, Dr Maugenest, Pajot et Robin, conseillers municipaux.

CANTON DE CHATEAUNEUF.
(2,065 habitants.)

Même déclaration signée par MM. Sacrot, maire et conseiller d'arrondissement; Margot, premier adjoint; Cocard, deuxième adjoint; Guénin, conseiller général et conseiller municipal; Audat, Aussour, Baschet, Gay, Gaté, Moulin, Nicolle-Vaslin, Personnat, Petiot et Pilault, conseillers municipaux.

CANTON DE DUN-LE-ROI.
(5,001 habitants.)

Même déclaration signée par MM. Hippolyte-François Periot, maire; Anatole Lavergne, 1er adjoint; Clément Balle, 2e adjoint; Frédéric Bidault, Jean Boizard, Achille Blavier, Simon Bouvier, Joseph Coulon, Eugène Duranton, Pierre Ferry, Camille Ferrière, Pierre, Fouquet, Alphonse Moulinier, Auguste Moreau, Antoine Merlin, François Meunier, Philippe Pinault, Augustin Rétif, Étienne Rousseau, François-André Sarreau et Jean-Baptiste Vinadel, conseillers municipaux.

COMMUNE DE LA CELLE-CONDÉ.
(687 habitants.)

Même déclaration signée par MM. Bertoin, maire; Mijoin, adjoint; Bonnin, Cognet, Michel Daout, Denis Gillet, Guillot, Jean Maréchal et Simon Moreau, conseillers municipaux.

COMMUNE D'OSMERY.
(550 habitants.)

Même déclaration signée par MM. Rollin, maire; Merlin, adjoint; Margot, Povier et Taillénite, conseillers municipaux.

CANTON DE SANCOINS.
(4,001 habitants.)

Même déclaration signée par MM. Alexis Jaquet, maire; Bellot, conseiller général et municipal; Barthélemy Audenet, François Aufaune, Pierre Beaumière, Charbonneau, Gilbert Hitier, Annet Linet, Vincent Mijon, François Perriot, Jean Victor, conseillers municipaux.

Arrondissement de Sancerre.

COMMUNE DE CONCRESSAULT.
(631 habitants.)

Même déclaration signée par MM. Bonneau, maire; Bedu, Chopineau, Laforge, J. Laforge, P. Turpin, Ratige et Veaul, conseillers municipaux.

COMMUNE DE SUBLIGNY.
(970 habitants.)

Même déclaration signée par MM. J. Lavarenne, maire; V. Léger, adjoint; Etienne Bailly, Thomas Beauvois, Chollet, Frédéric Godon, Sylvain Lacoste, François Lebeau, Etienne Léger et Villequenault, conseillers municipaux.

Corrèze.

Arrondissement de Tulle.

CANTON DE TREIGNAC.
(2,897 habitants.)

Même déclaration signée par MM. L. Vacher, maire; Orest de Faye, premier adjoint et conseiller général; Dr Paul Decourt, deuxième adjoint; G. Barrière, Bourdarias, Boudarias (marchand de bois), Chauzeix, Chouvel-Lacretoire, Dars, Dessal, Dumay, Manigue, Moratille, Nouaille, Léonard Nouaille, Senut et J. Vinatier, conseillers municipaux.

Corse.

Arrondissement de Bastia.

COMMUNE DE CAMPILE.
(861 habitants.)

Même déclaration signée par MM. Franceschi, maire; Orsini, adjoint; F. Mariotti, P.-M. Mariotti, Dr Pasqualini, J.-M. Pasqualini, Simon Pasqualini, A. Vecchioni et Ange Mathieu Vecchioni, conseillers municipaux.

COMMUNE DE CASALTA.
(243 habitants.)

Même déclaration signée par MM. Charles Corsetti, maire; Michel Stephani, adjoint; Marius Casalta, Paul-Martin Casalta,

Benoît Corsetti et Paul Toussaint Giafferi, conseillers municipaux.

COMMUNE DE CASTELLARE-DI-CASINCA.

(544 habitants.)

Même déclaration signée par MM. N. Maschetti, maire; S. Tomasi, adjoint; J.-P. Andreani, Charles Bussy, Paul Emanuelli, Jean-Charles Leonelli, J.-A. Mariani, A.-C. Mariani, Alcide Pesce, P.-P. Pesce, conseillers municipaux; P. Mattei, instituteur et un électeur.

COMMUNE DE CROCE.

(525 habitants.)

Même déclaration signée par MM. G. Granzini, maire; Ch.-Simon Mattéi, adjoint; Eugène-François Franzini, Paul-Félix Franzini, Ange Félix Mattéi, Charles Mattéi, Félix-Pierre Mattéi, Jean-Baptiste Mattéi, Pierre-Dominique Mattéi, François Nicolai, Don-Jules Pétrignani et Vincent Renucci, conseillers municipaux.

COMMUNE DE LORETO-DI-CASINCA.

(1,110 habitants.)

Même déclaration signée par MM. Philippe Cagnazzoli, maire; Antomarchi, Bernardi, Cagnazzoli, A. Gavini, Gherardi, Antoine-Louis Luigi, P.-E. Pieroni, V. Poletti, Vinciguerra et Vinciguerra, conseillers municipaux.

COMMUNE DE MONTE.

(1,002 habitants.)

Même déclaration signée par MM. S. Giustiniani, maire; Augustin Ottaviani, adjoint; Pierre-François Antonsanti, Jourdan Giafferi, François-Louis Giustiniani, Jean-Marie Giustiniani et Grégoire Micaelli, conseillers municipaux.

COMMUNE D'OLMO.

(577 habitants.)

Même déclaration signée par MM. Valliccioni, maire; Filippi, Antoine-André Giudicelli, Giudicelli, J.-F. Giudicelli, Leandri, Q.-F. Rebuffi, Donat Valliccioni, J.-A. Valliccioni, J.-B. Vinconti et Vinciguerra, conseillers municipaux.

COMMUNE DE PIÉTRALBA.
(720 habitants.)

Même déclaration signée par MM. Grimaldi, maire et conseiller général; François Franchi, adjoint; Louis Astalfi, Ange Paul Benedellini, Mathieu Buttofoco, Ange Cristofari, Roch Gavini, Crucien Giuseppi, Joseph Giuseppi, Félix Orsoni, Jean Padovoni et Luc-Jean Saulis, conseillers municipaux.

COMMUNE DE SORIO.
(546 habitants.)

Même déclaration signée par MM. Ristocelli, maire; Antoine-Charles Renucci, adjoint; Jean-Martin Antonetti, Félix Biagini, Croce, César de Petriconi, Loga, Jean-Baptiste Padovani, François Rasori, Antoine Simoni et Simoni, conseillers municipaux.

Arrondissement de Corte.

COMMUNE DE RAPAGGIO.
(224 habitants.)

Même déclaration signée par MM. Manfredi, maire; Pierre Sylvestre, adjoint; Dr Ceccaldi, Cristofari, Pasquin Pieri, Côme Timotéi, conseillers municipaux.

Arrondissement de Calvi.

CANTON DE L'ILE-ROUSSE.
(1,608 habitants.)

Même déclaration signée par MM. Numa-Eugène Costa, maire; Joseph Bertoni, adjoint; Olive Muzio, conseiller d'arrondissement et conseiller municipal, et François Ambrogi, conseiller municipal.

COMMUNE DE MONTICELLO.
(645 habitants.)

Même déclaration signée par MM. G. Orticoni, maire; Orticoni, adjoint; Antoine-Joseph Giorgi, Cyprien Liccia, Antoine Liccia, Martel Liccia et Pierre Pruciani, conseillers municipaux.

Arrondissement de Sartène.

CANTON DE PETRETO-BICCHISANO.
(1,057 habitants.)

Même déclaration signée par MM. P.-H. Dieghi, maire; S. Fieschi, adjoint; Antoine Ferrandini, Louis Fieschi, P.-B. Mononi, A. Vellutini, conseillers municipaux, et par 85 électeurs.

Côte-d'Or.

Arrondissement de Beaune.

COMMUNE D'AUVILLARS-SUR-SAONE.
(451 habitants.)

Même déclaration signée par MM. Louis Martin, maire; Bernard-Mougin, adjoint; Etienne Boudriot, Etienne Courtois, Louis Frelézeau, Garraud-Trivier, Pierre Germain, Jacob Simonet, Claude Michéa et Pierre Rebulliot, conseillers municipaux.

CANTON DE BLIGNY-SUR-OUCHE.
(1,300 habitants.)

Même déclaration signée par MM. Lebeault, maire; Boudier, adjoint; Jean Arvier, Coignon-Chauvenet, Garnier, Gagnepain-Guillemard, Gauvenet-Nicolle, Renaud, Rey-Fagottrez, Rousseau-Lhote, Rousseau-Vollot et Vadot, conseillers municipaux.

COMMUNE DE BESSEY-EN-CHAUME.
(240 habitants.)

Même déclaration signée par MM. François Bergerolle, maire; Pierre Rousseau, adjoint; Claude Chaudenet, Claude Maurice, Moindrot Jeulé, Pierre Manière, Dominique Parigot, Etienne Royer et François Tourlot, conseillers municipaux.

COMMUNE DE CHASSAGNE-LE-HAUT.
(981 habitants.)

Même déclaration signée par MM. Etienne Girard, maire; Jean Godillot, adjoint; Adam-Lacroix, Adam-Demoisy, Bachelet-Thevenot, Bugnot-Renaud, Carillon-Beney, Jouard-Perrin, Jacques Noirot, Pillot-Garreau, Pillot-Pigeron et François Villard, conseillers municipaux.

COMMUNE DE CHOREY.
(385 habitants.)

Même déclaration signée par MM. Louis Bard, adjoint; Claude Bourguet, Pierre Comel, Dubois-Jacquet, Charles Olivier et Pauvelot-Léger, conseillers municipaux.

COMMUNE DE CORMOT-LE-GRAND.
(309 habitants.)

Même déclaration signée par MM. Clair Martin, maire; Claude Moreau, adjoint; Claude Boudriot, Claude Commeau, Claude Demoisy, Jean Dornand, François Grillot, Pierre Grillot, Jean Nicolas et Jean Prieur, conseillers municipaux.

COMMUNE DE COMBLANCHIEN.
(351 habitants.)

Même déclaration signée de MM. Armand Gilles, maire; Barrault-Vivant, adjoint; Frédéric Bouchard, Pierre Gilles, Pierre Gilles, Jean-Baptiste Gilles, Pierre Tournois, François Trapet, Trapet-Vivant et Jacques Truchetet, conseillers municipaux.

COMMUNE DE CORPEAU.
(377 habitants.)

Même déclaration signée par MM. Pierre Lafouge-Gagnard, maire; Charles-Hugon Domino, adjoint; Jean-François Doneau, Jean-Baptiste Labelle, Jean-Baptiste Latour-Rougeot, François Lhéritier-Candiard, Étienne Nicot-Topenot, Penteuil-Grenet, François Poulet-Chotier et Jean-Marie Rollet-Léger, conseillers municipaux.

COMMUNE D'ESBARRES.
(1,167 habitants.)

Même déclaration signée par MM. Auguste Bouhin, maire; Maigret-Lauhet, adjoint; Allard-Crotet, François, Clément-Parizet Jean-Claude Frizot, Théodore Forey, Pierre Gaudot-Garicet, Pierre Gaudot-Marlien, François Marlien-Montrille, Marlien-Sisugues, Ferdinand Montrille et Pierre Vachet, conseillers municipaux.

COMMUNE DE LA ROCHEPOT.
(580 habitants.)

Même déclaration signée par MM. Vieillard, maire; Boureeau, Bouillot, Jean Bullier, Garnier, Landriot, Raison et Voillot, conseillers municipaux.

COMMUNE DE LOSNE.
(1,281 habitants.)

Même déclaration signée par MM. Marcisieux, maire; Lévèque, adjoint; Beaupoil, Brocard, Cabotte, Charbonnier, Fleury, Lapostolle, Lécrivain, Manière et Trevey, conseillers municipaux.

COMMUNE DE MAREY-LES-FUSSEY.
(159 habitants.)

Même déclaration signée par MM. Henri Jeannotte, maire; Paul Pansiot, adjoint; Auguste Duband, Réné Gaulard, Louis Girard, Lazare Hudelot, Pierre Joannet, J.-B. Martin, François Morot et François Simon, conseillers municipaux.

COMMUNE DE MISSERY.
(406 habitants.)

Même déclaration signée par MM. Rémond, maire; Rougenot, conseiller d'arrondissement et conseiller municipal; Bizouard-Hélliot, Bizouard-Echalié, Claude Bizouard et Mort, conseillers municipaux.

COMMUNE DE NANTOUX.
(300 habitants.)

Même déclaration signée par MM. Georget, maire; Charbonnier, adjoint; Bouchotte, Chenevet, Jean Gras, Jean-Baptiste Laboureaux, Claude Laboureaux, Legond, Quignard et Cl. Ropiteaux, conseillers municipaux.

VILLE DE NOLAY.
(2,484 habitants.)

Même déclaration signée par MM. Grillot-Roy, conseiller municipal faisant fonctions de maire; Boudriot-Guillemin, Changarnier-Lavillatte, Changarnier-Prevot, Laurent Compain, Philippe Compain, Demoisy-Brossard, Dubois-Berry, Pierre Giboulot, Monnot-Prieux, Régnier-Drouhin, Sainte-Boisson et Taupenot-Dupont, conseillers municipaux.

VILLE DE NUITS.
(3,596 habitants.)

Même déclaration signée par MM. Auguste Berthet, maire; P. Caumont-Bréan, conseiller général; Martin-Echeman, conseiller d'arrondissement; Jean-Baptiste Alexandre, Désiré Blanchet,

Auguste Cabet, Chauvenet-Magnien, Claude Domino, Grandé-Lécrivain, Joseph Grandné-Baroche, Grivot-Parthiot, Himbert-Sirugue, Symphorien Lécrivain, Loranchet-Menevers, Larmier-Violette, Philibert Moleur, Mignotte-Larmier, Morot-Gremeaux, Jules Preiss, Plançon-Mercy, Philippe Reitz Cornu et Jean-Baptiste Rollet, conseillers municipaux.

COMMUNE DE QUINCEY.
(346 habitants).

Même déclaration signée par MM. François Vagniot-Renard, maire; Jean-Baptiste Lebeault, adjoint; Jean-Baptiste Brocard, Henri Higuier, André Lhote-Vagniot, Ocquidant-Bourrelier, François Ocquidant et Jean-Baptiste Ocquidant, conseillers municipaux.

COMMUNE DE ROUVRES-SOUS-MEILLY
(237 habitants.)

Même déclaration signée par MM. Pierre Gagey fils, maire; Jean Champy, adjoint; Claude Bernet, Claude Berger-Gathelier, Antoine Gathelier, Pierre Gathelier, Pierre Gagey père, Etienne Pellechien et Pierre Mignon, conseillers municipaux.

COMMUNE DE SANTENAY.
(1,602 habitants.)

Même déclaration signée par MM. Dubois, maire; J. Robert, adjoint; Barrault-Jardené, Cochet-Moine, A. Demangeot, Demazières, Lequin-Nié, Moine-Demaise, Saladin, Thomas, Trudhon, et Verdreau-Demaizier, conseillers municipaux.

VILLE DE SAINT-JEAN-DE-LOSNE.
(1,501 habitants.)

Même déclaration signée par MM. C.-G. Mouillon, conseiller d'arrondissement, maire; Graillot fils, adjoint, Félix Amiot, Pierre Chevallier, Pierre Cretin, Colin fils aîné, Alexandre Fleutelot, Martin-Marquet, Maugras-Mauquin, Jean Pourat et Philipon Vacher, conseillers municipaux.

COMMUNE DE SERRIGNY.
(1,450 habitants.)

Même déclaration signée par MM. Capitain-Gagnerot, maire; C. Baudement, A. Bichot, Brocard, Damichel, A. Latour, Loichet-Pillet, Mallard-Léger, Mallard-Pillet, P. Nudant et Ravaut, conseillers municipaux.

COMMUNE DE THURY.
(755 habitants.)

Même déclaration signée par MM. Claude Robin, maire; Jean Faverial adjoint; Jean Belorgey, Jean-Baptiste Bligny, Jean Chauveau, Gaspard Chary, J.-B. Cochon, Pierre Demangeot, Pierre Garchor, Antoine Lamaizier et Pierre Viennot, conseillers municipaux.

COMMUNE DE VAUCHIGNON.
(151 habitants.)

Même déclaration signée par MM. Jean Maupoil, maire; Pierre Maupoil, adjoint; Pierre Boisson, Joseph Benoit, Pierre Bresset, Pierre Demour, Pierre Gueneau et Jean Jabœuf, conseillers municipaux.

COMMUNE DE VIANGES.
(234 habitants.)

Même déclaration signée par MM. Poillot, maire; Fleurot, adjoint; Bureau, Bullier, Bizouard, Coqueugniot, Lépée, Meuriot, Renault et Tixier, conseillers municipaux.

COMMUNE DE VOSNES-ROMANÉE.
(611 habitants.)

Même déclaration signée par MM. Etienne Grivot, maire; Guillaume Faivelay, adjoint; Pierre Chotier, Pierre Faiveley, Constant Lamarche, Henri Lécrivain, Symphorien Mongeard, Henri Mongeard et François Salbreux, conseillers municipaux.

COMMUNE DE VOUDENAY.
(710 habitants.)

Même déclaration signée par MM. Philippe Meuriot, adjoint; Jean Carrion, Gabriel Chapon, François Chavy, Claude Deblangey, Claude Gey, Jean Maurice Guenard, conseillers municipaux, et Pierre Gey, garde champêtre.

Arrondissement de Dijon.

VILLE DE DIJON.
(47,039 habitants.)

Même déclaration signée par MM. Tainturier, adjoint et conseiller d'arrondissement; Lory, adjoint; Brulet et Robelin, conseillers généraux et conseillers municipaux; Perriquet, conseiller d'arrondissement et conseiller municipal; Bolland, Bordet aîné, L. Boutinon, L. Colot, Déresse-Charmant, L. Echalié, Focillon, Geoffroy, Groffier, Dr Jobert, A. Leprince, Marguery, J. Mallard, J. Mallard, Pansiot, Papinot, Ravier, Sirodot et Wendeling, conseillers municipaux.

Arrondissement de Semur.

COMMUNE DE CHARNY.
(160 habitants.)

Même déclaration signée par MM. Jean-Baptiste Laligant, maire; Briotet-Meuriot, adjoint; Philibert Debrabant, Debrabant Gueneau, Finel-Queux, Finel-Bizouard, Claude Flourot, Laligant Rabuteau, Joseph Mazoiller et Claude Rabuteau, conseillers municipaux.

COMMUNE DE PRÉCY-SOUS-THIL.
(875 habitants.)

Même déclaration signée par MM. Colombier, maire; Colas, adjoint; Court, conseiller général; Bissey, Bordot, Grognot, Julien, Petitjean, Rémond, Roux et Samson, conseillers municipaux.

COMMUNE DE SAINTE-COLOMBE-LÈS-VITTEAUX.
(170 habitants.)

Même déclaration signée par MM. François Rémond, maire; Jean Desplantes, adjoint; Berthaux-Berthon, Jean Colin, François Durups, Jean Michelin et Claude Renardet, conseillers municipaux.

Creuse.

Arrondissement d'Aubusson.

VILLE D'AUBUSSON.
(6,847 habitants.)

Même déclaration signée par MM. Alfred Roseleur, maire et conseiller général; Dr Chataignon, premier adjoint et conseiller d'arrondissement; Denoufville, deuxième adjoint; Barraband, Chabanne, Dr Delavallade, Lepetit, Maigniaux, Maingonnat, Orluc, Sarciron et Tissier, conseillers municipaux.

CANTON DE LA COURTINE.
(1,010 habitants.)

Même déclaration signée par MM. Chanoibot, maire; Montagot, adjoint; S. S. Baylo, Brely, Cognora, Florand, Lacoux, Laroche, Pradelle et Sauty, conseillers municipaux.

Arrondissement de Bourganeuf.

COMMUNE DE SAINT-ÉLOY.
(750 habitants.)

Même déclaration signée par MM. Jean-Baptiste Dulac, maire; Antoine Biaujoux, adjoint; Jean-Baptiste Cassier, Jean Chezlebout, Justin Lagarde, Martial Meunier, Jean Ribière, Jean-Baptiste Vincent, Justin Vincent, Vincent Léobon, conseillers municipaux; et Jean-Baptiste Favin, instituteur.

COMMUNE DE SARDENT.
(2,446 habitants.)

Même déclaration signée par MM. Junien, maire; Jean-Baptiste Dulac, conseiller d'arrondissement; Cassier, Conchon, Dézagnat, Drouillette, Faure, Graule, Marioton, Morliéra, Picot, Sauvanet et Vignaud, conseillers municipaux.

COMMUNE DE VIDAILLAT.
(854 habitants.)

Même déclaration signée par MM. Pangau, maire; Mabont, Maume, Margnol, Monvill, Mournaud, Noël, S. Riano, Rouchon et Salmet, conseillers municipaux.

Arrondissement de Guéret.

COMMUNE DE CHAMBORAND.
(760 habitants.)

Même déclaration signée par MM. Dumas, maire; Lascaux, adjoint; Dumont, Gerbaud, Goux, Malabre, Moutaud, Nonique, Peyrat, Pichon, Semaigre et Volondat, conseillers municipaux.

Dordogne.

Arrondissement de Bergerac.

COMMUNE DE COUZE ET SAINT-FRONT.
(818 habitants.)

Même déclaration signée par MM. P. Prat-Dumas, maire; Beaudou aîné, adjoint; A. Avoustin, Fournet aîné, Guitard, Lachaise, L. Lafargue et Regniez, conseillers municipaux.

Arrondissement de Périgueux.

COMMUNE DE CHOURGNAC.
(288 habitants.)

Même déclaration signée par MM. Lasgrézas, maire; Dumas, adjoint; Audebert, Brun, Bussy, Flageot, Labrousse, Lasgrézou et Monneiz, conseillers municipaux.

COMMUNE DE NOTRE-DAME-DE-SANILHAC.
(1,385 habitants.)

Même déclaration signée par MM. Teyssandier, maire; Dorveaux, adjoint; H. Barthoumie, Chansard, Delbo, Dubois, Jean Dupérier et Léonard Dupérier, conseillers municipaux.

Arrondissement de Ribérac.

VILLE DE RIBÉRAC.
(3,607 habitants.)

Même déclaration signée par MM. A. Simon, maire et conseiller général; J. Junqua et A. Labrousse, adjoints; A. Chazeaud, secrétaire de la mairie; E. Petit, capitaine des sapeurs-pompiers; Aubinat, Bellin, Bellon, Bonnefon, Gaston, Gillard, D' Larobertie, Mathieu, Masson, Martin-Conte, Pradier, Serbat, Soureaud et Vivie, conseillers municipaux.

COMMUNE DE SOURZAC.
(1,174 habitants.)

Même déclaration signée par MM. Mouravie, maire; Raymondie, conseiller d'arrondissement; Barrière, Barmebouche, Chartanet, Laurière et Ronteix, conseillers municipaux.

Arrondissement de Sarlat.

COMMUNE DE LA BACHELLERIE.
(1,608 habitants.)

Même déclaration signée par MM. Jonbelle, maire ; François Carles, Jean Chatard, Jean Chatauret, Elie Dantrecolas, Elie Delsoulier, Pierre-Julien Dupuy, Annet Larfeuil, Jean Larfeuil, François Pérol et Bernard Véziat, conseillers municipaux.

CANTON DE SAINT-CYPRIEN.
(2,430 habitants.)

Même déclaration signée par MM. G. Escaud, maire et conseiller général ; Bonnet, Bézanger, Carrier-Ladevèze, Galand, Graffeille, Gueyne, Héricord, Jouannel, Lacroix, Pestillat, Poujade, Rougier et Valery, conseillers municipaux.

COMMUNE DE SAINT-VINCENT DE COSSE.
(572 habitants.)

Même déclaration signée par MM. Redon, maire ; Salviat, adjoint ; Béral, Boil, Debord, Escaude, Fauret, Lacombe, Marquay, Redon, Rouchon, conseillers municipaux.

VILLE DE TERRASSON.
(3,884 habitants.)

Même déclaration signée par MM. Dousseau, chevalier de la Légion d'honneur, maire ; Lagrave, premier adjoint ; Dr Lombard, deuxième adjoint ; Limoges, chevalier de la Légion d'honneur, conseiller honoraire à la cour de Bordeaux, conseiller municipal ; Beauregard, Bouthier, Delord, Dr Feylaud, Jean Jayle, Pierre Jayle, Lableynie, Mallet, Mayaudon, Nadal, Rouquie, Roussier, Teysson et Fernand Vilatte, conseillers municipaux.

COMMUNE DE VITRAC.
(744 habitants.)

Même déclaration signée par MM. Geraud, maire ; Veyssières, adjoint ; Barjou, Chatemine, Clardel, Lacombe et Larmandie, conseillers municipaux.

Doubs.

Arrondissement de Baume-les-Dames.

COMMUNE DE DELUZ.
(787 habitants.)

Même déclaration signée par MM. Elie Taverdet, maire; Clément Berçot, adjoint; Théophile Barbe, Agile Biétrix, Aubin Chamolle, Nicolas Clerget, Joseph Cochet, Jacques Guyard, Victor Flagey, Auguste Jouffroy et Hippolyte Scaramberg, conseillers municipaux.

COMMUNE DE NODS.
(649 habitants.)

Même déclaration signée par MM. Morel, maire; Jules Conche, Félicien Coulot, Mairot, Constant Mercier, Mollet et J.-F. Trouf, conseillers municipaux.

COMMUNE D'OUGNEY-DOUVOT.
(250 habitants.)

Même déclaration signée par MM. Louis Guyard, maire; Pierre Fusenot, adjoint; Charles Jeauney, Claude Pouthier, Jean-Claude Pouthier, Jean Simonet, Edouard Troncin, Auguste Troncin, et Alfred Troncin, conseillers municipaux.

Arrondissement de Besançon.

COMMUNE D'AMAGNEY.
(516 habitants.)

Même déclaration signée par MM. Théodore Clervaux, maire; Célestin Bardaux, adjoint; Alexandre Blanc, Jean Pierre Biétrix, Théodore Biétrix, Théodule Clervaux, Célestin Dumont, Ferdinand Fauvez, Honoré Henriot, Alphonse Maurice, François Mailley et Honoré Oudet, conseillers municipaux.

COMMUNE D'ARC-ET-SENANS.
(1,354 habitants.)

Même déclaration signée par MM. V. Boisson, maire; P. Aigrot, Belpaume, A. Colard, J. C. de Pernet, Duchesne, J. Nicot, Pernet-Basset, Pernet-Basset et Sigaud, conseillers municipaux.

COMMUNE DE BEURE.
(1,268 habitants.)

Même déclaration signée par MM. Dumont, maire; C. Roy, adjoint; Archeret, A. Fleuret, Gervais, Guyon-Varnier, Marchand, Hippolyte Marchand et Roy, conseillers municipaux.

COMMUNE DE BUFFARD.
(464 habitants.)

Même déclaration signée par MM. François Sustre, maire; J.-F. Fiquet, adjoint; Alphonse Baurand, Auguste Couteret, Jules Cussey, Claude Durieux, Etienne Gourand et Simon Maréchal, conseillers municipaux.

COMMUNE DE FOURG.
(423 habitants.)

Même déclaration signée par MM. Dr Legerot, maire; Besinge, Deliot et Dugourd, conseillers municipaux et ancien maire; Buy et Lucet, conseillers municipaux.

COMMUNE DE LANTENNE-VERTIÈRE.
(390 habitants.)

Même déclaration signée par MM. Augustin Chalandre, maire; Théodore Caillet, adjoint; Joseph Barberot, Joseph Déprez, François Faivret, Jules Faivret, Alfred Guignaud, Antoine-Joseph Levrey et Isidore Sauvin, conseillers municipaux.

COMMUNE DE SAINT-VIT.
(993 habitants.)

Même déclaration signée par MM. Charles Tramu, maire; Hippolyte Marmet, adjoint; François Barbier, Paul Brillat, Félix Girard, Dr Armand Hebault, Jean-Louis Maître, Antoine Marquiset, Claude Michelard et Charles Nicollin, conseillers municipaux.

Arrondissement de Montbéliard.

COMMUNE DE COLOMBIER-FONTAINE.
(500 habitants.)

Même déclaration signée par MM. Duroy, maire; P. Bourlier, adjoint; P.-J. Barbier, Frédéric Bourlier, Georges Bourlier,

Georges Chavey, Frédéric Duroy, F. Duroy, Charles Morel, Frédéric Morel et Adolphe Truchot, conseillers municipaux.

COMMUNE DE LIEBVILLIERS.

(522 habitants.)

Même déclaration signée par MM. Roy, maire ; Buron, adjoint ; Jobin, Louis Petit, Rubichon et Charles Viatte, conseillers municipaux.

COMMUNE DE LOUGRES.

(291 habitants.)

Même déclaration signée par MM. Pierre Métin, maire ; Pierre Georges Jeanperrin, adjoint ; C.-F. Charles, Georges Frédéric Cuenot, Charles-Georges Jacques, Pierre Jacquin, Georges Frédéric Jeanperrin, Georges Frédéric Métin, Pierre-Frédéric Parrend et Pierre-Jacques Turlin, conseillers municipaux.

COMMUNE DE MONTÉCHEROUX.

(1,157 habitants.)

Même déclaration signée par MM. Jules Schom, maire ; Jonathan Abram, Jacques-Frédéric Bourlier, Pierre Graber, Julien Gueutal, Louis Gueutal, Louis Mélières, Frédéric Méquillet, Louis Méquillet, Jacques Quélet, David Schom et Nicolas Schom, conseillers municipaux.

VILLE DE SAINT-HIPPOLYTE.

(1,190 habitants.)

Même déclaration signée par MM. Auguste Briot, adjoint ; Alfred Chapuis, Joseph Donzelot, Louis Fautel, Anatole Mercier, Jules Parent et Constant Vuillaume, conseillers municipaux.

COMMUNE DE VANDONCOURT.

(781 habitants.)

Même déclaration signée par MM. Louis Rayot, maire ; Pierre Marchand, adjoint ; Frédéric Cornetet, Pierre Cottier, Georges Gilliotte, Georges Laigle, Louis Marchand, Pierre Marchand, Pierre-Jacques Marchand fils, Émile Peugeot et Jean-Georges Peugeot, conseillers municipaux.

Drôme.

Arrondissement de Die.

VILLE DE DIÉ.
(3,841 habitants.)

Même déclaration signée par MM. Félix Germain, conseiller général, maire; H. Taillotte et Dr Faure, adjoints; Émile Aubanet, Charles Blain, Bourne, Z.-L. Combel, Louis Carton, Adolphe Ferrier, Louis Favier, Émile Girard, A. Girard, Léon Loriol, Auguste Morin, Nicolas, Poudrel et Cl. Reboulet, conseillers municipaux.

COMMUNE DE BELLEGARDE.
(388 habitants.)

Même déclaration signée par MM. Antoine Favicz, maire; Auguste Bœuf, adjoint; François Baudet, Auguste Gresse, Henri Gresse et Victor Tortel, conseillers municipaux.

COMMUNE D'ESPENEL.
(239 habitants.)

Même déclaration signée par MM. Etienne Brachet, maire; J.-P. Bavoud, adjoint; Aimé Arnaud, Geneniès, Giranin, D. Lombard, J.-P. Lombard, R. Poulet et L. Salabrelle, conseillers municipaux.

COMMUNE D'EURRE.
(1,069 habitants.)

Même déclaration signée par MM. Faure, maire; Pascalin, adjoint; Pierre Arthaud, Jacques Beauchon, Boutarin, Joseph Bouquet, Antoine Breyton, Combe, Louis Crozat, Joseph Latard, Pierre Long et Jean Orelle, conseillers municipaux.

COMMUNE DE LAVAL-D'AIX.
(161 habitants.)

Même déclaration signée par MM. Antoine Izoard, maire; Pierre Daumas, adjoint; Antoine Boulard, Jean Brun, Jean-Auguste Daumas, Cyprien Empoyta, Adrien Fraud, Jean-Pierre Josseaume et Jean Oddon, conseillers municipaux.

COMMUNE DE RECOUBEAU.
(336 habitants.)

Même déclaration signée par MM. Louis Genevès, maire; J. Carton, adjoint; S. Astier, J. Beynet, E. Blaintte, F. Brochier, F. Carton, M. Grachet, F. Micanel et H. Noël, conseillers municipaux.

COMMUNE DE ROMEYER.
(419 habitants.)

Même déclaration signée par MM. Emile Prompsaud, maire; Antoine Lagier, adjoint; Jean Allemand, Louis Bertrand, Antoine Chapays, Auguste Chapays, Daniel Gary, Louis Girard et Job Pellenc, conseillers municipaux.

COMMUNE DE SAINT-JULIEN-EN-VERCORS.
(520 habitants.)

Même déclaration signée par MM. Faresse, maire; Brochier, conseiller d'arrondissement et conseiller municipal; Bonnard, adjoint; Adrien Audemart, J. Bourjon, Guillon aîné, Idelon, Peyronnet, Rimet, Célestin Ruel et Emile Veyret, conseillers municipaux.

COMMUNE DE VAUNAVEYS.
(501 habitants.)

Même déclaration signée par MM. Auguste Aude, maire; Pansuy, adjoint; Bénistand, Bouvard, Joseph Guillot, Jean-Louis Joubert, J. Lassagne, Rolland, Sébastien Vallon et Georges Vivray, conseillers municipaux.

COMMUNE DE VERCHENY.
(339 habitants.)

Même déclaration signée par MM. Léon Audra, maire; Gustave Brun, adjoint; Jean Brun, André Chambrier, Jean-Pierre Daunas, Jean-Pierre Fraud, Joseph Fraud, Jean-Pierre Imbert, Joseph Jullien, Jacques Lombard, conseillers municipaux, et par quatre-vingt-huit électeurs.

Arrondissement de Montélimar.

VILLE DE MONTÉLIMAR.
(11,946 habitants.)

Même déclaration signée par MM. Emile Loubet, député et maire; Benjamin Laurie et Jean Faujas, adjoints; Jules Chabas,

André Charbonnier, Prosper Chavanet, Florient Dumont, Auguste Giraud, Louis Guerguy, Joseph Guy-Peyron, Marius Honnorat, Charles Lustrou, Paul Maucuer, Alexis Monier, Jean Noyer fils, François Perrin, Paul Perrossier, Charles Reboul, Isidore Valentin et Charles Vidal, conseillers municipaux.

COMMUNE DE CONDILLAC.
(195 habitants.)

Même déclaration signée par MM. B. Thomas, maire; Amon, Aubert, Brochier, F. Gontard, Auguste Faure, J. Monier et L. Monier, conseillers municipaux.

COMMUNE DE LA BATIE-ROLLAND.
(666 habitants.)

Même déclaration signée par MM. Adrien Brugier, maire; Aymé-Martin, ancien conseiller général; Auguste Fauchier, François Gauthier, Ernest Laurent, Joseph Michel, Victor Michel, Hippolyte Pignet et Evariste Raspail, conseillers municipaux.

COMMUNE DE LACHAMP.
(488 habitants.)

Même déclaration signée par MM. Ch. Magnanon, maire; F. Denis, adjoint; A. Boiteux, Béranger, Chastel, Delarbre, Estrant, Eustache et H. Faure, conseillers municipaux.

CANTON DE PIERRELATTE.
(3,579 habitants.)

Même déclaration signée par MM. Xavier Bouvier, maire; André Gros, premier adjoint; Jean Galland, deuxième adjoint; Achille Aubéry, Auguste Boudon, Victor Brun, Louis Chandanson, Nicolas Cordel, Joseph Dumas, Antoine Faucher, Isidore Fournier, Henri Jaume, Léonard Jaume, Pierre-Henri Jaume, Jean-Joseph Lombard, Jules Mège, Vincent Monteil, Alphonse Pradier et Xavier Reynaud, conseillers municipaux.

COMMUNE DE POËT-LAVAL.
(994 habitants.)

Même déclaration signée par MM. Armand, maire; Eugène Martin, adjoint; Allier, Casimir Brès, Bourret, Baptiste Bec, James, Pellegrin, Pierre Reboul et Vernet, conseillers municipaux.

COMMUNE DE ROCHEGUDE.
(1,101 habitants.)

Même déclaration signée par MM. Gras, maire; Laurent Gaud, adjoint; André Beaumet, Joseph Bernard, Auguste Descour, Célestin Devant, Doux, André Grosson, Benoît Icard, Joseph Pascal et Hippolyte Peyron, conseillers municipaux.

COMMUNE DE SAINT-GERVAIS.
(920 habitants.)

Même déclaration signée par MM. Joseph Revol, maire; Joseph Augier, Alcide Charpenne, Auguste Fert, Jean-André Freidier, Jean-Baptiste Gamond, Louis Lachaud, Ferdinand Lagier, Casimir Lattard, Paul Marce et David Reynier, conseillers municipaux.

COMMUNE DE SALETTES.
(192 habitants.)

Même déclaration signée par MM. Magnet, maire; Joseph Dupuy, adjoint; Belligand, Delorme, Auguste Dupuy, Louis Dupuy, Milon, Tracol et Sauvant, conseillers municipaux.

COMMUNE DE SAUZET.
(1,520 habitants.)

Même déclaration signée par MM. P. Condamine Mazade, maire; Maximin Arnaud, adjoint; Eugène Benoit, Jean Louis Bernard, Alfred Boulon, Hippolyte Brunel, Joseph Fauchier, André Girard, Hippolyte Gontard, Nicolas Jacquier, François Laroche, François Monteillet, Théodore Petit, Adolphe Riffard, Jean-Baptiste Roche et Henri Sylvestre, conseillers municipaux.

COMMUNE DE SUZE-LA-ROUSSE.
(1,725 habitants.)

Même déclaration signée par MM. Carpentras fils, maire; Joseph Allian, Louis Arsac, Jean Allard, Désiré Blanc, Paul Bressy, Louis Carteron, Emile Charavin, Lucien Fabion, Edouard Lafond, Joseph Labeaume, Frédéric Mathieu, Jean Maurin, Hippolyte Plantin, Alexis Roman et Félix Tourrel, conseillers municipaux.

André Charbonnier, Prosper Chavanet, Florient Dumont, Auguste Giraud, Louis Guerguy, Joseph Guy-Peyron, Marius Honnorat, Charles Lustrou, Paul Maucuer, Alexis Monier, Jean Noyer fils, François Perrin, Paul Perrossier, Charles Reboul, Isidore Valentin et Charles Vidal, conseillers municipaux.

COMMUNE DE CONDILLAC.
(195 habitants.)

Même déclaration signée par MM. B. Thomas, maire; Amon, Aubert, Brochier, F. Gontard, Auguste Faure, J. Monier et L. Monier, conseillers municipaux.

COMMUNE DE LA BATIE-ROLLAND.
(666 habitants.)

Même déclaration signée par MM. Adrien Brugier, maire; Aymé-Martin, ancien conseiller général; Auguste Fauchier, François Gauthier, Ernest Laurent, Joseph Michel, Victor Michel, Hippolyte Pignet et Evariste Raspail, conseillers municipaux.

COMMUNE DE LACHAMP.
(488 habitants.)

Même déclaration signée par MM. Ch. Magnanon, maire; F. Denis, adjoint; A. Boiteux, Béranger, Chastel, Delarbre, Estrant, Eustache et H. Faure, conseillers municipaux.

CANTON DE PIERRELATTE.
(3,579 habitants.)

Même déclaration signée par MM. Xavier Bouvier, maire; André Gros, premier adjoint; Jean Galland, deuxième adjoint; Achille Aubéry, Auguste Boudon, Victor Brun, Louis Chandanson, Nicolas Cordel, Joseph Dumas, Antoine Faucher, Isidore Fournier, Henri Jaume, Léonard Jaume, Pierre-Henri Jaume, Jean-Joseph Lombard, Jules Mège, Vincent Monteil, Alphonse Pradier et Xavier Reynaud, conseillers municipaux.

COMMUNE DE POËT-LAVAL.
(994 habitants.)

Même déclaration signée par MM. Armand, maire; Eugène Martin, adjoint; Allier, Casimir Brès, Bourret, Baptiste Bec, James, Pellegrin, Pierre Reboul et Vernet, conseillers municipaux.

COMMUNE DE ROCHEGUDE.
(1,101 habitants.)

Même déclaration signée par MM. Gras, maire; Laurent Gaud, adjoint; André Beaumet, Joseph Bernard, Auguste Descour, Célestin Devant, Doux, André Grosson, Benoît Icard, Joseph Pascal et Hippolyte Peyron, conseillers municipaux.

COMMUNE DE SAINT-GERVAIS.
(920 habitants.)

Même déclaration signée par MM. Joseph Revol, maire; Joseph Augier, Alcide Charponne, Auguste Fert, Jean-André Freidier, Jean-Baptiste Gamond, Louis Lachaud, Ferdinand Lagier, Casimir Lattard, Paul Marce et David Reynier, conseillers municipaux.

COMMUNE DE SALETTES.
(192 habitants.)

Même déclaration signée par MM. Magnet, maire; Joseph Dupuy, adjoint; Belligand, Delorme, Auguste Dupuy, Louis Dupuy, Milon, Tracol et Sauvant, conseillers municipaux.

COMMUNE DE SAUZET.
(1,520 habitants.)

Même déclaration signée par MM. P. Condamine Mazade, maire; Maximin Arnaud, adjoint; Eugène Benoit, Jean Louis Bernard, Alfred Boulon, Hippolyte Brunel, Joseph Fauchier, André Girard, Hippolyte Gontard, Nicolas Jacquier, François Laroche, François Monteillet, Théodore Petit, Adolphe Riffard, Jean-Baptiste Roche et Henri Sylvestre, conseillers municipaux.

COMMUNE DE SUZE-LA-ROUSSE.
(1,725 habitants.)

Même déclaration signée par MM. Carpentras fils, maire; Joseph Allian, Louis Arsac, Jean Allard, Désiré Blanc, Paul Bressy, Louis Carteron, Emile Charavin, Lucien Fabion, Edouard Lafond, Joseph Labeaume, Frédéric Mathieu, Jean Maurin, Hippolyte Plantin, Alexis Roman et Félix Tourrel, conseillers municipaux.

COMMUNE DE TEYSSIÈRES.
(434 habitants.)

Même déclaration signée par MM. Jean Benoit, maire; Augustin Blanc, Fayet, Honoré Gauthier, Joseph Gouyeon, Gras, Eugène Gras et Moëse Vial, conseillers municipaux.

COMMUNE DE TULETTE.
(2,120 habitants.)

Même déclaration signée par MM. Victor Faibie, maire; Aubert, Appay fils, Baussan, Flouret, Marcel, Léon Mathieu, Mavelé, Monier, Gustave Monier, Frédéric Moureau, Pialat, Saint-Roman et Ville, conseillers municipaux.

COMMUNE DES TOURRETTES.
(249 habitants.)

Même déclaration signée par MM. Simian, maire; Chabas, adjoint; Canon, Chardony, Mazade, Peysson et Restouin, conseillers municipaux.

Arrondissement de Nyons.

COMMUNE DE BELLECOMBE.
(266 habitants.)

Même déclaration signée par MM. Jacques-Laurent Veux, maire; Bompard, adjoint; Jean-Pierre André, Henri Bompard, Joseph Chabrol, Joseph Meffre, Antoine Pouguet et Tourre, conseillers municipaux.

CANTON DE BUIS-LES-BARONNIES.
(2,203 habitants.)

Même déclaration signée par MM. Marcel Thiers, maire; Jean-Joseph Durieu, adjoint; Louis Argence, Paul Avon, Eugène Bérard, Jules Bernard, Louis Bigonnet, Félix Chauvet, Benoît Fournel, Joseph Marin fils, André Mermet, Henri Mouret, Baptiste Pinet, Pierre Reynier et Joseph Vidal, conseillers municipaux.

COMMUNE DE LEMPS.
(291 habitants.)

Même déclaration signée par MM. A.-F. Pez, maire; P. Chabrol, adjoint; Joseph Alexis, Prosper Alexis, Julien Chabrol, A. Deydier, Eysséric et Aimé Pez, conseillers municipaux.

COMMUNE DE LA PENNE.
(134 habitants.)

Même déclaration signée par MM. Mérindol, maire; J. Mérindol, adjoint; Clary, Flone, Jean Gleize, Mérindol et C. Sauvais, conseillers municipaux.

COMMUNE DE PIERRELONGUE.
(157 habitants.)

Même déclaration signée par MM. Merle Avit, maire; Toussaint Berbeziez, adjoint; Casimir Aubert, Xavier Béraud, Frédéric Brusset, Pascal Clavel, Frédéric Merle, Adrien Monge, Clément Monge et Joseph Touil, conseillers municipaux.

COMMUNE DE ROCHE-SUR-LE-BUIS.
(575 habitants.)

Même déclaration signée par MM. Jean-Joseph Ricard, maire; Joseph-Didier Eysséric, adjoint; Edouard Clément, Louis Clément, Joseph-Clément Garaix, Antoine Legrand, Firmin Montaud, Alexis Pascal, Flavien Rastel, Auguste Saint-Donat et Victor Seymard fils, conseillers municipaux.

COMMUNE DE SAINTE-EUPHÉMIE.
(344 habitants.)

Même déclaration signée par MM. Jean Meille, maire; Edouard Jean, adjoint; Louis Brachet, Auguste Court, Joseph Court, Séraphin Court, Antoine Gauthier, Jean Jacques, J.-François Villhet, conseillers municipaux, et par quarante-deux électeurs.

COMMUNE DE SAINT-FERRÉOL.
(419 habitants.)

Même déclaration signée par MM. Fabre, maire; Barret, Bayet, Blanc, Brochemin, Ulysse Brochemin, B. Combe, Henri Frinel, Milliard et J. Saurel, conseillers municipaux.

COMMUNE DE SAINT-MAURICE.
(586 habitants.)

Même déclaration signée par MM. Louis-Simon Charansol, adjoint; Auguste Charavin, Joseph Mialle, François Roux, Firmin Sauvayre et Hippolyte Vigne, conseillers municipaux.

COMMUNE DE VINSOBRES.
(1,586 habitants.)

Même déclaration signée par MM. Pierre-Eugène Vernet, maire; Jean-Joseph-Louis Mauric, adjoint; Pierre-François Bertrand, Firmin Bressy, Chauvin, Flouret, Joubert, Jullien, Miraillet, Mourier, Pommier, Sigaud, Vénon, Vornet, Vilhet et Viret, conseillers municipaux.

Arrondissement de Valence.

VILLE DE VALENCE.
(23,220 habitants.)

Les soussignés, membres du conseil municipal de Valence (Drôme), hors séance,

Considérant que, sous le régime républicain et dans un pays de suffrage universel, tous les citoyens doivent jouir du bienfait de l'instruction;

Que l'enseignement donné par des maîtres laïques est seul de nature à répondre aux idées de démocratie et de progrès qui sont la base de toute société libre,

Demandent que l'instruction laïque soit exclusivement adoptée pour les deux sexes, dans toutes les écoles subventionnées par les communes, les départements et l'État.

Ils demandent aussi que l'instruction soit rendue *obligatoire* dans le double intérêt social et individuel, et universellement gratuite, condition sans laquelle il ne saurait y avoir d'obligation.

Signée par MM. Bélat, maire; David et Puzin, adjoints; Agranier, J. Bouillard, Chaudier, Henri Chalamet, Crouzet, A. Debeaux, Dupré, Victor Eaupier, Espot, J. Eur, Friol, Gautier, Gastoud, Émile Joulie, Mirabel-Chambaud, Verdalle et Victor, conseillers municipaux.

COMMUNE D'ANDANCETTE.
(717 habitants.)

Considérant que l'esprit a autant besoin de lumière que le corps a besoin d'aliments; que l'expérience a démontré que le niveau moral d'un peuple s'élève avec son degré d'instruction; que, dans un gouvernement républicain basé sur le suffrage universel, tous les citoyens doivent être mis à même de comprendre leurs devoirs et leurs droits,

Les soussignés demandent l'instruction primaire *obligatoire*, *gratuite* et *laïque*, pour les deux sexes, dans toutes les écoles subventionnées par les communes, les départements et l'Etat:

Obligatoire, dans le double intérêt de l'individu et de la société, au nom de leur solidarité réciproque ;

Gratuite, au nom de l'égalité, et pour ôter tout prétexte aux mauvais vouloirs ;

Laïque, parce que ce principe: *La science à l'École et l'instruction religieuse à l'Église*, est le seul qui protège efficacement la liberté de conscience.

Signée par MM. Christophle, maire; Marion, adjoint; Abouzit, Crotte, Dumaine, Girard, Gerbert, Mollard, Nivon et Rozier, conseillers municipaux.

COMMUNE D'ALBON.
(1,624 habitants.)

Même déclaration signée par MM. Fernand Baboin, conseiller général et maire; Joseph Paquien, adjoint: Sylvestre Barou, Joseph Bathrenay, Joseph Bonneton, Jean Caillet, Jean Charvet, André Clément, Joseph Dumaine, Auguste Faure, Prosper Faure, Baptiste Girard, François Paret et Jean Vermillière, conseillers municipaux.

COMMUNE DE BARCELONNE.
(311 habitants.)

Même déclaration signée par MM. Michel Biory, Simon Imbert, Elie Faron, Jean-François Perrot, François Muletier, Julien Rey, Louis Rey et Jean Tournier, conseillers municipaux.

COMMUNE DE BATHERNAY.
(273 habitants.)

Même déclaration signée par MM. Chuilon, Joseph Chevrol. J. Didier et Rey, conseillers municipaux.

COMMUNE DE LA BAUME-CORNILLANNE.
(482 habitants.)

Même déclaration signée par MM. Béranger, maire; Jean Defaisse, adjoint; Jean Astier, Louis Bouillanne, Jean-Pierre Combe, Simon Combe, Jean Imbert, Jean-Pierre Jourdan et Frédéric Reynaud, conseillers municipaux.

COMMUNE DE BEAUMONT-LÈS-VALENCE.
(1,315 habitants.)

Même déclaration signée par MM. Janoyer, maire et conseiller d'arrondissement; Arnoux, Balayn, Bérenger aîné, Carton, Alcide Chanas, Hector Chanas, Chovet, Jean-Pierre Garais, Pierre Gensel, Rabagnat aîné et Tutier, conseillers municipaux.

CANTON DE BOURG-DE-PÉAGE.
(4,830 habitants.)

Même déclaration signée par MM. Etienne Charbonnel, maire; Hercule Mazado, adjoint; Joseph Bellon, Alexandre Bourguignon, Louis Chaléat père, Auguste Gage, Jean-François Revol, Robert Bruno, Charles Verdun et Gabriel Zassoud, conseillers municipaux.

COMMUNE DE BREN.
(533 habitants.)

Même déclaration signée par MM. Noyaret, adjoint, délégué du maire; Cheval, Lafumas, Meysonnat, Mourrat, Mourier, Reynaud, Thivolle, conseillers municipaux, et Raynaud, instituteur.

CANTON DE CHABEUIL.
(3,328 habitants.)

Même déclaration signée par MM. Fayard, maire, vice-président du conseil général de la Drôme; Marius Capelle, adjoint; Henri Bellon, David Borel, Charles Brunier, Honoré Faure, Barthélemy Favier, Hippolyte Filliat, Adrien Perret, Jules Pons, Emile Roux, Victor Roux et Joseph Rouveyre, conseillers municipaux.

COMMUNE DE CHANTEMERLE.
(967 habitants.)

Même déclaration signée par MM. Brenier, maire; Faure, adjoint; Abert, François Brenier, Burais, Carro, Didier, Faure, N. Pochon, Pommarl et P. Ronjal, conseillers municipaux.

COMMUNE DE CHATEAU-DOUBLE.
(557 habitants.)

Même déclaration signée par MM. Fréjérat, adjoint; Abel, Eugène Barret, A. Berger, Bresson, Louis Cheyssière, Many, Jean Perpoint et Vial, conseillers municipaux.

COMMUNE DE CHATEAU-NEUF D'ISÈRE.
(2,081 habitants.)

Même déclaration signée par MM. Jean-Louis Chassoulier, maire; André-Désiré Guerby, adjoint; Ferdinand Apostoly, Pierre Berger, Ulysse Breynat, Jean Bresson, Ferdinand Dannonay, Victor Delaine, Jean-Pierre Giraud, Jean-Pierre Panaye, Joseph-Gabriel Reynaud, Joseph Rollot, Toussaint Ristord, Jean-Pierre Romeyer et Jacques Thomé, conseillers municipaux.

COMMUNE DE CLIOUSCLAT.
(708 habitants.)

Même déclaration signée par MM. Eugène Mourier, maire; Charles Brun, Eugène Calvier, Paul-Joseph Combe, Alexandre Demas, Emile Demas, Delille Monier, Jean-Joseph Monier, Joseph Odouard, Jean-Simon Roumegout et Jean-Pierre Souchier, conseillers municipaux.

COMMUNE DE COMBOVIN.
(619 habitants.)

Même déclaration signée par MM. G. Bellier, L. Chazabet, Lantheaume, P. Peyrart, J. H. Tourte et Vieu, conseillers municipaux.

COMMUNE D'ÉTOILE.
(3,138 habitants.)

Même déclaration signée par MM. Vial, maire; Barre, Bevit, Boissonnat, Duc, Jacquot, Martin, Mayaud, Mayousse, Mottet et Nicolas, conseillers municipaux.

COMMUNE DE FAY.
(313 habitants.)

Même déclaration signée par MM. Fauvite, maire; Bathernay, Emile Blain, Bonin, Bret, Chapre, Cheval, Darnat, Figuet et Levet, conseillers municipaux.

COMMUNE DE FIANCEY.
(515 habitants.)

Même déclaration signée par MM. Antoine Bayard, maire; Jean Champel, adjoint; Henri Arthaud, Chanas, Crozat, Margier, Mourier, Odeyer et Voge, conseillers municipaux.

COMMUNE D'HAUTERIVES.
(2,522 habitants.)

Même déclaration, signée par MM. Pangon, maire, Juveneton, adjoint; Alloncle, Berne, Chabert, Ginest, Lambert, Larra, Noir, Novat, Paquien, André Ravit, Jean Ravit, Raynaud et Rodillon, conseillers municipaux.

COMMUNE DE LARNAGE.
(771 habitants.)

Même déclaration signée par MM. Jean-Barthélemy Delhome, maire; François Laurent, adjoint; Jacques Bombin, François Baroche, André Dutron, Delhome-Vernet, Jean-Joseph Delhome, Victor Delhome, André Habrard, Jean Mizery aîné, Victor Revol, Pierre Valotte, conseillers municipaux et par 121 électeurs.

COMMUNE DE LAVACHE.
(320 habitants.)

Même déclaration signée par MM. A. Pomarel, maire; François Rolland, adjoint; Béranger, Ph. Beravey, F. Charetier, Chatelan, Pierre Combes, Coupierjean, J.-L. Mionet et Elie Nel, conseillers municipaux.

CANTON DE LORIOL.
(3,686 habitants.)

Même déclaration signée par MM. C. Chalamet, maire et conseiller général; D. Charrin, premier adjoint; E. Bourguignon, deuxième adjoint; F. Bernard, Brousse, Courty, Crouzet, Charrière dit Lermy, Debiaud, Eynard, V. Laulagnet, Leybraï, Marchesson, B. Mazade, E. Mazade, Robert et Testavin, conseillers municipaux.

COMMUNE DE MIRMANDE.
(1,061 habitants.)

Même déclaration signée par MM. P. Peillard, maire; Besson, adjoint; Audibert, Eugène Bérard, M. Besson, J. Michel, Poize, Eugène Vabre, Louis Vernet et Joseph Vossier, conseillers municipaux.

COMMUNE DE MONTELÉGER.
(617 habitants.)

Même déclaration signée par MM. Meutre, maire; C. Nésy, adjoint; Chovin, J.-P. Cotte, Debin, Ferrier, F. Faure, Garais,

Gaillard, Giraudon, C. Julien et Mourigueux, conseillers municipaux.

COMMUNE DE MONTELIER.
(1,293 habitants.)

Même déclaration signée par MM. Honoré Escoffier, maire; Mathieu Juge, adjoint; Joseph Bost, Jean Charrin, Fortuné Lattier, Joseph Nicolas et François Seyve, conseillers municipaux.

COMMUNE DE MONTMEYRAN.
(2,116 habitants.)

Même déclaration signée par MM. G. Faure, maire; Pierre Gresse, adjoint; Bille, Chovin, Cornand, C. Delphon, Hippolyte Faure, F. Gencel, Giren, Richard Mazouyer, Simon Rochier, Jean Romicuf, Thibaud et J. Trouilhat, conseillers municipaux.

COMMUNE DE MONTRIGAUD.
(1,054 habitants.)

Même déclaration signée par MM. A. Gauthier, maire; A. Macain, adjoint; J. Jeunot, G. Machon, L. Morel, M. Morel, J. Mottin, A. Mottin, A. Rey, conseillers municipaux; A. Peyrol, instituteur, et par deux électeurs.

COMMUNE DE MONTVENDRE.
(934 habitants.)

Même déclaration signée par MM. Surel, maire; Louis Clément, adjoint; Bernard, Charles Chirouze, Jean-Louis Clément, Jean-Léopold Dehaye, François Girard, Grunard, Pierre Elie Rochette, Jean Roux, et François Sérusclat, conseillers municipaux.

COMMUNE DE LA MOTTE-DE-GALAURE
(602 habitants.)

Même déclaration signée par MM. Cheval, maire; Bal, adjoint; Cheval, Cheval, Genthon, Levet, Monier, Pousse, Robin, Ronat, C.-J. Servet et Vermillière, conseillers municipaux.

COMMUNE DE PONSAS.
(537 habitants.)

Même déclaration signée par MM. Sorrel, maire; Frachon, adjoint; Faure, Genevier, Mouret, Pascal, Paquien, Reynaud, Robin et Vivier, conseillers municipaux.

VILLE DE ROMANS.
(12923 habitants.)

Même déclaration signée par MM. Marius Charvin, adjoint; Jean-Louis Archinod, Bellan, Joseph Bellier, Joseph Blain, Jean-Blaise Blanc, Emile Champion, Louis Charbonnel, Antoine Gailly, Pierre Louvier, Romain Martin, Ferdinand Meysonnus, Perrier, Ferdinand Perrier, Alfred Pinet, Jean-Baptiste Pinet, François Pouzin, Louis-Philippe Premier fils, Ulysse Roux, Joseph Savoye, Cyprien-Raphaël Seyvet, conseillers municipaux et par cinq électeurs.

COMMUNE DE SAINT BONNET-DE-VALCLÉRIEUX.
(548 habitants.)

Même déclaration signée par MM. Boissieux, adjoint; François Ageron, Jean Argon, Louis Guichard, François Manin, Pierre Manin, Ferdinand Melin, Joseph Mottric, et Jean Tardy, conseillers municipaux.

COMMUNE DE SAINT MARCEL-LÈS-VALENCE.
(1,151 habitants.)

Même déclaration signée par MM. Ducros, maire; Duc, adjoint; Barnaud, François Berger, Bourne, Bost, A. Ferrand, S. Robéchon aîné, Joseph Rollet, Vignard et V. Vinet, conseillers municipaux.

COMMUNE DE SAULCE-SUR-RHONE.
(1,286 habitants.)

Même déclaration signée par MM. de Saint-Prix, maire et conseiller d'arrondissement; Adolphe Plan, adjoint; Dr Chalamet, conseiller général; Arsène Bérard, Broé, Pierre Chastan, Aimé Charlon, André Dumas, Fortune Faure, Gaudy, Auguste Lanfrin, Joseph Mottet et Vallon, conseillers municipaux.

CANTON DE TAIN.
(2,860 habitants.)

Même déclaration signée par MM. François Monnet et Vincent Passat, adjoints au maire; Alexandre Barry, conseiller municipal et conseiller d'arrondissement; Barre, André Bérard, Boissonnet, Delhomme jeune, Girard, P. Jaboulet, André Monnet, Oboussier, Perrot, F. Reynier, Théodore Roux et Frédéric Vogelgesang, conseillers municipaux.

COMMUNE D'UPIE.
(1,306 habitants.)

Même déclaration signée par MM. Perrier, maire; Rodet, adjoint; Blayn, Court, Fraud, Gueyraud, Lambert, Marsanon, Moulin, Peyrard, Sibourg et Votenin, conseillers municipaux.

Eure.

Arrondissement d'Évreux.

COMMUNE D'AIGLEVILLE.
(109 habitants.)

Même déclaration signée par MM. Yvet, maire; Démara, adjoint; F. Deforges, Delfeu, Dubois, Foubert, Lepouzé, Leroux, Rochet et Siard, conseillers municipaux.

COMMUNE DE CAILLOUET-ORGEVILLE.
(278 habitants.)

Même déclaration signée par MM. A. Jouen, maire; Bunel, Brusselle, Colombe, E. Egasse, Faverolles, Ledoux et Medeville, conseillers municipaux.

COMMUNE DE CROISY.
(213 habitants.)

Même déclaration signée par MM. Cousin, maire; Anscaume, adjoint; Z.-L. Chedeville, Damano, Maillard, Quelvée et A. Saint, conseillers municipaux.

COMMUNE DE FAINS.
(217 habitants.)

Même déclaration signée par MM. Ledoux, maire; Miure, adjoint; Beautier, Dubois, Grotte, Ledoux fils, Moissor, Gustave Moulard, Mulot et Piquet, conseillers municipaux.

COMMUNE D'HARDENCOURT.
(166 habitants.)

Même déclaration signée par MM. Legay, maire; Colombe, adjoint; Baux, François Colombe, Ducellier, Dufriche, B. Luinser, Maillard, Oubert et Vallois, conseillers municipaux.

COMMUNE D'HECOURT.
(237 habitants.)

Même déclaration signée par MM. Joseph Barbier, maire; Eugène Piquet, adjoint; Alphonse Barbier, Hildevert Baroche, Louis Barbier, François Labbé, Julien Moulard et Ernest Piot, conseillers municipaux.

COMMUNE DE L'HABIT.
(386 habitants.)

Même déclaration signée par MM. Désiré Peltier, maire; Alexandre Latouche, adjoint; Alexis Delaunay, Séraphin Dubourdonné, Baptiste Fortier, François Gourdes, Xavier Hénembelle, Joseph Hurel, Jules Peltier, Jean-Jacques Peltier, François Queftaigné et Désiré Thibouville, conseillers municipaux.

COMMUNE DE MENILLES.
(738 habitants.)

Même déclaration signée par MM. Philippe Normand, maire; Eugène Bellencontre, adjoint; Jean-Louis Chapelain, Jean-Pierre Ducellier, Pierre Enseaume, Ferdinand Idoine, René Miserey, François Philippe, Prosper Quervel, Bazile Vallée et Hildevert Vallée, conseillers municipaux.

COMMUNE DE MOUETTES.
(488 habitants.)

Même déclaration signée par MM. Emile Rousseau, maire; Ambroise Baziret, adjoint; André Béranger, Louis Gazon, Théophile Gonord, Ambroise Lefèvres, Claude Lhermeroult et Jean-Baptiste Rousseau, conseillers municipaux.

CANTON DE PACY-SUR-EURE.
(1810 habitants.)

Même déclaration signée par MM. Godefroy, capitaine retraité, chevalier de la Légion d'honneur, maire; Lepouzé-Frémont, conseiller d'arrondissement, adjoint; Adam, Boëte, Ferray, Auguste Isambard, Dr Edouard Isambard, Félix Lepouzé, Loizon, Loisel, Lohy, Marche et Petit, conseillers municipaux.

COMMUNE DE PANLATTE.
(133 habitants.)

Même déclaration signée par MM. Vincent, maire; Demery, adjoint; Harel, Helin, Le Bœuf et Tranchant, conseillers municipaux.

COMMUNE DE SAINT-JUST.
(264 habitants.)

Même déclaration signée par MM. Alexandre Albert Lasne, maire et délégué cantonal; Guérin, adjoint; Pierre Mony, Zacharie Monsçavoir et Désiré Trognon, conseillers municipaux.

COMMUNE DE SAINT-PIERRE D'AUTILS.
(703 habitants.)

Même déclaration signée par MM. A. Ducosté, maire; L. Mony, adjoint; Beville, Bucey, Chauvin, Delavigne, Dubourdonné, V. Duval, Fleury, G. Monsavoir et Vacherel, conseillers municipaux.

Arrondissement de Louviers.

COMMUNE D'ÉPÉGARD.
(501 habitants.)

Même déclaration signée par MM. Auguste Loiseleur, maire; Auguste-Nicolas Durand, adjoint; Pierre Hugresse, ancien maire, président de la bibliothèque populaire et conseiller municipal; Armand Barbey, Eugène Barbey, Th. Coquerel, François Dubos, Pierre-Félix Lebourg, Pierre-Jean-Baptiste Lothon, Désiré Sailly, conseillers municipaux; Picard, notaire, conseiller général, et Lenoble, notaire, maire du Neubourg et conseiller d'arrondissement.

Arrondissement de Pont-Audemer.

COMMUNE DE SAINT-PIERRE-DE-CORMEILLES.
(872 habitants.)

Même déclaration signée par MM. Louis Lebourgeois, maire; Amand Morin, adjoint; Isidore Beauzami, Désiré Blin, Joseph Delacroix, Arcade Fourchégu et Isidore Millet, conseillers municipaux.

Eure-et-Loir.

Arrondissement de Chartres.

COMMUNE DE BERCHÈRES-L'ÉVÊQUE.
(830 habitants.)

Même déclaration signée par MM. Graindorge, maire; L.-R. Sédille, adjoint; P. Dauphin, Fourmont, Martin Guérin, Graindorge, P. Leboucq, Ph. Leboucq, E. Martin et V. Tricheux, conseillers municipaux.

CANTON D'ILLIERS.

(2,997 habitants.)

Même déclaration signée par MM. Charles Baudoin, Barrois, Dacier-Singlas, Hayes, Hardy, Jumeau, Larcher, Dr Lemoine, Maurissard, Moreau, Manceau, Pipereau, Sedillot et Thiveau, conseillers municipaux.

Arrondissement de Châteaudun.

CANTON DE BONNEVAL.

(3,398 habitants.)

Même déclaration signée par MM. L. Loride, conseiller municipal, faisant fonctions de maire; Audis, Billault, Bouillon, Camuset, Chevallier, Dupré, Fossard, Habert, Hélis, Hureau, Maury, Mesle, Peigné, Templier et Violette, conseillers municipaux.

Arrondissement de Dreux.

COMMUNE DE BERCHÈRES-SUR-VESGRE.

(575 habitants.)

Même déclaration signée par MM. Jules Maria, maire; Maurice Barbery, Remy Galiché, François Housset, César Salmon, Ferdinand Sourbelle et Guillaume Thiberville, conseillers municipaux.

COMMUNE DE SAUSSAY.

(352 habitants.)

Même déclaration signée par MM. Pierre Weber, maire; E. Mauld, adjoint; Cloménil, L. Fouillet, Gombert, P.-L. Heurthe, Herouard, C. Hory, L. Lazne et L. Lefevre, conseillers municipaux.

COMMUNE DE TREMBLAY-LE-VICOMTE.

(582 habitants.)

Même déclaration signée par MM. P. Lenormand, maire; Cochard, adjoint; Chantard, Farcy, Ad. Joly, Mésange, Peltier, Quentin et L. Vigneron, conseillers municipaux.

Arrondissement de Nogent-le-Rotrou.

COMMUNE DE MANOU.
(736 habitants.)

Même déclaration signée par MM. E. Bardiaux, maire; Bellier, adjoint; Drouin, Garnier, Germond, Georget, Lannay Navet, Perche et Théon, conseillers municipaux.

Finistère.

Arrondissement de Brest.

VILLE DE LANDERNEAU.
(8,195 habitants.)

Même déclaration signée par MM. Amédée Belhommet, maire; Despinoy, premier adjoint; Piéton, deuxième adjoint; Alavoine, Allain, Edouard Balcam, Corbé, Élie, Flagelle, Ludovic Glaizot, Aug. Goublet, Jouarme, Le Roux, Masseron père, Morel, Henri Morvan, Parc et Charles Taconnet, conseillers municipaux.

VILLE DE SAINT-RENAN.
(1,497 habitants.)

Même déclaration signée par MM. E. Delagarde, maire; Bossary, adjoint; L. Allary, E. Alliez, Beyer, E. Bouvet, S. Colin, Gourveuce, Kremer, E. Lhergonold, Le Saoul, A. Mihouay, Ponthou, J.-M. Riou et Saliou, conseillers municipaux.

Gard.

Arrondissement d'Alais.

COMMUNE DE BOUCOIRAN ET NOZIÈRES.
(763 habitants.)

Même déclaration signée par MM. Blanc, maire; Théron, conseiller d'arrondissement du canton de Lédignan; Étienne Castanier, Clédon, Étienne Labric, Étienne Pic, Roussel, Roux, Sollier et Jacques Thérond, conseillers municipaux.

COMMUNE DE BOUQUET.
(428 habitants.)

Même déclaration signée par MM. Massot, maire; Blanches, Chapon, Chapelier, Crégut, Constant, Guiraud, Saut, Serre et Valais, conseillers municipaux.

COMMUNE DE BRIGNON.
(557 habitants.)

Même déclaration signée par MM. Auguste Bourdy, maire; Auguste Boucoiran, François Daleyrac, Paul Dhombres, Louis Durand, Ferdinand Foucard, Pierre Maurin, Pierre Reboul, Hippolyte Rols, Guillaume Rouvière, Victorin Soulier et Jules Vallat, conseillers municipaux.

COMMUNE DE CASTELNAU-VALENCE.
(314 habitants.)

Même déclaration signée par MM. François Fontanieu, maire; Louis Boucoiran, Jean Bougarel, Louis Cambon, Camille Duschet, César Mazel, Emmanuel Méjean, Louis Rainaud et Frédéric Souchon, conseillers municipaux.

COMMUNE DE CRUVIERS-LASCOURS.
(287 habitants.)

Même déclaration signée par MM. Jacques Rouquette, maire; Pierre Bernis, Léon Bord, Siméon Camroux, Antoine Darbousse fils, Antoine Etienne, François Plantier et Albin Vidal, conseillers municipaux.

COMMUNE D'EUZET-LES-BAINS.
(308 habitants.)

Même déclaration signée par MM. Peladan, maire; Bernardy, Pierre Fabre, Lacroix, Jérôme Marty, Maurice Rossière, Servenly et Tessier, conseillers municipaux.

COMMUNE DE MARNÉJOLS-LÈS-GARDON.
(150 habitants.)

Même déclaration signée par MM. Scipion Dombre, maire; Gaston Compan, adjoint; Casimir Connillière, Louis David, Jacques Larguier, Samuel Larguier, César Loubier, Etienne Villaret et Samuel Vire, conseillers municipaux.

COMMUNE DE NERS.
(533 habitants.)

Même déclaration signée par MM. Jacques Privat, maire; Prosper Huguet, adjoint; Alfred Bernard, Eugène Bousquet, Etienne Cambon, Léon Condouloux, Jules Fontanieu, Samuel

Galibert, Pierre Huguet, Samuel Mathieu, Jacques Rambuis, Frédéric Ribot, conseillers municipaux, et Henri de Sabatier-Plantier, pasteur.

COMMUNE DE SAINT-CÉSAIRE DE GAUZIGNAN.
(281 habitants.)

Même déclaration signée par MM. Auguste Batte, maire; François Fromental, adjoint; Louis Aurivel, Jean-Louis Fromental, Eugène Issoire, Louis Issoire et Jacques Simon, conseillers municipaux.

COMMUNE DE SAINT-ÉTIENNE DE LOLM.
(208 habitants.)

Même déclaration signée par MM. Jacques Bouget, Jean Briançon, Jean Fromental, Ferdinand Galibert, Etienne Granier, Auguste Gueidan, Jean Laurent, Albin Pénarier et Prosper Rambuiès, conseillers municipaux.

COMMUNE DE SAINT-HIPPOLYTE-DE-CATON.
(188 habitants.)

Même déclaration signée par MM. Constant, maire; Jean Dupuy, adjoint; Eugène Aberlenc, Jacques Aberlenc, Jules Espérandieu, Jules Peyro, Antoine Ribot, Prosper Richard et Simon Richard, conseillers municipaux.

COMMUNE DE SAINT-JEAN DE CEYRARGUES.
(216 habitants.)

Même déclaration signée par MM. Jean Pierre Beaumelle, maire; Emmanuel Fontanieu, Alcide Gervais, Antoine Jalabert, Pierre Jalabert, Louis Méjean, Jacques Fabre Peladan, Jacques Peladan (de place), et Samuel Peladan, conseillers municipaux.

COMMUNE DE SAINT-PAUL-LACOSTE.
(709 habitants.)

Même déclaration signée par MM. Jules Larguier, maire; Plantier, adjoint; Julien Artigues, Albert Breton, Louis Brugneirolles, Justin Budet, Augustin Chabrol, Jules Deffieu, Palmyre Dhombres, Emile Plantier, Louis Pongy et Henri Soustelle, conseillers municipaux.

COMMUNE DE SAINT-VICTOR DE MALCAP.
(790 habitants.)

Même déclaration signée par MM. Delbos, maire ; Alauzer, Favant, Roussel, Teissier et Cyprien Vincent, conseillers municipaux.

CANTON DE VÉZÉNOBRES.
(1,003 habitants.)

Même déclaration signée par MM. Frédéric Vidal, maire et conseiller d'arrondissement; Jean-Pierre Bénézet, Alexandre Flourac, Casimir Ozil et Jean-Antoine Riboulet, conseillers municipaux.

Arrondissement de Nîmes.

COMMUNE D'AIGUESVIVES.
(1,798 habitants.)

Même déclaration signée par MM. Louis Vidier, maire; Gabriel Mourgues, adjoint; Jean Bresson, Pierre Causid, Pierre Delort, Louis Durand, Auguste Galoffre, Eugène Galibert, Aimé Hébrard, Jacques Hébrard, Gaston Lauzière, Philippe Marcot, Jérôme Marion, Émile Roussel et Eugène Verrieux, conseillers municipaux.

COMMUNE DE CAVEIRAC.
(855 habitants.)

Même déclaration signée par MM. A. Jaussin, maire; Meynard-Auquier, conseiller général; L. Galdy, U. Guerard, Mellet, P. Nouis, M. Nouis, Nouvel, L. Roux, E. Servin et Serrière-Perdrier, conseillers municipaux.

COMMUNE DE GÉNÉRAC.
(2,207 habitants.)

Même déclaration signée par MM. Frédéric Coste, maire; Pierre Cadière, adjoint; Léon Alcay, Albin Amphoux, Alexandre Amphoux, Casimir Amphoux, César Amphoux, Benjamin Aurillon, César Bosc, Louis Cros, César Delon, Louis Maroger, Gustave Roux, Louis Roux et François Vally, conseillers municipaux.

COMMUNE DE SAINT LAURENT D'AIGOUZE.
(1,730 habitants.)

Même déclaration signée par MM. Alphonse Crouzet, maire; Pierre Barbusse, adjoint; Laurent André, Louis Auzière, Jean

Babinot, Paul Castelnau, Louis Chapel, Adolphe Chauvet, Siméon Courtéol, Etienne Crouzet, Jean Massé, Frédéric Mourgues, Antoine Raynand, Trouchaud-Verdier et Louis Verney, conseillers municipaux.

COMMUNE DE VERGÈZE.
(1,627 habitants.)

Même déclaration signée par MM. P. Maurin, maire; Samuel Daudet, adjoint; Antoine Audibert, Pierre Boury, Louis Delon, Théodore Fontayne, Henri Jullian, David Perié, Léonce Picheral, Louis Picharnaud, César Valette et Honoré Valette, conseillers municipaux.

Arrondissement d'Uzès.

COMMUNE DE SAINT-GENIÉS-DE-COMOLAS.
(745 habitants.)

Même déclaration signée par MM. Lantairès, maire; Guiraud, adjoint; Briançon, Boudon, Blanc, Delon, Graverie, Lacroix, Mamy, S. Martinhert et Perriez, conseillers municipaux.

Arrondissement du Vigan.

Même déclaration signée par les conseillers d'arrondissement dont les noms suivent.

CANTON DE SAINT-ANDRÉ DE VALBORGNE. . . . . M. Fraissinet.
CANTON DE SAINT-HIPPOLYTE DU FORD. . . . M. Émile Penchinat.
CANTON DE LASSALLE. . . . . M. Galzin.
CANTON DE QUISSAC. . . . . M. Conduzorgues.
CANTON DE SAUVE. . . . . M. Tholozan.

COMMUNE D'ARPHI.
(505 habitants.)

Même déclaration signée par MM. Émile Journet, maire; Charles Nogarède, adjoint; Berthezène, Louis Escot, Louis Nogarède, Émile Pomaret, Hippolyte Philip, Henri Paul, Henri Recolin, Pierre Tourcelle et David Versoils, conseillers municipaux.

COMMUNE D'AULAS.
(852 habitants.)

Même déclaration signée par MM. Massabieaux, maire; Jules Cadenet, adjoint; Clément Arnal, Clément Barral, Félix Berger,

Louis Capion, Louis Cavalier, Alphonse Finiels, Hippolyte Pelon, Louis Solignac et Emile Valat, conseillers municipaux.

COMMUNE D'AUMESSAS.

(860 habitants.)

Même déclaration signée par MM. Antoine Campestre, maire; Alexandre Poujoula, adjoint; Etienne Combernoux, Jean Eacas; Auguste Guibal, Jean Perry, Pierre Rolland, Paul Vassas, Louis Vincent fils et Pierre Vincent fils, conseillers municipaux.

COMMUNE D'AVÈZE.

(1,305 habitants.)

Même déclaration signée par MM. Sarradon, adjoint et délégué cantonal; Bresson, Alexandre Falguière, Amédée Gayrand, Émile Laurent et Treilles, conseillers municipaux.

COMMUNE DE BRAGASSARGUES.

(95 habitants.)

Même déclaration signée par MM. Noguier, maire; Alphonse Dupont, Eugène Fromental, Maurin, Gédéon Noguier, Antoine Roussel, Rouvil et Sylvestre Sipeyre, conseillers municipaux.

COMMUNE DE BRÉAU ET SALAGOSSE.

(898 habitants.)

Même déclaration signée par MM. Pagès fils, maire; Benoît, adjoint; Capillery, Alexandre Finiels, Jean Finiels, Pierre Martin, Eugène Sallos, Félix Sarran, Henri Sarran et Auguste Vassas, conseillers municipaux.

COMMUNE DE CANNES ET CLAIRAN.

(332 habitants.)

Même déclaration signée par MM. Coutelle, maire; César Bosc, Eugène Bosc, Pierre Bosc et Louis Raze, conseillers municipaux.

COMMUNE DE CANAULES ET ARGENTIÈRES.

(437 habitants.)

Même déclaration signée par MM. Rey maire; Durand, adjoint; Bernard, Cazaly, Genolhac, Louis Jean, Mouret, Auguste Noguier et Jean Noguier, conseillers municipaux.

COMMUNE DE CROS.
(777 habitants.)

Même déclaration signée par MM. Teissier, maire; Deshons, adjoint; Fesquet, Larguier, Mazauric, Pouget et Vesson, conseillers municipaux.

COMMUNE DE MARS.
(199 habitants.)

Même déclaration signée par MM. Jules Nouzeran, maire; Germain Nouzeran, adjoint; Louis Combernoux, Léon Laurent, Eugène Laurent, Eugène Licure, Pierre Mazel, Ferdinand Nouzeran, Germain Parlongue et Alexandre Roussy, conseillers municipaux.

COMMUNE D'ORTHOUX ET QUILHAN.
(405 habitants.)

Même déclaration signée par MM. Achille Pallier, maire; Jacques Aguze, Jean Bosc, Auguste Bourguet, Louis Bourguet, François Gaidan, Aristide Jardin, Alexandre Prado et Jean Tresfont, conseillers municipaux.

CANTON DE QUISSAC.
(1,608 habitants.)

Même déclaration signée par MM. Jac, maire et conseiller général; Conduzorgues, adjoint et conseiller d'arrondissement; Dr Auzilhon, Bonnaud, Franc, Gilly, Jalaguier, Lairolle, Périer, Sujol, Triaire et Valette, conseillers municipaux.

COMMUNE DE SAINT-BONNET.
(130 habitants.)

Même déclaration signée par MM. Jean Espaze, maire; Puéchagut, adjoint; Auguste Durand, Charles Espaze, Louis Jean, Camille Légat, François Martin, Adolphe Salles et David Thérond, conseillers municipaux.

COMMUNE DE SAINTE-CROIX-DE-CADERLE.
(194 habitants.)

Même déclaration signée par MM. Cazan, maire; Eugène Gras, Hippolyte Jauvert, Jean Lacombe, Lafon, Laporte, Puech, Adrien Puech, Louis Soulier et Thérond, conseillers municipaux.

COMMUNE DE SAINT-FÉLIX DE PALLIÈRES.
(361 habitants.)

Même déclaration signée par MM. Louis Fontane, maire; Théodore Chatal, adjoint; Julien Bourguet, Jean Fontane, Léon Plantier, Jean-Pierre Raymond, Ernest Roux, Eugène Soubeiran, Scipion Vielès et Auguste Vestion, conseillers municipaux.

COMMUNE DE SAINT-THÉODORIT.
(265 habitants.)

Même déclaration signée par MM. Dide, maire; Frédéric Béchard, Etienne Berbon, Ernest Bose, Antoine Cabrière, Campaydon, Henri Couderc et Antoine Codou, conseillers municipaux.

COMMUNE DE SOUDORGUES.
(704 habitants.)

Même déclaration signée par MM. Gaston Viala, maire; Thomas Boisson, Félix Boudon, Casimir Brousson, Capellier, Jean Espaze, Henri Fournier, Jules Gras, Alphonse Remezy, Louis Révolte et Jules Vielle, conseillers municipaux.

COMMUNE DE THOIRAS.
(459 habitants.)

Même déclaration signée par MM. Antoine Soulier, maire; Bordarié, Jean Coulon, Donnadieu, André Mazel et Valat, conseillers municipaux.

COMMUNE DE VABRES.
(107 habitants.)

Même déclaration signée par MM. Louis Soulier, maire; Jules Novis, adjoint; Auzilhon, Pierre Auzilhon, Jules Cabanis, Lucien Durand, Adolphe Faisse, Louis Loubatière, Jules Teissier et François Viala, conseillers municipaux.

CANTON DE VALLÉRAUGUE.
(3,376 habitants.)

Même déclaration signée par Auguste Salles, maire; Journet, Sévérac, adjoints; Adhéran, Avesque, Eugène Carle, Chabal, Louis Porrier, Calixte Porrier, Pieyre, Frédéric Salles, Salvador Salles et Ferdinand Teissier, conseillers municipaux.

COMMUNE DE VIC-LE-FESQ
(340 habitants.)

Même déclaration signée par MM. Paul Paul, maire; Antoine Challier, adjoint; Boissier, Henri Challier, Léon Gille, Casimir Perrier, Louis Perrier, Picheral et Sipeyre, conseillers municipaux.

Garonne (Haute-).

Arrondissement de Muret.

CANTON DE CARBONNE.
(2,577 habitants.)

Même déclaration signée par MM. Mengué, conseiller général; Pierre Bourgal, conseiller d'arrondissement; Georges Gaston, maire; Auguste Bourgal, Bordes, adjoints; Abadie, Charles Bègué, Carrère, Hégésippe Ducos, Dulon, Delayre, Gauzès, Jean Irat, Lécussan, Paul Massip, Simon Mérie, Miegeville, Jean Pailhès et A. Sarrautte, conseillers municipaux.

COMMUNE DE LATOUR.
(254 habitants.)

Même déclaration signée par MM. Guillaume Razès, maire; Lucien Abadie, Jean Paul Decomps, conseillers municipaux, et par cinq électeurs notables.

COMMUNE DE MIREMONT.
(1,265 habitants.)

Même déclaration signée par MM. Berdoulat, maire; Lafont, adjoint; Bajou, Carrière-Bernard, Deltour, Auguste Gaillard, Goudillon, Mauroux fils, Négrié, Pourciel neveu et Jacques Rochefort, conseillers municipaux.

Arrondissement de Saint-Gaudens.

COMMUNE DE CIER-DE-RIVIÈRE.
(638 habitants.)

Même déclaration signée par MM. Cazaux, maire; Dufor, adjoint; Dufor, Dupleich, Ferrère, Lassère, Lère, Lère et Michel, conseillers municipaux.

COMMUNE DE FRONTIGNAN DE SAINT-BERTRAND.
(290 habitants.)

Même déclaration signée par MM. Baron, maire; Bon, Deu, Fourcadet, Martin, Perès et Pujo, conseillers municipaux.

COMMUNE DE LABROQUÈRE.
(515 habitants.)

Même déclaration signée par MM. Basile Billan, maire; Jean Duclos, adjoint; Joseph Bernadas, Pierre Bitmalle, Joseph Crouzet, Siméon Lussan, Bertrand Noguès, Baptiste Ourret, Bertrand Touzet et Prosper Touzet, conseillers municipaux.

COMMUNE DE MIRAMONT.
(1,560 habitants.)

Même déclaration signée par MM. Jean Marie Artigue, maire; Jean-Marie Abadie, adjoint; Bellanger Prudent, Simon Biragnet, Jean-Marie Cazaux, Dominique Cassagne, Ignace Cassaigne, Paulin Chac, Bertrand Doux, Dominique Favarel et Honoré Moller, conseillers municipaux.

COMMUNE DE PORTET-D'ASPET.
(884 habitants.)

Même déclaration signée par MM. Guillaume Ousset, maire; Pierre Ousset, adjoint; Raymond Castel, Joseph Couret, Hippolyte Eloi, Jean Martin, Jean-Joseph Martin, Jean-Pierre Martin, Pierre Mégardon et Jean Ousset, conseillers municipaux.

CANTON DE SAINT-BERTRAND DE COMMINGES.
(641 habitants.)

Même déclaration signée par MM. Ibos, maire; Vaqué, adjoint; Louis Dutrey, Jean Escoubas, Bertrand Escoubas, Bertrand Soulé, Bertrand Trey, Trey-Leugère, Trey-Signalès, Jean-Guiraud Trey et Tron, conseillers municipaux.

Gers.

Arrondissement d'Auch.

COMMUNE DE SEISSAN.
(962 habitants.)

Même déclaration signée par MM. Dominique Gay, maire; Barada, Barrère, Biard, C. Campardon, Géris, G. Hardre, P. Lassus, Moncassin et Rouède, conseillers municipaux.

Gironde.

Arrondissement de Bordeaux.

COMMUNE DE CANÉJAN.
(475 habitants.)

Même déclaration signée par MM. J. Janvier, maire; L. Elie, adjoint; Barbot, Jean Bouchon, Bernard Chefneurry, Fontanié, Laborie et J.-L. Sainte-Marie, conseillers municipaux.

COMMUNE DE CÉNAC.
(769 habitants.)

Même déclaration signée par MM. M. Moussage, maire; Thillac, adjoint; Coste, Deschamp, Nègre, Pepin, Picard, Roussillon et Vergès, conseillers municipaux.

COMMUNE DE LUDON-MÉDOC.
(1,267 habitants.)

Même déclaration signée par MM. Gaïtars Duchesne, conseiller municipal, conseiller d'arrondissement et délégué cantonal; A. Davezies, J. Etié et Goubineau, conseillers municipaux, Georges Duchesne, président de la Bibliothèque populaire, et Bordessoule, bibliothécaire.

COMMUNE DE VILLENAVE-DE-RIONS.
(279 habitants.)

Même déclaration signée par MM. Guérin, maire; Barbié, Billet, Collas, Gassiot, H. Gassiot, Hugues-Dupuy et Larroque, conseillers municipaux.

Arrondissement de Libourne.

COMMUNE DE SAINT-MILION.
(3,112 habitants.)

Même déclaration signée par MM. Dr. Barthe, maire; Arroquart et Lavaur, adjoints; Cailler, Chambarrière, Charoulet, Chapuis, Decesse, Despagne, Domecq-Cazau, Dumesnil, Durand, Gaussein, Largeteau, Nean, Sarrazin, Mathieu Seize et Xans, conseillers municipaux.

COMMUNE DE SAINT-MICHEL-DE-RIVIÈRE.
(586 habitants.)

Même déclaration signée par MM. Heberard, maire; Rideau, adjoint; G. Bernard, Ferrachat, Gaudet, P. Guillon, Lacaze, F. Magen, Merlande aîné et Moulinet, conseillers municipaux.

Arrondissement de la Réole.

CANTON DE MONSÉGUR.
(1,709 habitants.)

Même déclaration signée par MM. Henri Issartier, sénateur et maire; Helmossen, adjoint; Périé, conseiller municipal et délégué cantonal; L. Roy, secrétaire de la mairie; J. Albert, Arbouin aîné, Bourgadieu, Cousseau, A. Ducros, Jacques Ferrière, Gary jeune, Gabourin, Lambert, Merveilleau aîné et Auguste Petiteau, conseillers municipaux.

COMMUNE DE MOURENS.
(509 habitants.)

Même déclaration signée par MM. J. Charrier, maire; P. Groussct, adjoint; Badie, J. Denisse, J. Drouet, Gillet, Guillaud, Lampuré, Lannes, Souan et Thomas, conseillers municipaux.

Hérault.

Arrondissement de Béziers.

COMMUNE D'ALIGNAN-DU-VENT.
(1,213 habitants.)

Même déclaration signée par MM. Ferdinand Eustache, maire; Louis Albert, Jacques Arbouy, Pierre Bousquet, Ferdinand Fronzes, Edmond Galzy, Jacques Guerre, Hippolyte Guirandon, Louis Minjac et Jean Rouger, conseillers municipaux.

COMMUNE D'AUMES.
(422 habitants.)

Même déclaration signée par MM. Monestier, maire; Malavialle, adjoint; Cabanes-Bernard, Ferdinand Cabanel, Cambon, F. Delfieu, Doumergue, Jouve, Theil et André Vieu, conseillers municipaux.

COMMUNE DE MARSEILLAN.
(3,994 habitants.)

Même déclaration signée par MM. Henri Maffre, maire et conseiller général; E. Sales, 1er adjoint; J. Guiraud, 2e adjoint; J. Amalric, S. Baudassé, A. Bédos, E. Benoît, E. Durand, Philistin Durand, Henri Fayot, Pierre Fayot, C. Foulquier, G. Garançon, Imar, J. Massal, Pierre Moulinet, J. Rigaud, P. Roquès, H. Salles, André Sévérac, Th. Tressier et E. Voisin, conseillers municipaux.

COMMUNE DE MONTBLANC.
(1,492 habitants.)

Extrait du registre des délibérations du Conseil municipal.

L'an 1878, le 6 du mois de février, le Conseil municipal de Montblanc s'est assemblé au lieu ordinaire de ses séances, sous la présidence de M. Jean Rolland, maire de cette commune, en session ordinaire;

Étaient présents : MM. Jules Aupin, Jules Giraud, Antonin Latroille, François Fulcrand, Émile Boulerau, Alexandre Fabre, Gustave Bertrand, Hippolyte Fulcrand, Augustin Bonnafy, Jean-Baptiste Devès, Jean-Baptiste Abbal, adjoint, et Jean Rolland, maire.

Formant nombre suffisant pour délibérer.

En conformité de l'article 17 de la loi du 5 mai 1855, il a été procédé, par voie de scrutin, à l'élection d'un secrétaire pris dans le sein du conseil; M. Jules Giraud, ayant obtenu la majorité des suffrages, a été désigné pour remplir ces fonctions, qu'il a acceptées.

Le conseil ainsi constitué, le Président a pris la parole en ces termes :

« Messieurs, vous savez avec quelle bienveillante attention le gouvernement de la République propage l'instruction de son peuple.

» Vous avez été des premiers à le suivre dans cette voie bienfaitrice, en imitant son exemple: Combattre l'ignorance, moyen de relever la nation au niveau qu'un ennemi instruit et habile lui faisait perdre naguère.

» Vous vous êtes imposé des sacrifices, en votant la gratuité absolue des écoles laïques, mais l'œuvre n'est point encore terminée; l'obligation d'instruire l'enfance est une conséquence de la gratuité ; nul ne saurait se soustraire à cette obligation.

» Par ces motifs,

» J'ai l'honneur de vous prier d'émettre le vœu suivant : que l'instruction laïque et gratuite soit décrétée obligatoire. »

Le conseil municipal,

Ouï l'exposé ci-dessus,

Considérant que l'indifférence aveugle des pères de famille leur fait négliger l'instruction de leurs enfants, et que l'ignorance pèserait sur le pays, comme un fléau, si une mesure d'ordre public n'intervenait pour le combattre,

Après délibération, approuve l'exposé de son président, émettant le vœu que l'instruction gratuite et laïque soit décrétée obligatoire.

Fait et délibéré les jour, mois et an que dessus.

Montblanc, le 11 novembre 1870.

Pour copie conforme au registre des délibérations.

Le Maire,
JEAN ROLLAND.

COMMUNE DE SAINT-THIBÉRY.

(2,096 habitants.)

Considérant que l'esprit a autant besoin de lumière que le corps a besoin d'aliments ; que l'expérience a démontré que le niveau moral d'un peuple s'élève avec son degré d'instruction ; que, dans un gouvernement républicain basé sur le suffrage universel, tous les citoyens doivent être mis à même de comprendre leurs devoirs et leurs droits.

Les soussignés demandent l'instruction primaire, *obligatoire, gratuite* et *laïque*, pour les deux sexes, dans toutes les écoles subventionnées par les communes, les départements et l'État :

OBLIGATOIRE, dans le double intérêt de l'individu et de la société, au nom de leur solidarité réciproque ;

GRATUITE, au nom de l'égalité, et pour ôter tout prétexte aux mauvais vouloirs ;

LAÏQUE, parce que ce principe : « *La science à l'École et l'instruction religieuse à l'Église* », est le seul qui protège efficacement la liberté de conscience.

Signé par MM. Louis Bousquet, maire; Sébastien Ribes, adjoint; Hugues, conseiller d'arrondissement et conseiller municipal; Armand André, Ferdinand Alinat, Célestin Bélaman, Félix Cavallié, François Combes, Esprit Cros, Justin Espéron, Jean Fulcrand, Antoine Muratet, Barthélemy Maraval, Gabriel Roques et Ferdinand Théron, conseillers municipaux.

Arrondissement de Lodève.

COMMUNE DE BRIGNAC.
(276 habitants.)

Même déclaration signée par MM. Benjamin Rouquet, maire et président du conseil d'arrondissement de Lodève; Michel Carleu, Camille Domergue, Marc Gayraud, B. Léonard, A. Malavialle, T. Malavialle, André Marcouvet et Saluse, conseillers municipaux.

Arrondissement de Montpellier.

VILLE DE MONTPELLIER.
(55,258 habitants.)

Même déclaration signée par MM. Alexandre Laissac, maire et président du conseil d'arrondissement; Isidore Girard, Alexandre Pappas et Michel Vernière, adjoints; Émile Anterrieu, conseiller municipal et conseiller général; Émile Bertin et Gilodès, conseillers municipaux et conseillers d'arrondissement; P. Vacquier, avocat et secrétaire-adjoint; E. Baumier, Beaume, Pascal Bouchet, Bresson, Émile Benoît, Élie Cousin, Eugène Cartelnau, Duval-Jouve, Léon Gos, Grimaud, Lenthéric, J. Long, Gabriel Lisbonne, Maurin, G. Martin, J. Nougaret, Jules Poitevin, Lenhardt Royer, E. Sylvestre et S. Unal, conseillers municipaux.

VILLE DE CETTE.
(28,600 habitants.)

Même déclaration signée par MM. J. Espitalier, maire et conseiller général; B. Peyret, premier adjoint; Dejean, deuxième adjoint; Honoré Euzet, conseiller d'arrondissement; Barrès, J. Bourras, J. Bouvy, Demay, E. Defarge, Grenier, N. Guignon, J. Goudard, J. Granier, G. Janson, Labry, François Martin, A. Mestre, Noble, Noell, Peyrusse, A. Palhou, Plumier, J. Ribes, P. Sigaut, conseillers municipaux; Arnaud Bloeme et J.-E. Cormier, anciens conseillers municipaux.

CANTON DE MÈZE.
(6,825 habitants.)

Même déclaration signée par MM. Benjamin Durand, maire; Émilien Beaumadier, premier adjoint; Eugène Bessière, deuxième adjoint; Antoine Bauliech, conseiller général;

Émile Domergue, suppléant du juge de paix; Jean-Baptiste Allègre, Paulin Arnaud, Beaudoin-Vivarès, Prosper Beaumadier, Antoine Besson, Lucien Claplès, Pierre Clément, Dépaule-Salles, Jacques Drouilles, Camille Germain, Lacroix-Vidal, Antoine Montagne, Louis Masson, Frédéric Prouzet et Ferdinand Robert, conseillers municipaux.

Arrondissement de Saint-Pons.

VILLE D'OLONZAC.
(1,862 habitants.)

Même déclaration signée par MM. A. Bertrand, maire; Émile Tarbouriech, conseiller général; Gratien Rivet, Pierre Francès, conseillers d'arrondissement; Léon Couget, Charles Durand, Pierre Escande, Jean Fauzan, Adrien Grasset, Aimé Lombard, Gabrielle Lanet, Sylla Lanet, Martin Limousy, Alban Leroch, Émile Mellier et Léandre Puel, conseillers municipaux.

Ille-et-Vilaine.

Arrondissement de Fougères.

COMMUNE DE MARCILLÉ-RAOUL.
(1,003 habitants.)

Même déclaration signée par MM. Thomas, maire; Besnard, Cronier, Desilas, Janatil, Leroux, Morel, Rouzé et Talvat, conseillers municipaux.

Arrondissement de Redon.

COMMUNE DE RENAC.
(1,518 habitants.)

Même déclaration signée par MM. Lévêque, maire; Robert, adjoint; Bocherel, Chevalier, Dr Dennemont, Laurent Derunes, P. Derunes, Charles Godet, Julien Marchand, Perret et Pierre-Marie Perron, conseillers municipaux.

Indre.

Arrondissement de Châteauroux.

VILLE DE CHATEAUROUX.
(19,442 habitants.)

Même déclaration signée par MM. Albéric Tollaire-Desgouttes, maire; Sylvain Tissier, premier adjoint; Auguste Bellier, deuxième adjoint; général Vergne, conseiller d'arrondissement; Berquin-Laurent, Bisson, François Bertrand, François Borgest, Louis Cantrelle, Cousin, Durand, G. Delory-Mercuse, Fayet-Rocheton, Emile Girard, Gogry-Lamet, Jolly, Jolivet-Bochu, Ernest Nonin, Denis Patureau, Prin, Pasquet, Eugène Prost, Armand Sonet et René Travers, conseillers municipaux.

CANTON D'ARGENTON-SUR-CREUSE.

(5,582 habitants.)

Même déclaration signée par MM. A. Mallet, adjoint; E. Brugère, Gauthier, Gurty-Doudo fils, Marquetin-Vilvant, Mauduit, Moreau, J.-A. Ortissst, Prunget-Massicot et L. Sanna, conseillers municipaux.

COMMUNE DE NIHERNE.

(1,201 habitants.)

Même déclaration signée par MM. Isidore Milly, maire; Eugène Forest, adjoint; Bavat, J.-P. Bouché, Clément Girard, François Martin et Désiré Michaud, conseillers municipaux.

COMMUNE DE VILLEDIEU-DE-L'INDRE.

(2,627 habitants.)

Même déclaration signée par MM. Apollon Firbach, maire; André Barnier, premier adjoint; Hippolyte Déliberé, deuxième adjoint; Alphonse Bauché, Louis Dennevers, Alexandre Frélon, Gangneron-Doucet, Edouard Gigot, Arthur Joly, Laplace-Arrouy, Prosper Louault, Prudent Prieur, Arthème Robinet et Charles Venin, conseillers municipaux.

Arrondissement d'Issoudun.

VILLE D'ISSOUDUN.

(13,703 habitants.)

Même déclaration signée par MM. Charles-Alexandre Lecherbonnier, maire; Guillaume-Frédéric Courant, adjoint; Brunet, adjoint et conseiller d'arrondissement; Louet, conseiller d'arrondissement et conseiller municipal; Alexandre, Chausset, Benoist Chenechot, Victor Condereau, Joseph Delhomme-Verneau, Jamet, Laneau, J.-B. Lamet, Mignot, Guillaume Petit et P. Thomas, conseillers municipaux.

COMMUNE DE CHABRIS.
(3,044 habitants.)

Même déclaration signée par MM. Bracquemont, officier d'académie, maire ; Bruneau, Bonnot, Chevy, Gaudinat, Guerineau, Habault, Joulin, Pasquier, Piat, Pinard, Alexis Pinon, Eugène Pinon, Pinon-Rousseau et Sarton, conseillers municipaux.

Indre-et-Loire.

Arrondissement de Tours.

VILLE DE TOURS.
(48,325 habitants.)

Même déclaration signée par MM. D. Belle, député et maire ; Pimbert et Viel, adjoints ; Aubert-Bouché, Autixier, Berger, Cador, Charpentier, Didier, Ernous, Gilbert, Gueret, Haime, Leblanc, Lemesle, Menou, Patry, Pillet, Plumerel, Poirier, Saint-Hérant, H. Thomas et Venier, conseillers municipaux.

VILLE DE CHATEAURENAULT.
(3,831 habitants.)

Même déclaration signée par MM. Rémy-Foucher, premier adjoint ; Yvonneau, deuxième adjoint ; A. Testu-Jodeau, conseiller d'arrondissement et conseiller municipal ; Beaulaire, Chauveau, Coudray, Duret, Galot, Girard, J. Joran, Légé-Cigogne, Lelu, Roblin, Reboussin, Sornet, Sellier et Thillier, conseillers municipaux.

COMMUNE DE CORMERY.
(1,023 habitants.)

Même déclaration signée par MM. Baillau-Foureau, maire ; Bautier, adjoint ; Aunet, Bodin, Brethon, Burandreux, Chartier, Christophe Moreau, Montrot et Moreau-Villard, conseillers municipaux.

COMMUNE DE MONTLOUIS.
(2,175 habitants.)

Même déclaration signée par MM. B. Gaucher, maire ; Alexandre Gaudron, adjoint ; Buron-Désécots, Couillon-Morineau, Pierre Courtemanche, Dalbin-Dalbin, Douard-Landais, Théodore Fougeron, Gaudron-Badouille, Gaudron-Chatrefou, Latouche-Nouveau, Latouche-Fournier, Patin-Pivert, Poupault-Chaffin et Gilbert Supligeau, conseillers municipaux.

Isère.

Arrondissement de Grenoble.

VILLE DE GRENOBLE.
(45,426 habitants.)

Extrait du registre des délibérations du conseil municipal, séance du 9 février 1878.
Présidence de M. Auguste Gaché, maire.

M. Marquian propose en se réclamant du précédent introduit par les deux derniers conseils, d'émettre le vœu que l'instruction primaire donnée par la commune soit laïque, obligatoire et gratuite.

M. Martin demande ce que son honorable collègue entend par *instruction laïque*.

A cette occasion, une discussion s'engage sur le sens et la portée du vœu proposé.

Il est admis tout d'abord que, dans la pensée commune, ce vœu ne saurait impliquer ni l'intention d'outrepasser les attributions du conseil municipal, ni un parti pris d'hostilité contre l'enseignement religieux.

La nécessité du brevet pour tous les instituteurs primaires sans distinction est également et unanimement reconnue.

M. Durand-Savoyat, précisant le vœu, définit l'instruction laïque une instruction exclusivement donnée par des laïques, c'est-à-dire sous le contrôle sérieux, unique et persistant de l'État.

Mais une divergence s'élève au sujet d'une définition proposée par M. Bovier-Lapierre et qu'il formule ainsi :

« L'enseignement donné par la commune doit être gratuit, obligatoire, et exclusivement confié à des instituteurs laïques, sauf à confier l'enseignement religieux laissé libre dans la commune aux représentants des divers cultes. »

D'autres membres entendent, au contraire, avec M. Marquian, que l'enseignement laïque implique la séparation absolue de l'instruction proprement dite et de l'éducation religieuse, celle-ci trouvant sa place, ainsi que l'explique M. Dantart, à la fois dans les temples et dans le sein du foyer domestique.

La proposition de M. Marquian, interprétée de cette dernière manière est mise aux voix :
Nombre des votants : 29.
S'est abstenu : M. Cendre.
Ont voté sur la proposition de M. Marquian :
MM. Dantart, Tonnellier, Porteret, Durand-Savoyat, Dutrait-Desayes, Charlon, Eymard, Bertrand, Bergès, Edouard Rey, Abel Gauthier, Marquian, Refait, Giraud, Léon Durand.
Ont voté contre : MM. Gaché, Bovier-Lapierre, Calvat, Michon, Bouvier, Petit, Bernard, Pollet, Martin, Burais, Leborgne, Guigonnet, Roncurel, Duchon.
La proposition de M. Marquian est adoptée.
Les quatorze membres qui ont voté contre, ont expliqué au moment du vote que, tout en repoussant cette proposition, ils entendaient se rallier à l'émission du vœu tel que M. Bovier-Lapierre l'avait défini.
M. Eymard a déclaré que tout en adhérant aux idées émises par M. Marquian, il ne saisissait pas l'urgence de sa proposition et de la discussion qui s'en est suivie.

Pour extrait :
Le maire,
A. GACHÉ.

COMMUNE DE GIÈRES.
(1,143 habitants.)

Considérant que l'esprit a autant besoin de lumière que le corps a besoin d'aliments; que l'expérience a démontré que le niveau moral d'un peuple s'élève avec son degré d'instruction; que, dans un gouvernement républicain basé sur le suffrage universel, tous les citoyens doivent être mis à même de comprendre leurs devoirs et leurs droits;

Les soussignés demandent l'instruction primaire, *obligatoire*, *gratuite* et *laïque*, pour les deux sexes, dans toutes les écoles subventionnées par les communes, les départements et l'Etat :

OBLIGATOIRE, dans le double intérêt de l'individu et de la société, au nom de leur solidarité réciproque;

GRATUITE, au nom de l'égalité, et pour ôter tout prétexte aux mauvais vouloirs;

LAIQUE, parce que ce principe : « *La science à l'Ecole et l'instruction religieuse à l'Eglise* », est le seul qui protège efficacement la liberté de conscience.

Signé par MM. Poncin, maire; Perrin, adjoint; Bastard, Beaulieu, Carlet, Henri Carlet, Chaperon, Pierre Giraud, Jouclard, Malopime, Peyronnard et Vincent, conseillers municipaux.

COMMUNE DE SAINT-EGREVE.
(2,083 habitants.)

Même déclaration signée par MM. A. Peronnet, maire; Ronin, adjoint et conseiller d'arrondissement; Begou, Joseph Broise fils; L. Fumet, Génard, Jullien et Poulat, conseillers municipaux.

Arrondissement de Saint-Marcellin.

COMMUNE DE MOIRANS.
(2,903 habitants.)

Même déclaration signée par MM. Louis Merlin, maire; Martial Chappuy, adjoint; Hippolyte Allex, Joseph Bilon, Gaspard Carrel, Joseph Collombin, Jean-Baptiste Collombin, Jean-Pierre Didier, Henri Durand, Sylvestre Débernardy et Joseph Mallet, conseillers municipaux.

COMMUNE DE SAINT-ANTOINE.
(1,712 habitants.)

Même déclaration signée par MM. Cyrille Ginier, maire; Jean Giroud, adjoint; Maurice Durand, Philippe Forest, Ferdinand Lassara, Marc Rémy, Joseph Pellot, Jules Vignol et Louis Villard, conseillers municipaux.

COMMUNE DE SAINT-QUENTIN-SUR-ISÈRE.
(1,214 habitants.)

Même déclaration signée par MM. Brichet, maire; Bernard, adjoint; Daclin, conseiller d'arrondissement; Désiré Blanc, Berland, Brotel, Cottin (maréchal), Cottin (charron), Pierre Ogier et Véron, conseillers municipaux.

Arrondissement de la Tour-du-Pin.

COMMUNE DE LA FOLATIÈRE.
(619 habitants.)

Même déclaration signée par MM. Maron, maire; Bellemin, Brosse, Combe, Duret, Guinet, Perrot et Place, conseillers municipaux.

COMMUNE DES AVENIÈRES.
(4,133 habitants.)

Même déclaration signée par MM. Marion, maire, député et conseiller général; Orcel, adjoint; Bachelin, Bourjaille, Bour-

Jaillet, Berlioz, Carrot, Chabert, Durand, Gallien, Guillermier, Guiguet, Jour, Jamet, Labbe, Monavon, Monnet, Marrel, Pelisson, Rosset, Vargez et Vesproz, conseillers municipaux.

Jura.

Arrondissement de Dôle.

COMMUNE D'ANNOIRE.
(744 habitants.)

Même déclaration signée par MM. Augustin Mauguin, conseiller municipal, faisant fonction de maire; Claude Bachelet, Jean Bonnin, Joseph Bonvalot, Cl.-François Bussenne, Jean-Claude Cart, Chaluteau, Jean Charlot et Antoine Dupuis, conseillers municipaux.

COMMUNE DES ESSARTS-TAIGNEVAUX.
(462 habitants.)

Même déclaration signée par MM. J.-B. Rousseaux, maire, délégué cantonal; Hubert Gaillard, adjoint; Jean-François Jaillet, conseiller municipal et conseiller d'arrondissement, Jean-François Pernin, Emiland Pouthier et Louis Rousseaux, conseillers municipaux.

COMMUNE DE MOISSEY.
(816 habitants.)

Même déclaration signée par MM. Jean-Baptiste Vienot, maire; Jean-Baptiste Guillaume, adjoint; Ardin-Châtelain, Joseph Boursot, Joseph Barbier, Victor By, Claude Gaillard, Gaillard-Derrley, Émile Grison, Dr J. Bonaventure Odille et Joseph-Thomas Odille, conseillers municipaux.

COMMUNE DE MONT-SOUS-VAUDREY.
(931 habitants.)

Même déclaration signée par MM. Pactet, maire et conseiller général; Arthur Bavilley, Joseph Bavilley, Lucien Bavilley, Jules Caron, Jules Guignard, Jules Michaud et Auguste Vuillemot, conseillers municipaux.

COMMUNE D'OUGNEY.
(430 habitants.)

Même déclaration signée par MM. Abel Morel, maire; Jean-Baptiste Brunet, conseiller d'arrondissement et conseiller municipal; Louis Beaulieu, Claude-François Beaulieu, Pierre Boiteux, Marc Masouy, Constant Massé, Jean-Louis Morel et Jean-Claude Satet, conseillers municipaux.

COMMUNE DE SAINT-AUBIN.
(1,547 habitants.)

Même déclaration signée par MM. Félix Fontaine, maire; Brenot, François Porterot, Pierre Bruzard, Charles Caty fils, Louis Gardey, Pierre Renaud, Claude-Louis Royer et Auguste-Michaud Vittez, conseillers municipaux.

COMMUNE DE TAXENNE.
(245 habitants.)

Même déclaration signée par MM. Joseph Vautey, maire; François Pidancio, adjoint; Emile Brun, Etienne Brun, Jean-Pierre Dubois, François Perrot, Claude-François Pidancio et Auguste Saguet, conseillers municipaux.

COMMUNE DE VILLEY.
(233 habitants.)

Même déclaration signée par MM. Brulebois, maire; Romand, adjoint; G. Baud, Gallier, Guichard, Guichard, Pasquier et Rivière, conseillers municipaux.

COMMUNE DE VINCENT.
(510 habitants.)

Même déclaration signée par MM. Grebot, maire; Thura, adjoint; Barbaux, Charmier, Dain, Durand, François, Maireaux, Thiébaud, Jean-Baptiste Thura et Jean-Claude Thura, conseillers municipaux.

Arrondissement de Lons-le-Saunier.

COMMUNE DE BAUME.
(612 habitants.)

Même déclaration signée par MM. Louis Lecollier, maire; Xavier Maître, adjoint; Félicien Demonget, Elie Chamberland, Ferdinand Crochet, Albin Grandvaux, et Ferdinand Lamy, conseillers municipaux.

COMMUNE DE BRÉRY.
(375 habitants.)

Même déclaration signée par MM. Et. Grappin, maire; Odoire, adjoint; Arsène Bridé, Sylvain Brun, Lucien Cannet, Lazare Godin, Alfred Godin, Marcelin Grandvaux, Ernest Guy et Donnat Sarrand, conseillers municipaux.

COMMUNE DE CESANCEY.
(554 habitants.)

Même déclaration signée par MM. Jannet, maire; Prost, adjoint; H. Blanchard, Ethevenot, Girod, Jules Gueynot, Narcisse Gueynot, Gollion, Humbert et Sarmois, conseillers municipaux.

CANTON DE CLAIRVAUX.
(1,059 habitants.)

Même déclaration signée par MM. Courbet, maire et conseiller d'arrondissement; Bailly, adjoint; Grillet, président de la délégation cantonale et conseiller municipal; Bel, E. Chauvin, J. Griffon, J. Outhier, Jules Poudroux et Waillo, conseillers municipaux.

COMMUNE DE DARBONNAY.
(191 habitants.)

Même déclaration signée par MM. Alexandre Perron, maire; Jean Durand, adjoint; Joseph Boissard, Félicien Charnoz, Gustave Clapeyron, Léon Clapeyron, Charles Ducret, Célestin Gros, Jean-Charles Mignot et Auguste Perron, conseillers municipaux.

COMMUNE D'ESSIA.
(176 habitants.)

Même déclaration signée par MM. A. Daloz, maire; Girard, adjoint; Aimé, Carroz, Gay, Gay, Gay, Gros et Groz, conseillers municipaux.

COMMUNE DE GEVINGEY.
(718 habitants.)

Même déclaration signée par MM. Constant Billet, maire; Constant Michel, adjoint; Louis Boy, Hippolyte Chaumont, Joseph Durand, Hippolyte Gandelin, Narcisse Guy, Jules Jeannin, Hippolyte Pernot et Antoine Tissier, conseillers municipaux.

COMMUNE DE LARNAUD.
(787 habitants.)

Même déclaration signée par MM. Paulin, maire; Jean-Claude Baudron, Emile Chausset, Eugène Dardelin, Claude-Marie Forêt, Claude-Marie Guichard, Joseph Guichard, Jancy, Désiré Mathieu, Ernest Savin et Nicolas Thovin, conseillers municipaux.

COMMUNE DE MANTRY.
(1,303 habitants.)

Même déclaration signée par MM. Simonin, conseiller général et maire; François Doyermard, Claude Ganat, Louis Gonnat, Paul Grison, J. Michoudard, et Félix Patez, conseillers municipaux.

COMMUNE DE MONAY.
(276 habitants.)

Même déclaration signée par MM. Cyrille Desvignes, maire; Antoine Desvignes, adjoint; Jean-Baptiste Barbe, Ernest Coutin, Elisée Callet, Cyrille Laplace, Félix Paillot, François Rouhant et Clovis Vauthier, conseillers municipaux.

COMMUNE DE MONTAIGU.
(771 habitants.)

Même déclaration signée par MM. Mondragon, maire; Perchet, adjoint; Jean-Pierre David, Ethevenaux, Julien Legras, Emile Marion, Joseph Molin et Vallerin, conseillers municipaux.

COMMUNE DE PASSENANS.
(791 habitants.)

Même déclaration signée par MM. A. Dantès, maire; Molet, adjoint; Blondeau, Bapicaud, Chapuis et Jacquot, conseillers municipaux.

COMMUNE DE PLAINOISEAU.
(495 habitants.)

Même déclaration signée par MM. Remy Loye, maire; François Loye, adjoint; Ferdinand Cabeaud, Joseph Dauvergne, Elisé Jourdhui, Elisé Loye, Sosthène Loye et Elisé Peletin, conseillers municipaux.

COMMUNE DE SAINT-LOTHAIN.
(1,035 habitants.)

Même déclaration signée par MM. Richard, maire; Constant Boissard, Victor Boissard, Augustin Buffard, Joseph Delacroix, Em. Dumond, Louis Grand et Augustin Rigonnaux, conseillers municipaux.

CANTON DE SELLIÈRES.
(1,750 habitants.)

Même déclaration signée par MM. Richard maire; M. Menetrier, adjoint; Buffet, Dumont, Dausse, Gallier, Greffier, Joseph Klein, Michaud et J. Robert, conseillers municipaux.

COMMUNE DE TOULOUSE.
(761 habitants.)

Même déclaration signée par MM. Auguste Prost, maire; Prost, adjoint; A. Boisson, Boisson, C. Boisson, Desvigne, Léon Fauque, Laplace, Moisson et Rigonnaud, conseillers municipaux.

COMMUNE DE VEVY.
(280 habitants.)

Même déclaration signée par MM. Grandjean, maire; Benoît, Caro, Chevassu, Guichard, Martin et Simon, conseillers municipaux.

Arrondissement de Poligny.

VILLE DE POLIGNY.
(5,010 habitants.)

Même déclaration signée par MM. Dr Légerot, maire et conseiller général; Mareschal, adjoint; Bergère, ancien sous-préfet, conseiller municipal et président du conseil d'arrondissement; Lambert, conseiller municipal et conseiller d'arrondissement; Bauthiaux, Boisson, Chambard, Chapuis, Chaventon, Courcet, Dôle, Etienne, Fromageot, Fromont, Grandvaux, Dr Ligier, Malpaux, Marcix, Paillard et Vannet, conseillers municipaux.

VILLE D'ARBOIS.
(5,027 habitants.)

Même déclaration signée par MM. Guillot, maire; E. Maubert, adjoint et conseiller général; Louis Tabey, adjoint; Augustin Lefort, conseiller municipal et d'arrondissement; Brun,

Bouillet, Bousson Aimé, Ch. Bassand, Xaxier Barbier, Chapeaux, Eugène Déhy, Ch. Dorbon, Auguste Goy, Eugène Grand, F. Jacquemard, H. Maliroy, D. Maire, J.-Claude Pointelin, D' Rouget, Henri Thiébaut, P. Tabey et Jules Vercel, conseillers municipaux.

VILLE DE CHAMPAGNOLE.
(3,418 habitants.)

Même déclaration signée par MM. Gros, maire; Thouverey et Ribau, adjoints; Aimé Dalloz, conseiller d'arrondissement; A. Boudet, J.-B. Bidal, C. Billot, V. Burgiard, P. Bosne, Berthet, Croissant, E. David, Grandouinet, A. Poux, Pierson, Roz, Z. Tournier, conseillers municipaux.

COMMUNE DE LOULLE.
(240 habitants.)

Même déclaration signée par MM. A.-F. Macle, maire; J.-C. Girardot, adjoint; D. Bassand, J.-J. Etiévant, C.-F. Michaud, F.-E. Olivier, L. Olivier, et G. Paget, conseillers municipaux.

COMMUNE DE MONTROND.
(478 habitants.)

Même déclaration signée par MM. L. Viennet, maire; C. Moureau, adjoint; J. Besançon, Daloz, P. Langue, Maitrejean, et F. Sterque, conseillers municipaux.

COMMUNE DE NEY.
(300 habitants.)

Même déclaration signée par MM. Joseph Monnier, maire; Gustave Chamberland, adjoint; Félix Broye; Marc Cattenoz, Albert Guy, Hilaire Jeunot, Vital Melet et Eugène Petetin, conseillers municipaux.

VILLE DE SALINS.
(6,271 habitants.)

Même déclaration signée par MM. Méyer, maire; Louis Chicon, premier adjoint; Ligier, deuxième adjoint; Billot, Chavet, Courbet, J. Cornu, Hippolyte Cretin, Daclin, Pierre Dorriey, Flitz-Marsoudet, Lebeaud, Maillard-Rodet, Piauroy, Piquet, Hippolyte Planche, Charles Rouget, Satet et Louis Thurel, conseillers municipaux.

COMMUNE DU VAUDIOUX.
(249 habitants.)

Même déclaration signée par MM. Constant Paris, adjoint au maire; Constant Duboz, Félix Mignot, Félix Monnier, Élie Paget, Gustave Paget, Alfred Paget, Cyrille Thiévant, Élie Thévenin, conseillers municipaux.

Arrondissement de Saint-Claude.

VILLE DE SAINT CLAUDE
(7,550 habitants.)

Même déclaration signée par MM. Eugène Reydellet, maire; Auguste Lorge et Louis Reydellet, adjoints; Aristide Contessouze, Alexis David, Placide Delavenne, Eugène Dumont, Jules Ducret, Osias Grappin, Victor Grosgogeat, Jules Gauthier, Henri Genoud, Gustave Henry, Paul Grenier, Henri Michaud, Jérémie Monneret, Olivier Navaud, Gustave Regard et Hermann Regard, conseillers municipaux.

COMMUNE DE CHATEAU-DES-PRÉS
(183 habitants.)

Même déclaration signée par MM. A. Labourier, maire; Z. Béjannin, F. Burlet, Elias Fontanez, Elisée Fontanez, F. Fontanez, P.-M. Fontanez, S. Gaillard, N. Jacquier et J. Martelet, conseillers municipaux.

COMMUNE DE LA CHAUMUSSE.
(286 habitants.)

Même déclaration signée par MM. Janoudet, maire; D. Bailly-Salin, Paul Béjeanin, E. Bondurette, L.-A. Chanez, P.-Émile Chanez, J.-B. Rousseau, conseillers municipaux; S. Thévenin, garde champêtre, et par 20 électeurs.

COMMUNE DE FORT-DU-PLASNE.
(654 habitants.)

Même déclaration signée par MM. Os. Chevassus, adjoint; S. Barraux, L. Barratte, D. Cordier, C. Maréchal, P. Magnin, C. Martinez, E. Midol-Monnet, R. Monnet, L. Pierrotet et P. Thouverez, conseillers municipaux.

COMMUNE DU LAC-DES-ROUGES-TRUITES.
(536 habitants.)

Même déclaration signée par MM. A. Bonnefoy, maire; Vannaz, adjoint; J. Martin, B. Morel, F.-S. Nicole, C. Rousset, M. Thouverez et X. Thouverez, conseillers municipaux.

CANTON DE MOIRANS-DU-JURA.
(1,238 habitants.)

Même déclaration signée par MM. C. Verpillot, maire; L. Patel, adjoint; Besson, J. Besson, Brun, Forestier, Gaillard, Jacquenod, Monnier, Pouget, Racle et Secrétant, conseillers municipaux.

COMMUNE DE MORBIER.
(1,657 habitants.)

Même déclaration signée par MM. Sylvain Romanet, maire; François-Arsène Bailly-Comte, Théophile Bailly-Salins, Jules-Herman Bailly-Salins, François-Jules Bailly-Basin, Arsène Cretin-L'Ange, Joseph-Emmanuel Duraffourg, Armand Morel, Joseph-Séraphin Martinez, Pierre-Lucien Morel-à-L'Huissier, Élie Morel-Maréchal et Germain-Augustin Payot, conseillers municipaux.

COMMUNE DES PIARDS.
(148 habitants.)

Même déclaration signée par MM. Ph. Martine, maire; J. Piard, adjoint; L. Janier-Dubry, Ap. Martine, J.-A. Martine, J. Morel, F. Morel, J.-Al. Piard, F. Piard et S. Vincent, conseillers municipaux.

CANTON DE SAINT-LAURENT-DU-JURA.
(1,166 habitants.)

Même déclaration signée par MM. Grenier, maire; H. Roche, adjoint; A. Barbant, S. Bourgeois, A. Ferrez, D. Guy, E. Monneret, J. Nicot, D. Paget et A. Poncet, conseillers municipaux.

COMMUNE DE SAINT-PIERRE.
(417 habitants.)

Même déclaration signée par MM. Lucien Groz, maire; Albain Vuillet, adjoint; Alfred Bouvet, Louis Marc-Bouvet, Tircis Bénier, Jules-Albert Fromont, Firmin Groz, Joseph Groz et Osias Verjus, conseillers municipaux.

COMMUNE DES SIÈGES.
(131 habitants.)

Même déclaration signée par MM. Louis Clerc, adjoint; Zénon Claut, François-Marie Claret, Célestin Lorge, Lucien Mermet et François-Marie Reyboubet, conseillers municipaux.

COMMUNE DE VAUX-LÈS-SAINT-CLAUDE.
(398 habitants.)

Même déclaration signée par MM. Janvier, maire; E. Gauthier, conseiller d'arrondissement; Placide Carraz, Ad. Gros-Tabussiat, Eugène Mermet, E. Nolard et Vital-Perrier, conseillers municipaux.

Loir-et-Cher.

Arrondissement de Blois.

VILLE DE BLOIS.
(20,515 habitants.)

Même déclaration signée par MM. Chavigny, maire; Crossonneau, adjoint; Badaire, Badaillac, Bourgeois, Boullié, Bourdain, Chambellan, Combes, Corby-Milandre, Fossé, Legras, Mahoudeau, Monnereau, Poulain, Simon et Sureau, conseillers municipaux.

COMMUNE D'HUISSEAU-SUR-COSSON.
(1,374 habitants.)

Même déclaration signée par MM. Rotte-Gailliot, maire; Gentils-Hureau, adjoint; Aubry, Etienne Burat, Carré-Rangeard, Desbray-Badère, Goussault-Biemont, Michelin Bourgitteau, Petit-Lainé, Sebile-Leroux et Vincent Moreau, conseillers municipaux.

COMMUNE DE LA CHAPELLE-VENDOMOISE.
(495 habitants.)

Même déclaration signée par MM. Hivert, maire; Gaillard, adjoint; Biguier, Bouge, Camus, Charron, Fouquet, Guérin, Guilloteau et Joly, conseillers municipaux.

COMMUNE DE LESTIOU.
(376 habitants.)

Même déclaration signée par MM. Louis Lusson, maire; Constant Charpentier, adjoint; Pierre Bourgeois, Maurice Gentils, André Godard, François Oudeau, François Ratton et Jules Rousseau, conseillers municipaux.

COMMUNE D'OUCQUES.
(1,537 habitants.)

Même déclaration signée par MM. Edouard Malfray, maire; Pierre Béquignon, adjoint; Besnard-Richomme, Chaudon-Marcou, Coignet-Duvallet, Justin Cousin, Jacques Deschamps, François Esnault, Jean Guibert, Jacques Hallé, Dominique Hallé, Charles Houdyer, Jacques Lecourt, Théophile Proust et Alexandre Tardiveau, conseillers municipaux.

CANTON DE SAINT-AIGNAN-SUR-CHER.
(3,349 habitants.)

Même déclaration signée par MM. Petetbon, maire; Gerberon-Tassin, Gustave Plat, adjoints; Constant Ragot, conseiller d'arrondissement et conseiller municipal; Alezais, Jean Bigot, Bisson-Bonneau, Alphonse Bodin, Bonroy, Gastineau, Alphonse Guérin, Marie, Nolleau, Paul Denis, Tessié et Joseph Teyssedre, conseillers municipaux.

COMMUNE DE SAINT-CLAUDE.
(1,210 habitants.)

Même déclaration signée par MM. Eugène Deniau, maire, député et conseiller général; Charles Guignard, adjoint; Louis Duquiau-Pasquier, Adolphe Fromet, Emilien Guignard, Emile Lambert, Louis Porcher-Morioux, Louis Porcher-Boissier, Henri Robert, Martin Roubalay et Armand Roussel, conseillers municipaux.

COMMUNE DE SAINT-GERVAIS.
(540 habitants.)

Même déclaration signée par MM. Chabault, maire; Berger, François Bouquin, Delvacque, Fauchon, Guertin, Henrioux, Mauvallet et A. Pointat, conseillers municipaux.

COMMUNE DE SANTENAY.
(591 habitants.)

Même déclaration signée par MM. Pretoseille fils, maire; Pierre Rabouin, adjoint; Biery, Foucaut, Gautier, J. Grossejambe, Lefert, Marpault et Praucit, conseillers municipaux.

Arrondissement de Romorantin.

COMMUNE DE VERNOU.

(885 habitants.)

Même déclaration signée par MM. L. Thomas, maire; Péro, adjoint; Chesneau, Chéramy, Dupuis, Habert, Rousseau, conseillers municipaux, et Robin, notable, commissaire répartiteur.

Arrondissement de Vendôme.

VILLE DE VENDÔME.

(9,221 habitants.)

Même déclaration signée par MM. Taillebois, adjoint; Belot, conseiller d'arrondissement; Avril, H. Barbier, Belot, Bellanger, Berger, Blot, Boutrais, Dehargne, Ph. Frain, Hésine, Martellière, J. Pineau, Renvoisé, Renard et Tessier, conseillers municipaux.

COMMUNE DE HUISSEAU-EN-BEAUCE.

(455 habitants.)

Même déclaration signée par MM. Cruchet, maire; Auguste Brisset, adjoint; Auguste, Brosse, Blanchecotte, Lelong, Maurice et Minier, conseillers municipaux.

CANTON DE MONTOIRE.

(3,167 habitants.)

Même déclaration signée par MM. Audebert, maire; Tessier, conseiller général; Quris, conseiller d'arrondissement; Bazin-Bazin, Chaintron, Ezard, Fousseroau, Georges, Germain, Maris, Martineau, Renard, B. Renard et Victor Taillebois, conseillers municipaux.

Loire.

Arrondissement de Montbrison.

COMMUNE DE BOISSET-SAINT-PRIEST.

(810 habitants.)

Même déclaration signée par MM. Boudin, maire; Phalippon, adjoint; Gontard, délégué cantonal; Simonnet, instituteur communal; Bouchet, Begon, Besson, Dupuy, Grange, Phalippon, Rajot et Roux, conseillers municipaux.

COMMUNE DE MONTCHAL.
(1,238 habitants.)

Même déclaration signée par MM. Delord, maire; Claude Bourot, Charbonnière, Claude Couble, Jean-Benoît Chirot, Jean-Marie Giroud, Girardon, Jean-Baptiste Laccand, Jacques Merle, Jean-M. Merle et François Montmain, conseillers municipaux.

Arrondissement de Roanne.

CANTON DE CHARLIEU.
(4,139 habitants.)

Même déclaration signée par MM. Louis Valorge, maire; Claude Thomas, adjoint; Antoine Moreau, conseiller d'arrondissement et conseiller municipal; Dr Léon Christophe, Benoît Degueurce, Benoît Dessertine, Philibert Dreux, Sébastien Dumas, Jean Marie Fallot, Joseph Gerbay, Antoine Merlin, Louis Roux et Georges Thévenin, conseillers municipaux.

COMMUNE DE MABLY.
(1,434 habitants.)

Même déclaration signée par MM. Philibert Thivind, maire; Claude Chevalier, adjoint; Claude Balavy, Jacques Boireau, Claude Couvent, Claude Guyonnet, Claude Joux et Jean Turge, conseillers municipaux.

COMMUNE D'OUCHES.
(438 habitants.)

Même déclaration signée par MM. Félix Galopin, maire; François Gallet, adjoint; Claude Barret, Claude Beroud, Louis Chancesse, Etienne Chastelus, Claude Danton et Antoine Fondry, conseillers municipaux.

COMMUNE DE VILLERÊT.
(1,227 habitants.)

Même déclaration signée par MM. F. Donjon, maire; Fage, adjoint; H. Audiffred, conseiller général; Peisson, conseiller d'arrondissement; Bandina, Besson, Bener, Donjon, Gardet, Méret, Missire, Palois et Roffat, conseillers municipaux.

Arrondissement de Saint-Étienne.

COMMUNE D'UNIEUX.
(3,441 habitants.)

Même déclaration signée par MM. Kopp, maire; Ch. Dorian, conseiller général; Basset, Bogot, Blachon, Ferréol, Godonnier, Lubière, Mol, Petit et Thibaud, conseillers municipaux.

Loire (Haute-).

Arrondissement de Brioude.

VILLE DE BRIOUDE.
(4,747 habitants.)

Extrait du registre des délibérations du conseil municipal.

Aujourd'hui, 11 mai 1879, à 3 heures du soir, le Conseil municipal de la ville de Brioude s'est réuni dans la salle ordinaire de ses séances, sous la présidence de M. le maire, pour la session légale du mois de mai.

Étaient présents: MM. Saint-Ferréol, maire; Esculier et Frenier-Moulin, adjoints; Petit, Noir, Pouget, Doniol, Devuis, Deshors, Trioullier, Allary, Andrieux, Bonnefoi, Boudou, Lestoing, Tixier, Mouttes et Chalchat.

Absents: MM. Vidal, Barreyre et Teysseyre.

M. le maire demande au conseil d'émettre, comme les conseils municipaux d'un grand nombre de communes des départements, un vœu en faveur de l'instruction gratuite, obligatoire et laïque, pour répondre au pétitionnement organisé contre les lois Ferry; il formule ainsi qu'il suit sa proposition :

« Considérant que l'esprit a aussi besoin de lumière que le corps a besoin d'aliments; que l'expérience a démontré que le niveau moral d'un peuple s'élève avec son degré d'instruction; que dans un gouvernement républicain basé sur le suffrage universel, tous les citoyens doivent être mis à même de comprendre leurs devoirs et leurs droits;

« Le conseil municipal de Brioude demande l'instruction primaire obligatoire, gratuite et laïque, pour les deux sexes, dans toutes les écoles subventionnées par les communes, les départements et l'État :

« Obligatoire, dans le double intérêt de l'individu et de la société, au nom de leur solidarité réciproque;

« Gratuite, au nom de l'égalité et pour ôter tout prétexte au mauvais vouloir;

« Laïque, parce que ce principe : *La science à l'école et l'instruction religieuse à l'église*, est le seul qui protège efficacement la liberté de conscience. »

Le conseil adopte, à l'unanimité, cette proposition et vote une somme de trente francs pour être envoyée à la Société de la Ligue de l'Enseignement.

Fait et délibéré, les jour, mois et an que dessus.

Au registre sont les signatures.

Pour copie conforme :
Le maire,

SAINT-FERRÉOL.

COMMUNE DE DOMEYRAT.
(610 habitants.)

Même déclaration signée par MM. Baissac-Cirgues, maire; André Courtet, Antoine Lhomenède, Pierre Olivain, Claude Taillebot, Jean Thomas et Pierre Thomas, conseillers municipaux.

COMMUNE DE LEMPDES.
(1,423 habitants.)

Même déclaration signée par MM. Etienne Pichat, maire, conseiller d'arrondissement; Jean Bost, Antoine Chabrillat, Antoine Combe, Léon Coutarel, Antoine Lauby, Charles Merle et Antoine Rieuf, conseillers municipaux.

COMMUNE DE SAINT-GÉRON.
(328 habitants.)

Même déclaration signée par MM. Pierre Bard, maire; Jacques Lacoste, adjoint; Antoine Barthomeuf, Pierre Bigot, Pierre Delpeux, Louis Delpeux, Jacques Gay et Pierre Robert, conseillers municipaux.

COMMUNE DE VIEILLE-BRIOUDE.
(1,564 habitants.)

Même déclaration signée par MM. Brunet, maire; Annet Tourette, adjoint; Antoine Boudon, Jean Celaire, Etienne Crozemarie, Antoine Delherme, Jean Esculier, Jean Fouton, Antoine

Galambre, André Olagnol, Antoine Ramain, François Ramain, Antoine Soulier, Pierre Soulier, Julien Trioulher et Jean Vernière, conseillers municipaux.

Arrondissement du Puy.

VILLE DE CRAPONNE.
(3,713 habitants.)

Même déclaration signée par MM. A. Jouve, conseiller général, maire ; Barreyre, premier adjoint; Mosnier, conseiller d'arrondissement et conseiller municipal; Ambroise Bachelard, Barlet, Bonneval, Breul, Bourg, Condort, Choulas, François Dayre, Esquis, Fournerie, Gallien, Malègue, Minet, Noël, Nuet, Pontvianne, Antoine Reynard, Auguste Reynard et Robert, conseillers municipaux.

Loire-Inférieure.

Arrondissement de Paimbœuf.

COMMUNE DE LA MONTAGNE.
(2,106 habitants.)

Même déclaration signée par MM. Léonard, adjoint au maire; Arrouet, Chiché, F. Friess, Gascoin, Guitteny, Girard, Huchon, Michaud, Pajot, Saillant, Soliman et A. Viau, conseillers municipaux.

Arrondissement de Saint-Nazaire.

VILLE DE SAVENAY.
(2,902 habitants.)

Même déclaration signée par MM. V. Gérard, maire; Adam, Rivière, adjoints; Boisselot, Lanoé, Lahaye, Lucas de Peslouan, Ramet, Rodrigue, Suet, Thomas et Violin, conseillers municipaux.

Loiret.

Arrondissement de Montargis.

COMMUNE DE LA CHAPELLE-SUR-AVEYRON.
(681 habitants.)

Même déclaration signée par MM. Cyrille Corby, maire; François Bajout, adjoint; Michel Bordat, Désiré Bourdois,

Pierre Dayeau, Désiré Gallois, Achille Jessin, Pierre Lecerf, Eugène Mottier, Frédéric Perradon et Désiré Raigneau, conseillers municipaux.

COMMUNE DE MIGNÈRES.
(316 habitants.)

Même déclaration signée par MM. Charles Forest, maire, Pierre Couté, adjoint; Narcisse Chenault, Joseph Couté, Pierre Dudoigt, Constant Forest, Narcisse Guibout et Auguste Mercier, conseillers municipaux.

COMMUNE DE PAUCOURT.
(308 habitants.)

Même déclaration signée par MM. Louis Leroy, maire; Joseph Pagat, adjoint; Joseph Aide, Jean-Louis Beauvais, Dominique Cousin, Auguste Defaville, François Desbrosses père, Louis Desbrosses, Reine Desbrosses, conseillers municipaux, et par 17 électeurs notables.

Arrondissement d'Orléans.

VILLE DE BEAUGENCY.
(4,466 habitants.)

Même déclaration signée par MM. Corneau, maire; Huerne, premier adjoint; Seville, deuxième adjoint; Boucheron, conseiller d'arrondissement et conseiller municipal; Buchet, Cosson, Coiraud, Croissandeau, Dessommes, Feuillet, Fleury, Grillon, Huet, Jarreau, Lepage, Lescurre, Masson, Main, Nouvellon, Pecheux, Pioulet et Villier, conseillers municipaux.

CANTON DE CLÉRY.
(2,882 habitants.)

Même déclaration signée par MM. Em. Gebauer, maire; Eugène Couturier, premier adjoint; Denis Perdereau, deuxième adjoint; Michel Bourdin, Augustin Boissay, Eugène Boissay, A. Delaunay, Firmin Durand, Gidoin, Goudchault-Blandin, Libier, Sainton-Courtin, Jean-Louis Simonneau, Pierre-Paul Simonneau et Toussaint-Lamandé, conseillers municipaux.

COMMUNE D'OLIVET.
(3,663 habitants.)

Même déclaration signée par MM. Richard, adjoint ; Brochon, Isidore Foucard, Nioche-Garnier, Nioche-Riffault, Sancier et Vinangé-Lanson, conseillers municipaux.

COMMUNE DE REBRÉCHIEN.
(900 habitants.)

Même déclaration signée par MM. Louis Combes, maire ; Désiré Bac, Jules Courtin, Jean-Baptiste Dejouy, François Fraizy, Eugène Miséré et Léopold Picard, conseillers municipaux.

COMMUNE DE SARAN.
(1,303 habitants.)

Même déclaration signée par MM. Gariveau, maire ; Jules Chevalier, Eugène Chevallier, Foucault-Rolland, Théodore Foucheux, Alexandre Fougeu, Joseph Moulin, Moulin-Bergerat, Pin-Heulin et Alexandre Tourne, conseillers municipaux.

Arrondissement de Pithiviers.

COMMUNE DE BOESSE.
(803 habitants.)

Même déclaration signée par MM. Houy, maire ; Th. Jacc, adjoint ; Ch. Beaudeu, J. Bizot, Delouch, Duverger, Girard, Legat, Lours, A. Naudon, A. Pierre et Réfort, conseillers municipaux.

COMMUNE DE CHAMBON.
(623 habitants.)

Même déclaration signée par MM. Sellier, adjoint, faisant fonctions de maire ; Barrier, Douard, Ecot, Gallier, Gaudet, A. Guérin, Jamet, Mousset, Paulin et G. Voiturin, conseillers municipaux.

COMMUNE D'ONDREVILLE.
(326 habitants.)

Même déclaration signée par MM. Beauvillier, maire ; Pillard, adjoint ; Boucheny, Boucheust, Legrand, Moreau, Mercier, Séjourné, Thomas, conseillers municipaux, et 30 habitants.

CANTON DE PUISEAUX.
(1,886 habitants.)

Même déclaration signée par MM. Combo, adjoint, conseiller d'arrondissement et premier suppléant du juge de paix; Bordry père, Chevillard, Darras, Hilaire Gressard, Foiry, Jautheau père, Lasnier aîné, Lebègue, Luche fils, Marchenay, Meunier, Mignon, Severin, conseillers municipaux; Robillard, deuxième suppléant du juge de paix, et Lefebvre, ancien président de la chambre des notaires.

COMMUNE DE SÉBOUVILLE.
(253 habitants.)

Même déclaration signée par MM. Jean-Baptiste Benoist, maire; Eugène Besnard, adjoint; Cyrille Gaurat, Désiré Grandemain, Narcisse Mineau, Anatole Moreau, Clément-Désiré Plisson, Germain Pointeau, Jean-Baptiste Robert et Jacques Alexandre Tavet, conseillers municipaux.

Lot-et-Garonne.

Arrondissement de Nérac.

COMMUNE DE BRUCH.
(986 habitants.)

Même déclaration signée par MM. Escalup, maire; Castera, Capuron, Claverie, Dauri, Lignac et Pouges, conseillers municipaux.

COMMUNE DE BUZET.
(1,646 habitants.)

Même déclaration signée par MM. Camus, maire et conseiller d'arrondissement; Bagassat, adjoint; J. Barthe, conseiller municipal et sous-délégué sénatorial; S. Berbedet, Carrère, Dufaure, Dupouy, Garin, Gourrès, Maurin, Maysonné et A. Olivier, conseillers municipaux.

Lozère.

Arrondissement de Florac.

COMMUNE DE GABRIAC.
(307 habitants.)

Même déclaration signée par MM. Scipion Cavalier, maire; Armand Antoine, adjoint; Auguste Buisson, Samuel Cavalier,

Félix Lapierre, Félix Pelet et Félix Puech, conseillers municipaux.

COMMUNE DE SAINT-ANDRÉ DE LANCIZE.
(584 habitants.)

Même déclaration signée par MM. Ausset, maire ; Marion, adjoint ; Fraisse, conseiller d'arrondissement ; Chabrol, Canouge, Filhol, Filhol, Jouanenc, Janin et Velay, conseillers municipaux.

Maine-et-Loire.

Arrondissement de Cholet.

COMMUNE DE MONTJEAN.
(3,316 habitants.)

Même déclaration signée par MM. Poullain, maire ; Chauveau, premier adjoint ; Belliard, deuxième adjoint ; Jean Agoulon, René Agoulon, Baimbault, Baron, Bourigault, Breches, Chiron, Cotineau, Delaunay, Donssard, Durand, Gazeau, Jouy, Loiseau, Pasquier, Ponplard, Ribault et Trottier, conseillers municipaux.

Arrondissement de Saumur.

CANTON DE MONTREUIL-BELLAY.
(1,908 habitants.)

Même déclaration signée par MM. Aubelle, maire ; Hacault, notaire, adjoint ; Chauvin, Cholet, V. Chanteau, Paul Chanteau, Davy, Ecot, Dr Guillot, Laroche, Parson, Peltier, Restiveau et Ribayron, conseillers municipaux.

COMMUNE DE SOULANGER.
(740 habitants.)

Même déclaration signée par MM. Feillatreau, maire ; Thouret, adjoint ; Blaudeau, Nicolas Davy, Jean Genevois, Gervais, Maillier, Antoine Pattée, J.-B. Portier, Ruais, Vaslin et Vauvert, conseillers municipaux.

Manche.

Arrondissement d'Avranches.

VILLE D'AVRANCHES.
(8,157 habitants.)

Même déclaration signée par MM. Barbé, maire ; Octave Lochevalier, Fremin, adjoints ; Aupinel, Barbier-Domin,

Cauquelin, Cheminant, Desdouitils, Debon, Gibierge, Alfred Cauquelin, Hébert, Jacob, Jacques Langlois, Perotte, Charles Pinel et Saint, conseillers municipaux.

COMMUNE DE BACILLY.
(1,155 habitants.)

Même déclaration signée par MM. Chauvin, maire; Chapdelaine, adjoint; Deschamps, Denolle, Lemaître, Lemetayer, Portais et Poulain, conseillers municipaux.

COMMUNE DE CHAMPCERVON.
(359 habitants.)

Même déclaration signée par MM. A. Poulain, maire; Jean Olive, adjoint; Louis Ballois, François Dodenaud, Victor Goupil, Amand Lebourgeois, Louis Legros, Constant Lelandais et Victor Pilvesse, conseillers municipaux.

COMMUNE DE GENEST.
(740 habitants.)

Même déclaration signée par MM. Piton, maire; Ad. Dungy, adjoint; Bisson, Bedel, Jacques Deslongrais-Moutier, Jacques, Honoré Jacques Laisné, Lemetayer et Liébard, conseillers municipaux.

COMMUNE DE LOLIF.
(872 habitants.)

Même déclaration signée par MM. A. Delougraye, maire; Bellet, adjoint; Champion, Dubois, L. Enillaume, L. Mancel et O. Turgot, conseillers municipaux.

COMMUNE DE MARCEY.
(802 habitants.)

Même déclaration signée par MM. Primaux, maire; Lefranc, adjoint; Cochard, Daubigny, Dubois, Joseph Fontaine, Maloizel, Oursin, Poidvin, Quinton, Réulos et Voisin, conseillers municipaux.

Marne.

Arrondissement de Châlons-sur-Marne.

COMMUNE DE JALONS-LES-VIGNES.
(547 habitants.)

Même déclaration signée par MM. Hénault, maire; Lallement, adjoint; Bastien-Collard, Ernest Cartier, Arsène Collard, Lamoureux, Ramée, Robin-Lebon, Saget, Virol fils et Adolphe Visse, conseillers municipaux.

Arrondissement d'Épernay.

VILLE D'ÉPERNAY.
(15,506 habitants.)

Même déclaration signée par MM. Gérard, maire; Buquet, adjoint; Terrassin, conseiller d'arrondissement; Bertaut, Brocot, Chatelain, Daoust, Dezert, Duval, Fleuricourt, Grandchamp, Heren, Luquet, Mayer, Mercier, Monenhein, Pret, Placet et Thevenin, conseillers municipaux.

COMMUNE DE BAIZIL.
(462 habitants.)

Même déclaration signée par MM. Adolphe Lambert, maire; Mizaël Marchand, adjoint; Gustave Berthélemy, Constant Corbierre, Chouteau-Lambert, Constant Deguay, David Lemaître et Lemaître-Garnier, conseillers municipaux.

COMMUNE DE BEAUNAY.
(215 habitants.)

Même déclaration signée par MM. Lorain, maire; Anchier, André, Alexis Berat, Berat-Lefranc, Bergère, Jacquesson, Lebeigle et Louis Lecourt, conseillers municipaux.

COMMUNE DE BREUIL.
(560 habitants.)

Même déclaration signée par MM. Mignon, maire; Marie Moutardier, adjoint; Barrurier, Boutillier, Auguste Destouche, Jules François, Martinot, Prud'homme et Renault, conseillers municipaux.

COMMUNE DE BROYES.
(726 habitants.)

Même déclaration signée par MM. L.-Frédéric Moineau, adjoint; Casimir Dartevelle, Gustave Debaire, Guyot-Martin, Victor Huot, Auguste-Michel Jacopé, Edouard Lefevre, A. Maréchal et Isidore Papillon, conseillers municipaux.

COMMUNE DE BRICOT-LA-VILLE.
(50 habitants.)

Même déclaration signée par MM. Jean Faugère, maire; Amand Berton, adjoint; Louis Albardier, Julien Rambouillet et Alfred Voirin, conseillers municipaux.

COMMUNE DE CONGY.
(597 habitants.)

Même déclaration signée par MM. Moussy, adjoint; J. Férat, E. Goyaux, F. Jollain-Honoré, E. Hébert, E. Labbé, Moussy, Moussy-Thérette, Auguste Remy, B. Renard et F. Renard, conseillers municipaux.

COMMUNE DE CORRIBERT.
(150 habitants.)

Même déclaration signée par MM. Clément Maingault, maire; Auguste Gillain, adjoint; Constant Beaudoin, Isidore Cousin, Etienne Fournier, Léon Favret, Alexandre Gaugé, Auguste Mayeur, Victor Messand et Charles Prélot, conseillers municipaux.

COMMUNE DE COURTHIÉZY.
(369 habitants.)

Même déclaration signée par MM. Gérard, adjoint; Barberousse, Bression, Courteaux, Dedun, conseillers municipaux et par 8 électeurs.

COMMUNE DE CUIS.
(463 habitants.)

Même déclaration signée par MM. Pierre-Louis Bertand, maire; François Barrachin, Pierre-Louis Diart, François Dumez, Vinceslas Gimonnet, Edmond Lebrun et Bénoni Roché, conseillers municipaux.

COMMUNE DE DAMERY.
(1,785 habitants.)

Même déclaration signée par MM. Bardoaux, Bouillot-Clerc, Bonnaire, Bonnenfant, Bruyant, E. Billiard, Collin, Cadel, Filaine-Lobeau, Liandel-Senart, Levêque-Finat, Lété-Lebeau, E. Marmot, T. Namur et Renard-Chenu, conseillers municipaux.

CANTON DE DORMANS.
(2,146 habitants.)

Même déclaration signée par MM. Blanchin, maire; Commény, adjoint; Chambron, Guiborat, Guiborat-Ragouillaux, Jandon, Lourdeaux, Maigne, Orban-Narcy, Palbrois-André, Renaut, Vallet-Dedun, Valton, Verdié, conseillers municipaux, et par 33 commerçants.

COMMUNE D'ÉTOGES.
(551 habitants.)

Même déclaration signée par MM. Louis Lenoir, maire; Bérat-Maloset, Bérat-Oudinot, Isidore Coquelin, Rose Grougniot, Hallé-Prouard, Alexis Jeanne, Eugène Lescœur, Antoine Parent et Célestin Vallois, conseillers municipaux.

COMMUNE DE FESTIGNY.
(617 habitants.)

Même déclaration signée par MM. Bourdeaux-Nanteuil, maire; Beaupuis-Cercilleux, Carlier-Châtelain, Victor Delaire, Jobert-Rasselet et Prin-Danteny, conseillers municipaux.

COMMUNE DE FLEURY-LA-RIVIÈRE.
(827 habitants.)

Même déclaration signée par MM. Hatté, maire; Lelarge, adjoint; Bourden, Dejardie, Desénit, Maillard, Mauclair, Noveux, Pommet et Vaillant, conseillers municipaux.

COMMUNE DE GAYE.
(631 habitants.)

Même déclaration signée par MM. Pierre-Maurice Maclin, maire; Alexandre Huot, adjoint; P.-A. Dennevert, Auguste Gravé, Edouard Hémard, Pierre-Louis Jolard, Hyacinthe Leconte, André Martin et Ernest Seurat, conseillers municipaux.

COMMUNE DE JOISSELLE.
(190 habitants.)

Même déclaration signée par MM. Jamard, adjoint faisant fonctions de maire; Bression, Meuzeret, Michon, Perche, Prunelle, Quignot, Voisembert, conseillers municipaux, et Piétrement, maire démissionnaire.

COMMUNE DE LA FORESTIÈRE.
(434 habitants.)

Même déclaration signée par MM. Guillaume, maire; Ferdinand Beaudoux, Maurice Collot, Gustave Ferbœuf, Alfred François, Eugène-Vincent Godot, Julien Joyeux, Charles Miché et François Tourneux, conseillers municipaux.

COMMUNE DE LEUVRIGNY.
(447 habitants.)

Même déclaration signée par MM. Abraham Vieillard, Baillet-Lefèvre, Gabriel Jacquesson, Vieillard Jacquesson, Lebeau Jacquesson et Jules Orban, conseillers municipaux.

COMMUNE DE LUCY.
(133 habitants.)

Même déclaration signée par MM. Leroux, maire; Miché, adjoint; Fontaine, Harroïs, Linard, Mainguet, Raymond, Souply et Yvonnet, conseillers municipaux.

COMMUNE DE MAREUIL-LE-PORT.
(1,180 habitants.)

Même déclaration signée par MM. Dr Remy, maire; Jean-Baptiste Landragin, adjoint; Brion-Brion, Colin-Vieillard, Delorme-Liébard, Lambert-Bailly, Liébart-Orban, Isidore Mansard, Orban-Jobert, Orban-Drapier, Petit, conseillers municipaux; Desouby, percepteur; Victor Colin, membre du bureau de bienfaisance; Grandjean, agent-voyer cantonal, et par 44 autres électeurs notables.

COMMUNE DE MARIGNY.
(136 habitants.)

Même déclaration signée par MM. François Hémard, adjoint; Frédéric Gobin, Amédée Jacquesson, Pierre-Louis Loiselet, Hubert Millot, Pierre-Baptiste Radet et Désiré Rousseau, conseillers municipaux.

VILLE DE MONTMIRAIL.
(2,351 habitants.)

Même déclaration signée par MM. R. Petit, chevalier de la Légion d'honneur, conseiller d'arrondissement et maire; Billiard, F. Cousin, Déchamp, Deschamps-Goutte, Longnon, Mary, Minette, Paillez-Caillot, Simon-Cannot, Thuillot-Prevost et L. Vadé, conseillers municipaux.

COMMUNE DE MOUSSY.
(757 habitants.)

Même déclaration signée par MM. Prélot, maire; Nicaise, adjoint; Bouché-Soudart, Chambertin, Contorbe, L. Hébert, Jeanne, Jeannart, Robert et E. Sron, conseillers municipaux.

COMMUNE D'OEUILLY.
(450 habitants.)

Même déclaration signée par MM. Lorin, maire; A. Guilbert, adjoint; Cez-Cez, Danteny, Durand, Fournier, Guillaume, B. Maymy et Ch. Noizet, conseillers municipaux.

COMMUNE D'OGNES.
(148 habitants.)

Même déclaration signée par MM. Billebans, maire; Brisson, Césaire Brissot, Bruchez Magloire, Frédéric Guillemot, Clovis Petipan, Plissonnier, Frédéric Poncelet et Eugène Renon, conseillers municipaux.

COMMUNE DE PIERRY.
(1,045 habitants.)

Même déclaration signée par MM. Jean Baptiste Biache, maire; Pierre Desbordes, adjoint; Alexandre Barat, Paul Bouché, Etienne Champion, Edmond Dégremont, Eugène Dupont, Victor Hénault, Louis Paté et Edmond Piétremont, conseillers municipaux.

COMMUNE DE RÉVEILLON.
(198 habitants.)

Même déclaration signée par MM. Rondeau, adjoint; A. Bourgeois, L. Bourgeois, Chantrelle, Devilliers, Herluison, Laurenceau et Namur, conseillers municipaux.

COMMUNE DE SOILLY.
(280 habitants.)

Même déclaration signée par MM. Fourman-Piot, ancien maire; Gille Piot, Auguste Pannier, conseillers municipaux; Dubois, instituteur, et 25 électeurs.

COMMUNE DE TROISSY.
(1,088 habitants.)

Même déclaration signée par MM. Rivaux-Trélon, conseiller municipal; Jonathan Charlier, pasteur protestant, et par 126 électeurs.

COMMUNE DE LA VILLE-SOUS-ORBAIS.
(127 habitants.)

Même déclaration signée par MM. Simon, maire; Sourdet-Guérin, adjoint; Bedot, Braux, Charles Leduc, Levasseur, H. Mignon, Sourdet-Courty, conseillers municipaux, et par 5 électeurs notables.

COMMUNE DE VINCELLES.
(527 habitants.)

Même déclaration signée par MM. Julien Legaye, maire; Louis Boudé, Julien Boudé, Pierre Doyen, Ernest Glavier, Husson, Jules Depaux, Aimé Palbrois, conseillers municipaux, et par 69 électeurs.

Arrondissement de Reims.

VILLE DE REIMS.
(81,328 habitants.)

Même déclaration signée par MM. Diancourt, député, maire; Dr Thomas, député et conseiller municipal; Portevin, président du conseil d'arrondissement, adjoint; Dr Doyen, Lagrive, adjoints; Dr Bienfait, Eug. Courmeaux, L. Grenier, Lasserre, conseillers généraux et conseillers municipaux; Poulain, ancien maire; Dr Brébant, Lelièvre, conseillers d'arrondissement; Menesson-Champagne, conseiller d'arrondissement et conseiller municipal; Chardonnet, Fouque, Fossier, Dr H. Henrot, Hulot, Jozon, Lacambre, Langlet, Lequeux-Danet, Marlier-Féron, A. Morizet, Neumark et F. Ponsart, conseillers municipaux.

VILLE D'AY-CHAMPAGNE.
(5,063 habitants.)

Même déclaration signée par MM. Aubriet, Brabant, Camuset, G. Couvreur, Ch. Fourny, Alex. Gérard, Jules Josson, Ernest Ivernel, Ménard-Fourreau, Philipponat-Tambourt, Prou-Duchesnois, Petit Fresnot, Roulot, A. Testulat-Gaspar et Dr Henri Vincent, conseillers municipaux.

COMMUNE DE BAZANCOURT.
(1,171 habitants.)

Même déclaration signée par MM. G. Haguenin, adjoint, remplissant les fonctions de maire; Baillot, Dauphinot, Fromentin, Jean-Baptiste Huguenin, Alfred Lemoine, Lothelin, T. Renard, Théodore Renot et Santaubier, conseillers municipaux.

COMMUNE DE BEAUMONT-SUR-VESLE.
(395 habitants.)

Même déclaration signée par MM. Malinet-Beaudier, maire; Chevalier, adjoint; Apert, Beaudier, Fournier, Garitan, Hochut, Mabrot, Louis Morel et F. Pierre, conseillers municipaux.

CANTON DE BEINE.
(1,052 habitants.)

Même déclaration signée par MM. Léon Varenne, maire; Joseph Hubert, adjoint; Léon Booms, Simon Faille, Cyrille Marquant, Hippolyte Maquin, Louis-André Portevin et Garitan Portevin, conseillers municipaux.

COMMUNE DE BÉTHÉNIVILLE.
(1,710 habitants.)

Même déclaration signée par MM. Barbier d'Escannevelle, adjoint, faisant fonctions de maire; Jean-Baptiste Cuny, Elie Defez, Sylvain Gallot, Isidore Hennegrave, Désiré Lecocq, Félicien Miller, Carbon Sautret, Simonnet-Ponsin, Jean-Pierre Tourtebatte et Vallart-Azarl, conseillers municipaux.

COMMUNE DE BÉTHENY.
(680 habitants.)

Même déclaration signée par MM. Bégny Garinois, maire; Allart Marcelet, adjoint; Bouy Muiron, Robert Brimont,

Lhotelain Delorme, Remi-Louis Marcelet, Amand Navelot et Rousselot Postat, conseillers municipaux.

COMMUNE DE CHAMPIGNY.
(162 habitants.)

Même déclaration signée par MM. Alfred Griffon, adjoint; Dubois, Griffon, Griffon, L. Lagille, Rogé et Sohier, conseillers municipaux.

COMMUNE DE CHAMPILLON.
(347 habitants.)

Même déclaration signée par MM. Jules Roualet, maire; A. Arnoult, Bernard, Redon et Ernest Roualet, conseillers municipaux.

COMMUNE DE COULOMMES.
(205 habitants.)

Même déclaration signée par MM. Draveny, maire; Chardonnet, adjoint; Braconier, Coulon, Draveny et Lelarge, conseillers municipaux.

COMMUNE DE COURCY.
(890 habitants.)

Même déclaration signée par MM. Raoul-Hilarion Démolin, maire; Louis-Armand Augé, Arthur Baudesson, Baudesson-Rouget, Alfred Binet, Nicolas Charlier, Théophile Gobin et Charles Joffrain, conseillers municipaux.

COMMUNE DE CUMIÈRES.
(1,246 habitants.)

Même déclaration signée par MM. A. Martin, maire; Aonoult-Amsinger, G. Delius, Flamain, Ch. Lefèvre et Antoine Martin, conseillers municipaux.

COMMUNE DE DIZY-SUR-MARNE.
(1,639 habitants.)

Même déclaration signée par MM. Edme-François Parny, maire; Joseph-Louis Testulat, adjoint; Eugène Autié, Jean-Baptiste-Honoré Bauvaine, Louis-Joseph Brouleau, Léon Caillette, François Coquerelle, Jules-Alfred Crochet, Gatinois Elerz, Martin Guignard, Jean Malcoiffe, Onésime Moigneaux, Eugène-Etienne Pérardel, Hippolyte Orgon et Anatole Thévenet, conseillers municipaux.

COMMUNE DE FAVEROLLES-ET-COËMY.
(372 habitants.)

Même déclaration signée par MM. Bécard, Dessaint, Huvay, Lambert, A. Laignier, Lallement, et Marlier-Maucler, conseillers municipaux.

COMMUNE D'ISLES-SUR-SUIPPES.
(790 habitants.)

Même déclaration signée par MM. Gobriau, maire; Urban, adjoint; Concot, Gangaud, C. Moreau, Nottin, Simonot et Tourte, conseillers municipaux.

COMMUNE DE JONCHERY-SUR-VESLE.
(573 habitants.)

Même déclaration signée par MM. Kausson, maire; Benoit, adjoint; L. Baudard, Coutier, Dr Cugnod, Leduc, Villotte, Willefroy, conseillers municipaux, et par 6 électeurs notables.

COMMUNE DE LUDES.
(906 habitants.)

Même décraration signée par MM. Henri Duchatel, maire; Bouzard-Billy, Canard-Duchêne, Caquez-Sillas, Victor Gougelet, Léon Monmarthe et Edmond Quenardel, conseillers municipaux.

COMMUNE DE MORONVILLIERS.
(107 habitants.)

Même déclaration signée par MM. Jean-Baptiste Gallois, Félix Lefevre, Auguste Lefevre, Jean-Baptiste Lefevre, Olivier Lefevre et Eugène Styv, conseillers municipaux.

COMMUNE DE MUIZON.
(254 habitants.)

Même déclaration signée par MM. A. Bousan, maire; Gontard, Marcelot, Martin et Tréclin, conseillers municipaux.

COMMUNE DE MUTRY.
(35 habitants.)

Même déclaration signée par MM. Clément, maire; de Saint-Martin, Théodore Protot, Philarète Vaudois et Narcisse Villenet, conseillers municipaux.

COMMUNE DE NANTEUIL-LA-FOSSE.
(325 habitants.)

Même déclaration signée par MM. Mauroy, maire; Carriad, adjoint; Blot, Darvogne, Jean-Baptiste Déjardin, V. Déjardin, Langlois-Médéric, Leclère-Verred et Poittevin, conseillers municipaux.

COMMUNE DE NOGENT-L'ABBESSE.
(762 habitants.)

Même déclaration signée par MM. Poterloz, maire; Quentinet, adjoint; Beaudoin, Coutant, Gaillard, Gentil, Gentil, Huet-Maurois et Oudin, conseillers municipaux.

COMMUNE DE POUILLON.
(320 habitants.)

Même déclaration signée par MM. Andrieux Brodier, maire; Lamblot, adjoint; Laurent Foscourt, Guillemart, Noussart, Jean Peltier, Arthur Prévoteau et Laurent Prévoteau, conseillers municipaux.

COMMUNE DE PROSNES.
(466 habitants.)

Même déclaration signée par MM. Laubréau, maire; Blin, Francart-Chamelot, Rollet, Rollet-Apert et Tribout, conseillers municipaux.

COMMUNE DE SAINT-BRICE-ET-COURCELLES.
(941 habitants.)

Même déclaration signée par MM. Alphonse Détrès, maire; Jules Guillochin, adjoint; Théodore Braconnier, Louis Chemin, Adolphe Fourny, Jules Gentilhomme, François Marly, Jean-Charles Moreau, Routhier-Levarlet et Jules Roze, conseillers municipaux.

COMMUNE DE SAINT-MASMES.
(589 habitants.)

Même déclaration signée par MM. J. Cochet, Charlier, Franqueville, Henrat, Milon-Lacombe et Mavel, conseillers municipaux.

COMMUNE DE SEPT-SAULX.
(315 habitants.)

Même déclaration signée par MM. C. Gabreause, maire; Émile Colmart, adjoint; Honoré Chauffert, Choubat, Léon Debœuf, Gabreause, Charles Gayet, T. Jacminet, C. Secondé, et Thoil fils aîné, conseillers municipaux.

COMMUNE DES TROIS PUITS.
(186 habitants.)

Même déclaration signée par MM. Dupont, maire; Baillette, adjoint; Corpet, Joseph Menu, Jean Menu, Remy et Somméria, conseillers municipaux.

COMMUNE DE VANTELAY.
(432 habitants.)

Même déclaration signée par MM. Batteux, maire; J. Petitfrère, adjoint; Berthelot, Fauvet et Ernest Husson, conseillers municipaux.

COMMUNE DE VILLERS-FRANQUEUX.
(385 habitants.)

Même déclaration signée par MM. Guilmart, maire; Forest, adjoint; Ch. Arnould, Drigny, Fauconnier, Harant, Ed. Leroy, Missa, Taillet et Thomé, conseillers municipaux.

COMMUNE DE VILLERS-ALLERAND.
(696 habitants.)

Même déclaration signée par MM. Beusart, Chauvet, Charlot, Jardin-Proche, J.-B. Lefevre, Payen-Fosse, Prevot, Promply-Prévost, Remi et Ribaille Feneuille, conseillers municipaux.

COMMUNE DE VILLERS-MARMERY.
(722 habitants.)

Même déclaration signée par MM. Legras-Adnet, maire; Caillet-Lejeune, adjoint; Adnet-Jerval, Boutillez-Lejeune, Émile Bouy, Hyacinthe Laurent, Lefevre-Bergeot, Auguste Malot, Périn-Bouy et Émile Serval, conseillers municipaux.

COMMUNE DE WARMERIVILLE.
(1,946 habitants.)

Même déclaration signée par MM. Émile Benoit, maire; Thibault, adjoint; Émile Foissier, Gaffon, Haurot, Latreille, Moreau, Eugène Page, C. Simonard, Simonet et Vrevoteaux, conseillers municipaux.

Arrondissement de Vitry-le-Français.

VILLE DE VITRY-LE-FRANÇAIS.
(7,616 habitants.)

Même déclaration signée par MM. le Dr Ménard, maire; Hatier et Vallet, adjoints; Augustin, Berté, Buche, Claus, Crochet-Lamotte, Collard, Dollé, Dortu, Froment, Godard, Guyot, Malinet et G. Vicq, conseillers municipaux.

Marne (Haute).

Arrondissement de Chaumont.

VILLE DE CHAUMONT.
(9,226 habitants.)

Même déclaration signée par MM. Cavaniol, conseiller d'arrondissement; Samuel Simon, Fèvre, adjoints; Bizet, Damien-Vincey, Delaumone, Dourdy, Lisse, Jules Lambert, Marque, Massen, Millée, Merger, Séron, Soret et Jules Tréfousse, conseillers municipaux.

COMMUNE DE RIZAUCOURT.
(300 habitants.)

Même déclaration signée par MM. Simon, maire; Céard, adjoint; Bertin, Berthelmot, Béguinot, Décornet, Paul Joudy, Eugène Pierre, Moret et Voguet, conseillers municipaux.

Arrondissement de Langres.

COMMUNE D'AUBIGNY.
(196 habitants.)

Même déclaration signée par MM. Auguste Séjournaut, maire; Nicolas Mauffré, adjoint; Baptiste Dautrey, Victor Flocard, François Humblot, J.-François Riaudet et François-Charles Riaudet, conseillers municipaux.

COMMUNE D'ORMANCEY.
(294 habitants.)

Même déclaration signée par MM. Esprit, maire; Ménetrier, adjoint; A. Mathiou, H. Mathiou, Noirot, Rousselle, Séguin et Voinchet, conseillers municipaux.

COMMUNE DE VAUX-SOUS-AUBIGNY.
(534 habitants.)

Même déclaration signée par MM. Popelard, maire; Vinotte, adjoint; Boisselier, E. Bresson, Chinardey, Alexandre Popelard et F. Vincent, conseillers municipaux.

Arrondissement de Vassy.

VILLE DE JOINVILLE.
(3,904 habitants.)

Même déclaration signée par MM. Émile Hervette, maire et conseiller d'arrondissement; Pierre Briquet, adjoint; Caillet, adjoint; A. Collin, Collot, Cheronné, Alphonse Dumay, F. Fournier, H^{te} Fondrion, G. Guillemin, Humblot-Vollier, Legay, F. Leloup, Maillard-Rivet, Morel jeune, Ch. Noël, Ém. Pépin, F. Pothenot, J.-N. Royer, Simon et Vaudin, conseillers municipaux.

COMMUNE DE VECQUEVILLE.
(642 habitants.)

Même déclaration signée par MM. Edmond Capitain, maire et conseiller général; T. Maréchal, adjoint; R. Delion, A. Colson, L. Colson, Collignon, C. Guillemin, N. Hanin, L. Hacquin, J.-B. Humblot, C. Paymal et Eugène Teslot, conseillers municipaux.

COMMUNE DE VILLIERS-AUX-CHÊNES.
(158 habitants.)

Même déclaration signée par MM. Sabatier, maire; Pierre Sabatier, adjoint; Basset, Galiché-Didier, Charles Lusat et Sabatier, conseillers municipaux.

Meurthe-et-Moselle.

Arrondissement de Briey.

VILLE DE BRIEY.
(2,139 habitants.)

Même déclaration signée par MM. Henry Bertrand, conseiller général et maire; Scinguerlet, adjoint; François, conseiller d'arrondissement et conseiller municipal; Bernard, Collin, Gallant, Goubaux, Fauché, Martin, Mathieu, Royer, Charles Schons et Victor Schons, conseillers municipaux.

COMMUNE D'ANOUX.
(545 habitants.)

Même déclaration signée par MM. Gabriel Aubert, maire; Nicolas Nivoy, adjoint; Louis Alexandre, Alexandre Arnoux, Nicolas Becquet, Auguste Domaison, Jean-François Franguin, Joseph Guérin, J.-B. Lefort, Auguste Mirjolet, J.-N. Noirel, J.-P. Rabert, conseillers municipaux.

COMMUNE D'AUBOUÉ.
(428 habitants.)

Même déclaration signée par MM. Billot, maire; Daniel, Domange, Dubois, Lia, Moraux, Muel, Piémont, Royon, Vigneront, conseillers municipaux.

COMMUNE DE BATILLY.
(370 habitants.)

Même déclaration signée par MM. J.-N. Boulangé, maire; Joseph Maurice, adjoint; Charles Boulangé, François Charue, Victor Douant, Jean-Pierre Emel, François Mangeot, Georges Rauch et Remy-François Robert, conseillers municipaux.

COMMUNE D'HOMÉCOURT.
(319 habitants.)

Même déclaration signée par MM. Jean-Pierre Devaux, maire; Etienne Braye, adjoint; Mathieu Amard, Ch. Bernard, Nicolas Frisôs, Charles Gilson, François Leroy, Théodore Lhuillier, Jean-Pierre Hottier et Joseph Tailleur, conseillers municipaux.

COMMUNE DE LANTÉFONTAINE.
(276 habitants.)

Même déclaration signée par MM. Godfrin, maire; Jean-Antoine Hirtzmann, Jean-Pierre Lexa, Jean-François Lexa, Nicolas-Dominique Morin, Georges Morin et Jean-Pierre Morin, conseillers municipaux.

COMMUNE DE LEXY.
(403 habitants.)

Même déclaration signée par MM. Béchet, maire; Bintz, adjoint; Dorion, Jacques, Metzler et Trinquart, conseillers municipaux.

CANTON DE LONGUYON.
(2,524 habitants.)

Même déclaration signée par MM. Comon, maire et conseiller général; Henry, adjoint et conseiller d'arrondissement; Chollet, Causier, Collignon, Gocury, Ch. Henry, Jengen, Dr Marie, Phillispart, Portensoigne, Toussaint, conseillers municipaux.

COMMUNE DE LUBEY.
(188 habitants.)

Même déclaration signée par MM. Hédin maire; Bédognier, Bertholemy, Ch. Bouf, Dagognier, Henri Didier, Mamia, Michotti et François Watier, conseillers municipaux.

COMMUNE DE MALAVILLERS.
(196 habitants.)

Même déclaration signée par MM. Victor Renaud, maire; Félix Sabouret, adjoint; Henri Cazin, Adolphe Clausse, Louis Gautier, Charles Génin, Joseph Gentil, Narcisse Leduc et Pierre Pirus, conseillers municipaux.

COMMUNE DE MERCY-LE-BAS.
(709 habitants.)

Même déclaration signée par MM. J.-N. Cunche, maire; J.-P. Caquard, adjoint; François Cholle, F. Collignon, Ernest Gobert, P.-Ch.-Léopold Josion, Antoine Lecuir, Muel-Peïsant et J.-J. Sabouret, conseillers municipaux.

COMMUNE DE MOUTIERS.
(403 habitants.)

Même déclaration signée par MM. Watrin, maire; Chevet, E. Jaclot, N. Jaclot, Lempereur, Margalet, No, Pochon et Simonin, conseillers municipaux.

COMMUNE DE TRIEUX.
(436 habitants.)

Même déclaration signée par MM. Nicolas Marche, maire; François Réding, adjoint; François Barbarot, Nicolas Barbarot, Pierre François, Jean-François Lanher, Jean-François Larivière, Jean Leblanc et Jean-Baptiste Mirjolet, conseillers municipaux.

COMMUNE DE VILLE-HOUDLÉMONT.
(507 habitants.)

Même déclaration signée par MM. Gillot, maire; Baptiste Gillot, Joseph Gillot, Joseph Gillot, Gobert, Lemoine, Alexandre Mathieu, Reiter et Sossat, conseillers municipaux.

Arrondissement de Lunéville.

VILLE DE LUNÉVILLE.
(16,041 habitants.)

Même déclaration signée par MM. Bony, maire; A. Berr, Buffed, J. Cousseau, Ferry, Job, Lamotte, Ch.-J. Masson, Ch.-Ad. Oppermann, J. Poirson, Ribierre, A. Rouyer, E. Schultz, A. Somm, Thiéry, Camille Viox et Willaume, conseillers municipaux.

CANTON DE GERBÉVILLER.
(1,954 habitants.)

Même déclaration signée par MM. Roville, maire; Boulanger, E. Derbanne, Esselin, Galland, Leroy, Ch. Maillé, J.-B. Ravold, Rochefort, M. Voirin et J. Vuillaume, conseillers municipaux.

COMMUNE DE PARROY.
(664 habitants.)

Même déclaration signée par MM. Lebœuf, maire; Aimé Maire, adjoint; Ch. Aubertin, Ch. Boubel, Cyprien Chardin, A. Chrissemant, Jean-Baptiste Grégoire, P. Juville, Joseph Maire et Joseph Metz, conseillers municipaux.

COMMUNE DE REMENOVILLE.
(329 habitants.)

Même déclaration signée par MM. P.-A. Bailly, maire; C.-V. Jacquot, adjoint; A. Bailly, J.-C. Cosson, V. Cosson, V. Gonthier et Gremillet, conseillers municipaux.

Arrondissement de Toul.

COMMUNE DE BAINVILLE-SUR-MADON.
(307 habitants.)

Même déclaration signée par MM. Seignier, maire; Baudoin-Martin, adjoint; Maurice Girot, Louis Mangeot, Joseph Urbain, conseillers municipaux; Nicolas Bourg, instituteur et six notables.

COMMUNE DE BULLIGNY.
(725 habitants.)

Même déclaration signée par MM. F. Jacquinot, maire; E. Masson, adjoint; Ch. André, Binnet, N. Guillemot, Guillemot, Godfroy, F. Jénin, Nicolas Oudot et L. Roussel, conseillers municipaux.

COMMUNE DE MAIZIÈRES-LÈS-TOUL.
(507 habitants.)

Même déclaration signée par MM. Claude Pèlerin, maire; Joseph-François Drouard, adjoint; François Berbain, Jules Burnot, Napoléon Debrod; Joseph-François Ditte; Nicolas Gaudel, François Génin; Joseph Hampiaux, Frédéric Morlon et Toussaint Toussaint, conseillers municipaux.

Meuse.

Arrondissement de Bar-le-Duc.

VILLE DE BAR-LE-DUC.
(16,728 habitants.)

Même déclaration signée par MM. Bradfel, maire; Bala, Becker, Belfort, Chastel, Cargemel, Collet, Collin-Guillaume, Develle, Delamain, Daget-Laguerre, Forget, George, Horiot, Jacquet, Krick, Lefebvre, Laurent-Paincelet, Dr L. Michel, Marchand, Noël et Thevenin, conseillers municipaux;

COMMUNE D'AUTRÉCOURT.
(420 habitants.)

Même déclaration signée par MM. Noël, maire; Antoine, adjoint; Chazal-Lemaire, Laflotte, Massin-Nanta, Munier, Ch. Poincelet et C. Vauçois, conseillers municipaux.

COMMUNE DE BURE.
(290 habitants.)

Même déclaration signée par MM. Thiriot, maire; Paul Vautrot, adjoint; Nicolas Collin, Gérard, Guillemin, Jean-Baptiste Lafrogne et Saunier, conseillers municipaux.

COMMUNE DE DAMMARIE-SUR-SAULX.
(696 habitants.)

Même déclaration signée par MM. Jean-Baptiste Léchaudel, maire; François Aubriot, François Bajolot, Alphonse Bricotte, Adolphe Cacheur, Philippe Huntzinger, Louis Léclancher, Eugène Lombard, Grégoire Lombard, Jules Maillard, et Laurent Navelot, conseillers municipaux.

COMMUNE DE FOUCHERÈS.
(296 habitants.)

Même déclaration signée par MM. Kichalet, maire; Humbert, adjoint; F. Charay, Jean-Baptiste Guinard, L. Guinard, Jean-Baptiste Moreau, L. Moreau, A. Nicolas, C. Nicolas, conseillers municipaux, et par vingt et un électeurs.

COMMUNE DE GUERPONT.
(352 habitants.)

Même déclaration signée par MM. Léon Monard, maire; Sosthène Trusson, adjoint; Nicolas Bézelin, Alphonse Collot, Emile Crausse et Nicolas Schulthess, conseillers municipaux.

COMMUNE DE LAIMONT.
(656 habitants.)

Même déclaration signée par MM. Adnot, adjoint; Bainville, Barbier, Duhamel, Féry, Jaquesson, Auguste Jaquesson, Pierre Radouan et Aubertin Radouan, conseillers municipaux.

CANTON DE MONTIERS-SUR-SAULX.
(1,342 habitants.)

Même déclaration signée par MM. Lapotre, maire; Eugène Crancée, adjoint; Lapotre, conseiller d'arrondissement; Claude Breuil, Cantiget, Jean-Baptiste Colin, Alexis Demandre, Narcisse Dieudonné, Lombard et Yart, conseillers municipaux.

Arrondissement de Commercy.

COMMUNE DE BUREY-EN-VAUX.
(370 habitants).

Même déclaration signée par MM. Féry, maire; Poirot, adjoint; Chardot, Marchal, Michel, Uriot et Saleur, conseillers municipaux.

COMMUNE DE BUXIÈRES.
(492 habitants.)

Même déclaration signée par MM. Alexandre Vaillier, maire; Nicolas Philippod, adjoint; Charles Drupt, Joseph Hautcolas, Nicolas Heilliette, Emile Lecossois et Sébastien Noël, conseillers municipaux.

COMMUNE DE CHAMPOUGNY.
(213 habitants.)

Même déclaration signée par MM. Auguste Antoine, maire; Joseph Mourot, adjoint; Théophile Antoine, Agénor Mourot, Jean-Baptiste Mourot, Ernest Saleur, Jules Thiéry et Théophile Toussaint, conseillers municipaux.

COMMUNE DE GOUSSAINCOURT.
(321 habitants.)

Même déclaration signée par MM. L. Stone, maire; D. André, Habert, Massolot, Millot-Bernard, Jean-Baptiste Millot, A. Richier et Toussaint, conseillers municipaux.

COMMUNE DE MAXEY-SUR-VAISE.
(552 habitants.)

Même déclaration signée par MM. Nicolas-Adsir Thomas, maire; Dr Magon, conseiller d'arrondissement; Louis-Alfred Bontout, Blamfried-Mansuy, François Dupuy, Eugène Étienne, Édouard Joyeux, Auguste Louis, François Louis, Augustin

Malvoisin, Charles-Antoine Thomas et Isidore Thouvenin, conseillers municipaux.

COMMUNE DE PAGNY-LA-BLANCHE-COTE.
(560 habitants.)

Même déclaration signée par MM. Camille Devoge, maire; Barbier, adjoint; Joseph Chevelle, E. Colin, F. Daouze, Did, Jules Devoge, E.-F. François, L. Gaudry, B. Lepage, G. Pigot et F. Voisin, conseillers municipaux.

COMMUNE DE RIGNY-SAINT-MARTIN.
(143 habitants.)

Même déclaration signée par MM. Jean-Baptiste Vilrac, maire; Jules Nanty, adjoint; Victor Jouron, Édouard Leroy, Eugène Monchablon, Charles Thiéry et Théophile Vincent, conseillers municipaux.

COMMUNE DE SAUVIGNY.
(655 habitants.)

Même déclaration signée par MM. Henry, maire; Détonné, J. Farnier, Grosjean, J. Henry, V. Hette, J. Jolly et F. Mazelin, conseillers municipaux.

CANTON DE VAUCOULEURS.
(2,695 habitants.)

Même déclaration signée par MM. Bigeon, maire; Chantour, premier adjoint; Sauffrignon, deuxième adjoint; Autré, Bastien, Blondel, Briot, Constant Colin, Lahalle, Lanel, Leclerc, François Léculée, Mauriot, Martin-Régnier, Mersain et Têtevuide, conseillers municipaux.

Arrondissement de Montmédy.

COMMUNE DE BAALON.
(645 habitants.)

Même déclaration signée par MM. Louis Jacob, maire; Mailier, adjoint; Bock, Challant, Jean-Baptiste Collet, Guillaume, Lapierre, Lehuraux, Pierrot, Sommellier, Stevenin et Watrin, conseillers municipaux.

COMMUNE DE QUINCY.
(331 habitants.)

Même déclaration signée par MM. Béchet, maire; Frénois, adjoint; Amelon, Bastien, Frénois, Frénois, Frénois, Guesquin et Lemarchal, conseillers municipaux.

CANTON DE STENAY.
(2,819 habitants.)

Même déclaration signée par MM. Cardot, maire et conseiller général; Philippe, adjoint; Léonard, conseiller d'arrondissement et conseiller municipal; Jules Drappier, conseiller d'arrondissement et conseiller municipal; Chevillard, Dict, Hippolyte Emond, Gillet, Halbutier, Achille Legris, Lemaire, Lemoine, Adolphe Peterlot, Pointurier, Robinet, Thomas, Visseaux, conseillers municipaux.

COMMUNE DE THONNELLE.
(322 habitants.)

Même déclaration signée par MM. Adolphe Errard, maire; Pierre Nicolas, adjoint; Émile Blein, Pierre Chausson, Jean-Baptiste Gelhay, André Josselin, Jean-François Lhotel, Ernest Marchal, Alphonse Parmentier et Louis Thizy, conseillers municipaux.

Arrondissement de Verdun.

VILLE DE VERDUN.
(15,781 habitants.)

Même déclaration signée par MM. Maury, maire, conseiller d'arrondissement, président du tribunal de commerce; Cicile, adjoint, juge au tribunal de commerce; Grillot, conseiller général et conseiller municipal; Baudot-Mabille, conseiller municipal, ex-maire et ex-président du tribunal de commerce; Denizet et Nicolas, conseillers municipaux et juges au tribunal de commerce; Janin, professeur en retraite et conseiller municipal; Ayet, Blanchet, Bouilly, Calmet, Collet, Cointin, D'Hotel, Hayard, Jacques, Laval, Labbé, Lance, Dr Lescuyer, Lung-Cahen, Martin, G. Spéry et Tollard, conseillers municipaux

COMMUNE D'AMBLY.
(372 habitants.)

Même déclaration signée par MM. Trinquart, maire, capitaine retraité; Ch. Josso, adjoint; E. Berteaux, Charles, Félix Josse, Varin et Vigour, conseillers municipaux.

COMMUNE DE BELRUPT.
(403 habitants.)

Même déclaration signée par MM. Bloqué, adjoint; Curolly, Fouillard, Eugène Maugin, C. Maugin et Jean-Baptiste Maugin, conseillers municipaux.

COMMUNE DE BELLEVILLE.
(775 habitants.)

Même déclaration signée par MM. Remy, maire; Brice, Crucy, Gilles, Victor Hasard, Husson et F. Tristant, conseillers municipaux.

VILLE DE CLERMONT-EN-ARGONNE.
(1,303 habitants.)

Même déclaration signée par MM. Collot, maire; Dr Godfrin, adjoint; Ballencie, Arnoud, Ducou, Delavigne, Fiacre et Legouverneur, conseillers municipaux.

COMMUNE DE COMBRES.
(463 habitants.)

Même déclaration signée par MM. Lacaille, maire; Lacaille-Petit, adjoint; Nicolas Barthélomy, Jean-Célestin Boyer, Alfred Bouda, B. Lacaille, Pagin, Joseph-Nicolas Sirantoine et Sébastien Warlot, conseillers municipaux.

COMMUNE DE DIEUE.
(847 habitants.)

Même déclaration signée par MM. Baillot, maire; Gustave Baillot, Bourcy et Gœury, conseillers municipaux.

COMMUNE DE FRESNES-EN-WOËVRE.
(893 habitants.)

Même déclaration signée par MM. Cahart, maire; Crucy, Dieudonné, Génot, Hector, Laroche, Lebondidier, Mahuet, Maurice et Valentin, conseillers municipaux.

COMMUNE DE GENICOURT-SUR-MEUSE.
(337 habitants.)

Même déclaration signée par MM. Masson, maire; Barthélemy-Zambaux, adjoint; Charlot, Didelot, Hugues, Eugène Humbert et Zambaux, conseillers municipaux.

COMMUNE D'HAUDAINVILLE.
(799 habitants.)

Même déclaration signée par MM. Roger, maire; René Roger, adjoint; Bourgeois, Eugène Chaudoye, Hippolyte Laval et Roger, conseillers municipaux.

COMMUNE DE MANCHÉVILLE.
(224 habitants.)

Même déclaration signée par MM. Eugène Mottavent, maire; Th. Lallemand, A. Leloup, Petitjean, J. Rémond et A. Thorion, conseillers municipaux.

COMMUNE DE PAREID.
(285 habitants.)

Même déclaration signée par MM. Guillaume, maire; Pierre Fr. Blaise, Nicolas Havette, Joseph-Alphonse Joly, François Pettre et Hyacinthe Roussello, conseillers municipaux.

COMMUNE DE RUPT EN WOËVRE.
(622 habitants.)

Même déclaration signée par MM. Denée, maire; Cadiat, adjoint; Constant Burluraux, Célestin Burluraux, Sébastien Burluraux, Guédon-Vaudelaincourt, Ferdinand Gouzon, Lhollier, Mathieu et François Pierron, conseillers municipaux.

COMMUNE DE SIVRY-LA-PERCHE.
(400 habitants.)

Même déclaration signée par MM. Lemagny, maire; Limouzin, adjoint; Lefèvre et Morillon, conseillers municipaux.

COMMUNE DE SOMMEDIEUE.
(1,197 habitants.)

Même déclaration signée par MM. de Fallois, maire et conseiller général; Gauny, adjoint; J. Chaudoye, Hilaire Jaspart, Mauriez et Remy Durand, conseillers municipaux.

Morbihan.

Arrondissement de Lorient.

COMMUNE DE BANGOR.

(1,807 habitants.)

Même déclaration signée par MM. Mathurin Lhermite, maire; François Le Blanc, adjoint; Jean Brière, François Conan, Jean Daigre, André Diffon, Gilles Jégo, Saint-Amand Laforge, Louis Labous, Pierre-Marie Lhermite, Jacques Lhermite, François-Marie Lhermite, Barthélemy Lhermite, Désiré Puget, Barthélemy Sanzun et Gilles Thomas, conseillers municipaux.

COMMUNE DE LOCMARIA.

(1,866 habitants.)

Même déclaration signée par MM. Pascal Samzun, maire; Pierre-Marie Samzun, adjoint; Charles-Marie Bédex, François-Marie Clément, Joseph-Marie Conan, Joseph-Marie Illiaquer, François-Marie Gallène, Jean-Baptiste Guégan, Jean-Nicolas Le Port, Pierre-Charles Lorce, Pierre-Marie Lorce, Vincent Quérel et Pierre-Marie Thomas, conseillers municipaux.

VILLE DU PALAIS.

(4,885 habitants.)

Même déclaration signée par MM. Charles-Joseph Cheval, maire; Adrien Bonnelle, conseiller général et conseiller municipal; Antoine Hardouin, conseiller d'arrondissement et conseiller municipal, Louis-Auguste Clément, François Clément, Pierre Clérin, Jean Droual, Jacques Guéric, Mathieu Guillermo, François Guillermo, Jacques Lohen, Charles Loréal, Nicolas Lhermite, François Leclerc, chevalier de la Légion d'honneur; Honoré Pascal, chevalier de la Légion d'honneur; Grégoire Puget, François Richard, Louis Samzun, Pierre Séveno et François Thomazic, conseillers municipaux.

VILLE DE PORT-LOUIS.

(3,262 habitants.)

Même déclaration signée par MM. Marquet, maire; Paubert, adjoint; Bouter, Buisson, Calloch, Cartron, Camps, E. Duc, Gicquel, Hervé, Jaffré, Jossin, Le Mentec, Lastenet, Martin, Perrichot et Zimermann, conseillers municipaux.

Arrondissement de Pontivy.

CANTON DE GUÉMENÉ-SUR-SCORFF.
(1,571 habitants.)

Même déclaration signée par MM. Champenois, maire; Berthon, adjoint; Le Fur, conseiller d'arrondissement; Bruol, Guidy, Gravé, Huilo, Jehanud, Le Bail, Le Guernevel, Le Bourlais, Le Nalbant, Le Rouzic, Le Gal, Moroch et Quintric, conseillers municipaux.

VILLE DE LOCMINÉ.
(1,811 habitants.)

Même déclaration signée par MM. Eugène Piard, maire; Jean-Baptiste Le Bouhellec, adjoint; Noël Alix, Émile Graulle, Joseph Guellier, Léon Le Marchand, Paul Nouët, Antoine Raynal, David Ridoy et Charles Rouyer, conseillers municipaux.

Nièvre.

Arrondissement de Château-Chinon.

COMMUNE DE PLANCHEZ-DU-MORVAND.
(1,705 habitants.)

Même déclaration signée par MM. Alexandre Enault, maire Victor Coquillon, adjoint; Barthélemy Auribault, Étienne Brossier, Étienne Chaussivert, Jean Fourré, Jean Guillaume, Jean Guillaume (garde), Jean Lemoine et Claude Picoche, conseillers municipaux.

COMMUNE DE PRÉPORCHÉ.
(1,358 habitants.)

Même déclaration signée par MM. Jouannin, maire; Bouchet, adjoint; Boulin, Fachot, P. Houry, Lambert, Lemoine, Loriot, Parradis, Provot et Rémond, conseillers municipaux.

Arrondissement de Clamecy.

COMMUNE DE DHUN-LES-PLACES.
(1,742 habitants.)

Même déclaration signée par MM. Coppin, maire; E. Bain, adjoint; Coppin, Dizieux, Laurent, Leutreaux, Tardy, Tardy, Voitlot, conseillers municipaux, et par 22 électeurs.

CANTON DE LORMES.

(3,126 habitants.)

Même déclaration signée par MM. Tardy, maire; Colas-Pelletier et Desmoulins, adjoints; Bourdillat, Brulard, Bailly, Colas, Cophigneau, Desbrosses, Gauthé, Girard, Léger, Langlois, Michaud, Meunier, Paillot, Pilavoine, Renault, conseillers municipaux.

COMMUNE DE SURGY.

(895 habitants.)

Même déclaration signée par MM. Hérisson, conseiller général et maire; François-Pierre Bouloy, adjoint; Auguste Bazin, Marc-Florentin Debèze, François Guimard, Charles Label, Constant Rolin et François Surugue, conseillers municipaux.

Arrondissement de Cosne.

VILLE DE COSNE.

(6,851 habitants.)

Même déclaration signée par MM. Limet, maire et conseiller général; Frontier et Marlot, adjoints; Millot, conseiller d'arrondissement; Barberousse, Beau, Bonnard, Auguste Cormier, Cormier-Gaudré, Corneau, Daguenau, Haton, Joux, Minet, Mignon, Quellier, Perriot, Pincot, Taupenot, conseillers municipaux.

COMMUNE DE LA CELLE-SUR-LOIRE.

(945 habitants.)

Même déclaration signée par MM. Bossu, maire; Jacq, adjoint; Clermonté, Gauthier, Guillaume, Landy, Rézard, Rolland et Siméon, conseillers municipaux.

COMMUNE DE NEUVY-SUR-LOIRE.

(1,766 habitants.)

Même déclaration signée par MM. Aton aîné, maire; Brosson, Victor Clot, Chailloux, Deblenne, Laurent Guillot, Gaudry-Benoist, Etienne Gourdé, Nicolas Hubert, Jacquot-Bochrig, Lafille, Saget, Suplician, Ernest Vivien et Nicolas Vivien, conseillers municipaux.

COMMUNE DE SAINT-PÈRE.
(940 habitants.)

Même déclaration signée par MM. Boutrou, maire; Léguay, adjoint; Billebault, Lassard, Malot, Mégrot, Naren, Poupet et Vessereau, conseillers municipaux.

Arrondissement de Nevers.

CANTON DE DECIZE.
(4,511 habitants.)

Même déclaration signée par MM. Tissier, maire; Rochard, premier adjoint; Taillère, deuxième adjoint; Bion dit Râteau, Comoy, Choquelin, Gayon, Guillot, Jaillard, Laforge, Labour, Michot, Pautté, Tissier-Tonnelier, Vallet et Virlogeux, conseillers municipaux.

COMMUNE DE FOURCHAMBAULT.
(5,884 habitants.)

Même déclaration signée par MM. François Montupet, maire; Lazare Germain, premier adjoint; Ernest Bernet, deuxième adjoint; Simon Boquet, François Charbonnaud, Edme Charmot, Jacques Crouset, Benoît Daguin, Jean Dufond, Hippolyte Duplessis, François Frebault, Félix Jacquet, François Laudet, Jean-Baptiste Lesève, Hilaire Montupet et François Nolin, conseillers municipaux.

COMMUNE DE GARCHIZY.
(1,823 habitants.)

Même déclaration signée par MM. Delin, adjoint; Jacques Authièvre, Bertrand, Boulin, Courtinot, Jean Henri, Henry, Maillochon aîné, François Martin, Jean Robert, Rozier et Ternand, conseillers municipaux.

COMMUNE DE GUÉRIGNY.
(3,046 habitants.)

Même déclaration signée par MM. Grenin, maire; Pierre Ferrandier, premier adjoint; Antoine Alexandre, Philippe Berthiaux, Denis Billard, F.-Edme Bobin, Pierre Bel, François Cointe, Adrien Frebault, Antoine Favre, François Leblond, Claude Maréchal, Auguste Poulin, Guillaume Renaud, Léonard Roumier, Michel Thirault et François Thomas, conseillers municipaux.

COMMUNE DE MAGNY-COURS.
(1,674 habitants.)

Même déclaration signée par MM. L. Signoret, maire; A. Pacté, adjoint; J. Descharnes, Pierre Duplessis, J. Godichet, Edme Gourgeon, Marc Jobineau, A. Pénicot, Jean Perrot, Charles Petit, Jean Thévenet et G. Titolier, conseillers municipaux.

CANTON DE POUGUES-LES-EAUX.
(1,319 habitants.)

Même déclaration signée par MM. Massé, sénateur, conseiller général, maire; Pierre Bourdier, adjoint; Pierre Besson, Louis Bourdier, Jean Bourgeois, Piquot, Jean Petot, Jean Pliquet et Mérite Ternant, conseillers municipaux.

COMMUNE DE SAINT-LÉGER-DES-VIGNES.
(1,796 habitants.)

Même déclaration signée par MM. Emile Bramard, maire; Théophile Chevretin, François Lepron, Pierre Lorlut, Gabriel Renault, Michel Sémé et André Talpin, conseillers municipaux.

COMMUNE D'URZY.
(1,421 habitants.)

Même déclaration signée par MM. Languinier, maire et conseiller d'arrondissement; Champeaux, Chambon, Gaulier, Guibert, Joly, Léger, Lospied, Main, Mercier, Picoche et Tiraille, conseillers municipaux.

Nord.

Arrondissement d'Avesnes.

COMMUNE DE BAIVES.
(233 habitants.)

Même déclaration signée par MM. V. Pahum, maire; F. Bernard, adjoint; J.-L. Bernard, Carpantier, H. Cusse, L. Chanat, A. Lebeau, V. Lemoine et Rombouts, conseillers municipaux.

CANTON DE BAVAI.
(1,851 habitants.)

Même déclaration signée par MM. Honnet de Courtefroy, maire; Moutier, adjoint; Darche Levent, Boury, Dérome,

Charles Camberlin, Oscar Gérin, Jouard, Dr Lecomte, Payen, Pagnès, Richard, Peyron et Paul Wanters, conseillers municipaux.

COMMUNE DE COUSOLRE.
(2,852 habitants.)

Même déclaration signée par MM. Hénaut, maire; L. Wallerand, premier adjoint; A. Deltour, Froment, J. Ghilain, J. Hénaut, Jules Locat, E. Lançon, Achille Lesecq, Adrien Martin, Alexis Mataigne, Trismaux et H. Wastiaux, conseillers municipaux.

COMMUNE DE FOURMIES.
(11,888 habitants.)

Même déclaration signée par MM. Flament, maire; Détourpe et Poulain, adjoints; A. Buissart, A. Bernier, A. Canivet, Delval, Défontaine-Croisy, Gobinet, A. Hardy, E. Jaudin, Jacquot, Legrand-Rotirol, E. Lormigeaux, O. Meunier, Em. Piette, J.-B. Poreau, J. Sizaine, Alphonse Stainey et A. Taine, conseillers municipaux.

COMMUNE DE HON-HERGIES.
(1,082 habitants.)

Même déclaration signée par MM. A. Hongne, maire; Léopold Boez, Jules Colin, Valery Duby, Henri François, Polycarpe Hélin, Vincent Mutte, Philippe Pature, P. Samain et Edmond Watticz, adjoint et conseillers municipaux.

COMMUNE DE SARS-POTERIES.
(2,515 habitants.)

Même déclaration signée par MM. Ernest Dubois, maire; François Contesse, premier adjoint; Désiré Maufroid, deuxième adjoint; Burluraux, Buisset, C. Boulenger, Coutelier, Christophe, A. Delos, Delcourt, T. Dequêne, Georges Duponchel, Victor Gillet, Hustier, Henri Imbert, Lamblot, Z. Maillard, Victor Montay, Désiré Picavet, Richet, conseillers municipaux; C. Delcambre, secrétaire de la mairie; et 8 habitants illatours, maîtres de verreries, brasseur et négociants.

COMMUNE DE WATTIGNIES.
(218 habitants.)

Même déclaration signée par MM. Cyrille Carnoye, maire; Pierre-Joseph Dubray, adjoint; Florimond Carnoye, Victor

Hubinet, Zéphir Hubinet, Florimond Legrand, Emile Planard, et Jules Préseaux, conseillers municipaux.

Arrondissement de Cambrai.

COMMUNE DE BEAURAIN.
(382 habitants.)

Même déclaration signée par MM. Firmin Drecq, maire ; Zéphirin Pruvot, adjoint; Jean-Baptiste Basuyau, Léon Bruyère, Jean-Baptiste Cattiaux, Clément Drecq, Jean-François Fauquet, Louis Laforest et Ernest Theuilleux, conseillers municipaux.

COMMUNE DE RUMILLY.
(2,077 habitants.)

Même déclaration signée par MM. Amédée Leriche, maire ; Pierre-Joseph Lempereur, adjoint: Henri Befve, Joseph Befve, Célestin Blanchard, Carré Guislain, Jules Carton, François Davenne, Florimond Leriche, Charles Mollot, Constant Périer et Jean-Baptiste Pora, conseillers municipaux.

Arrondissement de Douai.

COMMUNE DE COUTICHES.
(2,005 habitants.)

Même déclaration signée par MM. Et. Derégnaucourt, maire ; A. Delwal, adjoint; Christian Delzenne, Pierre Delporte, Derégnaucourt, Joseph Dubard, J. Dupuis, Louis Henry, H. Loij, A. Monnet, Philippe Saint-Jean, Saucelle, Antoine Trumez et Jean-Baptiste Vallois, conseillers municipaux.

Arrondissement de Lille.

COMMUNE DE FACHES-THUMESNIL.
(2,928 habitants.)

Même déclaration signée par MM. Henri Delesalle, maire; Ed. Dehainault, adjoint; Victor Andel, Xavier Crombet, Defretin, Denoyelle, Emile Desaint, Firmin Dutilleul, François Facon, Désiré Liagre, Alexandre Marchand, Baptiste Marchand, Théodore Marchand, Nieuwiarts, Louis Pickaert et Adolphe Roussel, conseillers municipaux.

COMMUNE DE SAINT-ANDRÉ.
(1,816 habitants.)

Même déclaration signée par MM. A. Legrand, maire ; A. Bailly, H. Descarpentris, Dernouveau, Dubernard, Dubois, Lenfant, Masquelier, L. Masquelier, Mille, Ad. Parent, D. Wambre et Emile Warensberwghe, conseillers municipaux.

Oise.

Arrondissement de Beauvais.

COMMUNE D'ANDEVILLE.
(1,274 habitants.)

Même déclaration signée par MM. Dévarenne-Durand, maire; Blainville, Durand, E. Douray, Feret, Xavier James, Levasseur, Arthur Rémond, Vaillant, Vérity, Yvernelle, conseillers municipaux, et Coqueret, garde-champêtre.

CANTON DE MÉRU.
(3,685 habitants.)

Même déclaration signée par MM. Ch. Boudeville, député, conseiller général, maire; Henri Queyras, Flisseau, adjoints; Boislay, Chantepie, Dieutegard, Dubus, H. Dangu, Dupuis, Descroix-Leroux, Fromion, Gey, Gérard, Gerbe, Gilles, Lefèvre, Leroux, Masselin, Oriot, Rollepot, Raclot et Tollier, conseillers municipaux.

COMMUNE DE ROTHOIS-GAUDECHART.
(259 habitants.)

Même déclaration signée par MM. Amand Longlet, maire; Eugène Boitelle, Zacharie Boutillier, Joseph Bureau, Maurice Langlet, Achille Prud'homme et Aimable Souday, conseillers municipaux.

Arrondissement de Clermont.

CANTON DE BRETEUIL.
(3,074 habitants.)

Même déclaration signée par MM. Neltzerroff, premier adjoint; Pingeon, deuxième adjoint; Baillet, Davrenne, Dufour Carpentier, Houbigaut, Huchez, Fortin, Letiche, Le Dieu, Maumené, Aimé Mouret et Nortier fils, conseillers municipaux.

CANTON DE MOUY.
(3,252 habitants.)

Même déclaration signée par MM. Moisson, maire et conseiller général; Baudon, adjoint; L. Angot, conseiller d'arrondissement; Bobillard, adjoint; Bollé-Grimaud, Chatelain, Defrance aîné, Delaplace, Demontreuil, Gavrel, Lesage, Noel, Prince et Watelier, conseillers municipaux.

COMMUNE DE PAILLART.
(662 habitants.)

Même déclaration signée par MM. Sellier, maire; Blassier, adjoint; Duchatel, Gallopin-Dailly, Gallopin, Lemaire, Picart, Truffart et Vantin, conseillers municipaux.

Arrondissement de Compiègne.

COMMUNE DE CAMBRONNE.
(587 habitants.)

Même déclaration signée par MM. Charles Descouturelle, maire; Calixte Soyer, adjoint; Calixte Blouet, Eugène Cadet, Alphonse Caron, Désiré Courtois, Alfred Descouturelle, Alfred Lhellé, Amédée Morelle et Alexis Salombien, conseillers municipaux.

COMMUNE DE MONTMACQ.
(286 habitants.)

Même déclaration signée par MM. Eugène Leroy, maire; Arthur Mougleux, adjoint; Ambroise Bernard, Jean-Baptiste Dufay, Philippe Gosse, Denis Lépine fils, Dominique Leroy, Désiré Pierre et Clovis Vignon, conseillers municipaux.

COMMUNE DE PLESSY-BRION.
(418 habitants.)

Même déclaration signée par MM. Demaineaux, maire; Victor Bernard, adjoint; Théophile Deflandre, Joseph Desjardin, Ernest François, Macquin Lespérance et Henri Pierre, conseillers municipaux.

CANTON DE RIBÉCOURT.
(696 habitants.)

Même déclaration signée par MM. Auguste Bobe, Edouard Clément, Léon Doré, Antony Elwart, Laurent François, Louis

Etienne Maugert, Henri Périn, Henri-Joseph Pettré, Isidore Richard et Patrice Ritouret, conseillers municipaux.

Arrondissement de Senlis.

COMMUNE DE BALAGNY-SUR-THÉRAIN.
(1,031 habitants.)

Même déclaration signée par MM. Boulanger, maire; Berge, Cressent, Mascré, Nicolle, Odemer, Pacque et Rivière, conseillers municipaux.

COMMUNE DE FEIGNEUX.
(330 habitants.)

Même déclaration signée par MM. Rollet, maire; Dépagne, adjoint; Desenlis, Dupuis, Grignon, Guillemont et Lecaillon, conseillers municipaux.

COMMUNE DE MONT-L'ÉVÊQUE.
(480 habitants.)

Même déclaration signée par MM. A. Brochon, maire; Boullet, adjoint; Denis Francolin, Gustave Édouard Francolin, Christophe Henry, Amand Normand, Emile Pilorgest et Alphonse Trouillet, conseillers municipaux.

COMMUNE DE PRÉCY-SUR-OISE.
(911 habitants.)

Même déclaration signée par MM. Mennessier, maire; Gérin, adjoint; Blot, Brunet, Cœurderoy, Doncuilly, Guillard, Guet, Leclerc et Lesiour, conseillers municipaux.

Pas-de-Calais.

Arrondissement d'Arras.

VILLE D'ARRAS.
(26,764 habitants.)

Même déclaration signée par MM. Ricouart, adjoint; J. Leloup, conseiller général; Florent-Lefevre, conseiller général du canton de Vitry; Élie Ledieu et Gerbore Piéron, conseillers d'arrondissement; Charles Bourgeois, Charles Buissart, Eugène Carlier, Degand Santerre, Pierre Deleplanque

Ernest de Launoy, E. Dupont, Hannebique Leuglet, Dr Leclercq-Gustave Morel, Payon, Paul Périn, Achille Plaisant, Renaut, Cordonnier, Henri Tronnin, Warnier et Narcisse Waterlot, conseillers municipaux.

COMMUNE D'ACHIET-LE-GRAND.

(526 habitants.)

Même déclaration signée par MM. Capon, maire; Godin, adjoint; Carlier, Comont, Coquel, Flament, Gamisse, Godefroi, Leclercq et Velu, conseillers municipaux.

COMMUNE D'ACQ.

(450 habitants.)

Même déclaration signée par MM. Amédée Petit, adjoint; Nicolas Allart, François Bacqueville, René Cauchy, Louis Cuisinier, Louis Fournet, Jean-Baptiste Génel et Richebé Géry, conseillers municipaux.

COMMUNE D'AVION.

(1,055 habitants.)

Même déclaration signée par MM. Etienne Opigez, maire; Léandre Altort, Dépret-Liévin, Adrien Dépret, Pierre-Adrien Dépret, Adrien Dufresne, Adrien Lenoir, Amand Legrand, Jules Laly, Rémi Opigez, Victor Piéron, Antoine-Philippe Rainguez, Maurice Virel et Denis Willerval, conseillers municipaux.

COMMUNE DE BUCQUOY.

(2,000 habitants.)

Même déclaration signée par MM. Magnier, maire; Candelier, adjoint; Constant Courcol, Louis Dehée, Louis Delahaye, Joseph Grimbert, Adolphe Labouré, Erasme Labouré, Loius Lesage et Constant Théry, conseillers municipaux.

COMMUNE DE CARENCY.

(503 habitants.)

Même déclaration signée par MM. Caron, maire; Aubron, Bayart, Capet, Coison, Cornille, Crépin, Delaby, Dépret, Legru et A. Warnier, conseillers municipaux.

COMMUNE DE CHÉRISY.
(571 habitants.)

Même déclaration signée par MM. Delmotte, adjoint; Baroux, Caron, Delaine, Delmotte, Ditte, Lalin, Lourdel, Monel et Reversé, conseillers municipaux.

COMMUNE DE FONCQUEVILLERS.
(795 habitants.)

Même déclaration signée par MM. G. François, maire; Désiré Mehaye, adjoint; Jean-Baptiste Andrieu, Hector Cauët, Laurent Demolin, Xavier Derue, Vital Dersigny, Goubet-Gantier, Gustave Monchain, Étienne Tabary et Grégoire Troncquez, conseillers municipaux.

COMMUNE DE GAVRELLE.
(520 habitants.)

Même déclaration signée par MM. Derlecquebourg, maire; François Allart, Jules Clery, Delattre, Vulmar, Joseph Dubois, Pierre Dubois, Émile Lequette, Henri Sénéchal, Xavier Sénéchal et Adolphe Viseur, conseillers municipaux.

COMMUNE D'HABARCQ.
(404 habitants.)

Même déclaration signée par MM. Bouilliez-Bridou, maire; François Labbé, adjoint; Aristide Bouilliez, Émile Belin, Ludovic Daubigny, Adolphe Dubois, Olivier Labbé, Norbert Tellier et Aimé Viard, conseillers municipaux.

COMMUNE D'HAMELINCOURT.
(507 habitants.)

Même déclaration signée par MM. Molon, adjoint faisant fonction de maire; J.-B. Dessenne, François Dhenin, Alexandre Patoux et Patoux-Gillion, conseillers municipaux.

COMMUNE D'HÉBUTERNE.
(1,065 habitants.)

Même déclaration signée par MM. Auguste Carette, maire; Louis Roussel, adjoint; Adolphe Boulongue, Ghislain Corrion, Demailly-Bonnefond, Florentin Derne, Louis Dubail, Jules

Grossemy, Joseph Hauel, Louis Moyse et Alfred Roussel, conseillers municipaux.

COMMUNE D'HERMIES.
(2,540 habitants.)

Même déclaration signée par MM. Jean-Baptiste Machou et Jean-François Maldoret, adjoints; Cathelain, Louis Chopin, Jean-François Corbier, Jean-Baptiste Défossé, Jean-Baptiste Delbarre, Jean-Baptiste Demory, Désiré Faille, Jean-François Gernez, Gernez-Watel, François Leloire, Ricque et Louis Savary, conseillers municipaux.

COMMUNE D'INCHY-EN-ARTOIS.
(1,045 habitants.)

Même déclaration signée par MM. Broy, Broy-Dhorne, Cappon et Dr Lecomte, conseillers municipaux.

COMMUNE DE LE TRANSLOY.
(1,702 habitants.)

Même déclaration signée par MM. V. Richard, adjoint; Bedu, Émile Capon, Lemoine, C. Lepine, Normand, Taillandier, Charles Tarlier et Romain Tarlier, conseillers municipaux.

COMMUNE DE MAROEUIL.
(1,717 habitants.)

Même déclaration signée par MM. Finé-Lequien, adjoint; Déplanque-Delommetz, Leblanc-Damiens, Adolphe Lequien et Henri Quirion, conseillers municipaux.

CANTON DE MARQUION.
(801 habitants.)

Même déclaration signée par MM. Lagrange, maire; Ragon, délégué cantonal; Humez, Obbed, Pagniez, Parent, Taflin, conseillers municipaux, et par quatre électeurs.

COMMUNE DE METZ-EN-COUTURE.
(1,729 habitants.)

Même déclaration signée par MM. Auguste Dollé, maire; François Bouloux, adjoint; Auguste Davenne, François Dehon, Louis Laguiller, Nicolas Laguiller, Auguste Manoury, César Manoury, François Paillet et Albert Vaillant, conseillers municipaux.

COMMUNE DE MONT-SAINT-ÉLOI.
(1,206 habitants.)

Même déclaration signée par MM. D' Benoît Gernez, maire; Nicolas Callaux, Adolphe Cuveillor, Delporte, J.-B. Lemaire, Mathon, J.-B. Obeuf et Rousseaux, conseillers municipaux.

COMMUNE DE NEUVILLE-SAINT-VAAST.
(1,370 habitants).

Même déclaration signée par MM. Louis Caudron, maire; Augustin Ségard, adjoint; Denis Alexandre, Augustin Durant, Jean-Louis Leroy, François Leclercq, Auguste Leflon, Ernest Ségard, Jules Ségard, conseillers municipaux, et par A. Plouvier Dhédin, président du Sou des écoles laïques.

COMMUNE D'ORVILLE.
(547 habitants.)

Même déclaration signée par MM. D' Hannart, maire; Leroy, adjoint; Bouthors-Délion, Bouthors-Duez, Delgorgue-Pillot, Delgorgue-Tabary, Lavilette-Roque, Alfred Lavilette, Alexandre Lefebvre, Edouard Lefebvre, Louis Mercier et Ernest Ponthieu, conseillers municipaux.

COMMUNE DE RANSART.
(462 habitants.)

Même déclaration signée par MM. François Bouttemy, maire; Clément Vallé, adjoint; Binot Guislain, Augustin Bouttemy, Désiré Copin, Joseph Choquet, Aimé Pruvost, Aimé Régnier et Régnier-Morel, conseillers municipaux.

COMMUNE DE RUYAULCOURT.
(627 habitants.)

Même déclaration signée par MM. Baucourt aîné, maire; Harlez, adjoint; Blériot, Cahier, Ducron, A. Delaforge, Gralle, Leloir et Adolphe Thiéble, conseillers municipaux.

COMMUNE DE SAINT-LAURENT-BLANGY.
(1,674 habitants.)

Même déclaration signée par MM. Garnier, maire; Crossemy, adjoint; Joseph Berlioz, Braguet, Achille Cauchy, Cauwet-Dehon,

Debéthune, Dertelle, Houdard, Lantoine, Leclercq, Letocard, Salon, Désiré Verlain et Edmond Verlain, conseillers municipaux.

COMMUNE DE SAINT-NICOLAS-LES-ARRAS.
(1,034 habitants.)

Même déclaration signée par MM. Roger-Loquette, maire; Ferdinand Herman, adjoint; Jean-Baptiste Devillers, Joseph Capron, Louis Capron, Augustin Lancial, Augustin Payen et Édouard Scalabre, conseillers municipaux.

COMMUNE DE VILLERS-AU-BOIS.
(989 habitants.)

Même déclaration signée par MM. Alexandre, maire; Fressin, adjoint; Bernard, Cuvellier, Cuvellier, Hévin, Mayeur, Playez et Pouillé, conseillers municipaux.

COMMUNE DE VIS-EN-ARTOIS.
(734 habitants.)

Même déclaration signée par MM. Morize, maire; Viseur, adjoint; Bisson, Coquel, Delattre, Drancourt, Dupuich, Lefebvre et Saudemont, conseillers municipaux.

COMMUNE DE WANQUETIN.
(766 habitants.)

Même déclaration signée par MM. Delcour, maire; Baudrin, adjoint; Baroux, Baudrin, Cuvilleer, Lazus, Loir, Quignon, Suisse et Vigny, conseillers municipaux.

Arrondissement de Béthune.

COMMUNE D'AIX-NOULETTE.
(1,086 habitants.)

Même déclaration signée par MM. Adolphe Poirrier, maire; Philogène Dunet, adjoint; Louis Biencourt, Joseph Carlier, Jules Caron, Léandre Caullet, Victor Devienne, Antoine Déguffroy, Benjamin Liebert, Ovide Musard et Pierre Vérin, conseillers municipaux.

COMMUNE DE BRUAY.
(4,037 habitants.)

Même déclaration signée par MM. Alfred Leroy, maire; Mayeur, premier adjoint; Fougerat, deuxième adjoint; Bergaud,

Bucquet, Dourlens, Dumont, Engrand, Fontaine, Givert, Labitte, Lebelle, Élie Lebrun, Lefebvre, Louis Leroy, Nannedouché, Pecqueur, Peset, Pin, Quenelle, Turlure, Verbecq, conseillers municipaux, et Hermant, greffier.

COMMUNE DE CHOCQUES.
(1,745 habitants.)

Même déclaration signée par MM. Martial Pottieg, adjoint; Jean Baptiste Delaunoy, Paul Dubout, François Ducroquet, Constantin Gamblin, Louis Lustre, Jean-Baptiste Marsil, Aimable Pottiez, Louis Rolin et Victor Roussel, conseillers municipaux.

COMMUNE DE LAPUGNOY.
(1,130 habitants.)

Même déclaration signée par MM. Louis Toursel, maire; Henri Louchart, adjoint; Bout, Bouchard, Chatelain, Adolphe Diéval, Dubus, Alphonse Lemaire, Louis Raoult et Vasseur, conseillers municipaux.

COMMUNE DE MOLINGHEM.
(695 habitants.)

Même déclaration signée par MM. Séraphin Lefebvre, maire; Charles Dissaux, adjoint; Auguste Barbier, Célestin Caron, Henri Coulon, François Hérbert, Louis Lecouffe, François Réant et Augustin Sénéchal, conseillers municipaux.

COMMUNE DE VENDIN-LÈS-BÉTHUNE.
(664 habitants.)

Même déclaration signée par MM. Hersin, maire; Sénicourt, adjoint; Blondel, Berroyez, Deflandre, Leroy et Logier, conseillers municipaux.

Arrondissement de Montreuil.

COMMUNE DE GOUY-SAINT-ANDRÉ.
(907 habitants.)

Même déclaration signée par MM. Bridenne, maire; V. Briois, Caron, Darry, Gallet, Matelin, Roger et Sagotte, conseillers municipaux.

COMMUNE DE NEMPONT-SAINT-FIRMIN.
(398 habitants.)

Même déclaration signée par MM. E. Dusaurier, maire; Becquot, adjoint; Bayard, Billocq, Lefebvre, Rousselle, Savoye, Tilliette et Vasseur, conseillers municipaux.

COMMUNE D'OFFIN.
(320 habitants.)

Même déclaration signée par MM. Longavesne, maire et délégué cantonal; Joseph Cœugnet, François Duhamel, Maxime Fournier, Philibert Hennel, Victor Mionnet, François Pinte, Noël Pinte, Jules Tellier, conseillers municipaux, et par deux électeurs notables.

Arrondissement de Saint-Omer.

CANTON D'AUDRUICQ.
(2,428 habitants.)

Même déclaration signée par MM. Dubrœucq, maire et délégué cantonal; Victor Mitenne, adjoint; Emile Dufay, conseiller municipal et délégué cantonal; Désiré Boulloigne, A. Coolen, Dr Deviney, Elie Dewèvre, Benoît Ducattez et A. Loyer, conseillers municipaux.

COMMUNE DE MAMETZ.
(1,299 habitants.)

Même déclaration signée par MM. Amédée Robin, maire; Pierre Compagne, chef d'escadron en retraite et conseiller municipal; Louis Amas, Fidèle Compagne, Pierre Delplace, Célestin Dehestru, Moïse Faucon, Philogone Levesque et Jean-Baptiste Scot, conseillers municipaux.

COMMUNE DE REMILLY-WIRQUIN.
(275 habitants.)

Même déclaration signée par MM. Broutta, maire; Decamps, adjoint; Barois, Decroix, Deloheux, Dénéhie, Guilbert et Helleboid, conseillers municipaux.

Arrondissement de Saint-Pol.

COMMUNE DE LIGNY-SUR-CANCHE.
(401 habitants.)

Même déclaration signée par MM. François Landry, maire; Manassès Thélu, adjoint; Florimond Gandat, Philémon Debret, Nicolas Hermant, Pierre Lemaire, Ernest Rousé, Jean-Louis Roussel, Désiré Thélu et Joseph Thélu, conseillers municipaux.

COMMUNE DE LIGNY-SAINT-FLOCHEL.
(324 habitants.)

Même déclaration signée par MM. Bouttiny, maire; F. Catelain, Demont, Mayeur, Reynet et Thillory, conseillers municipaux.

COMMUNE DE NOYELLE-VION.
(375 habitants.)

Même déclaration signée par MM. Briois, maire; François Loquet, Naast, conseillers municipaux, et par 18 habitants propriétaires, commerçants ou cultivateurs.

COMMUNE DE SOMBRIN.
(380 habitants.)

Même déclaration signée par MM. J. Fardel, maire; François Delecloy, adjoint; Élie Chocquet, Charles Fardel, Jérôme Fardel, Gustave Lajus, Jules Legrand, François Leroux, François Maljen, Maurice Pruvost, conseillers municipaux, et 82 électeurs.

Puy-de-Dôme.

Arrondissement de Clermont-Ferrand.

CANTON DE BILLON.
(4,211 habitants.)

Même déclaration signée par MM. Dr Marret, maire et conseiller général; Clapier, adjoint; Dr Advinent, Boyer, Blazeix, Dr Brunel, Coissard, Doniol, Floret, Gardette, Germain, Mouty, Parissier, Vachier, Vigier et Weissacker, conseillers municipaux.

COMMUNE DE GLAINE-MONTAIGUT.
(850 habitants.)

Même déclaration signée par MM. Chaumont, maire ; Ducroux, adjoint; Lastiolaz, Montorier et H. Rigaud, conseillers municipaux.

COMMUNE DE SAINT-JEAN-DES-OLLIÈRES.
(1,924 habitants.)

Même déclaration signée par MM. Béal-Chevalier, adjoint et conseiller d'arrondissement; Jean Chevalier, Louis Chevalier, Antoine Cros, Antoine Dupic, Julien Dutheil, Foulhoux, Régis Méliodon, Louis Molledas, conseillers municipaux, et Pierre Rosnet, secrétaire, délégué du conseil municipal.

Arrondissement d'Issoire.

VILLE D'ISSOIRE.
(6,250 habitants.)

Nous savons les efforts qui se font en Europe dans les pays les plus intelligents et les plus soucieux de leur prospérité, et nous joignons nos vœux à ceux qui se sont manifestés en si grand nombre sur tous les points de la France en faveur de la réalisation, dans chaque commune, d'écoles primaires où seraient pratiquées :

LA GRATUITÉ.

L'OBLIGATION pour les deux sexes, surtout à l'âge de l'adolescence, les parents restant libres de faire élever leurs enfants où ils le voudront.

LA NEUTRALITÉ dans ce qui se professe à l'école ; c'est-à-dire LA SCIENCE ET L'ÉDUCATION CIVIQUE par l'instituteur, et L'ENSEIGNEMENT RELIGIEUX par le prêtre, dont c'est la mission spéciale. Les grands principes de liberté et de fraternité veulent que tous les hommes puissent vivre les uns près des autres dans des relations de confiance et d'amitié.

Oublions donc ce qui peut diviser, et cherchons partout ce qui peut nous rapprocher.

C'est par nos enfants que nous pourrons surtout créer l'union dont notre pays a tant besoin; mais, pour arriver à ce résultat, il faut que les enfants puissent venir se donner la main dans une école où, loin des causes de discorde et au récit des malheurs de la France, ils uniront leurs âmes dans un ardent amour pour la patrie.

Les sentiments qui viennent d'être exprimés sont généralement ceux de la population.

Déclaration signée par MM. Naffre, maire; et conseiller général; Burguet, premier adjoint; Combette, deuxième adjoint; Armand, Astier, Barissa, Boneteux, Barthaumeu, Cap de Ville, Couriol, Daureille, Delorme, Faure, Herrier, Imbert, Meujard, Peghoux, Placet, Rome, Vèze et De Vergesse, conseillers municipaux.

COMMUNE D'AUZAT-SUR-ALLIER.
(1,598 habitants.)

Même déclaration signée par MM. Coudert, maire; Fournier, adjoint; Biscuit, Devin fils, Donne-Croisseins, Chantegris, Etienne Costet, Portias, Plantin, Vallières, conseillers municipaux, et par vingt-deux électeurs notables.

COMMUNE DE BANSAT.
(482 habitants.)

Même déclaration signée par MM. Bourassel, maire; Planche, adjoint; Bélot, Bourdon, Guerrier, Planche, Planche, Planche, Planche et Vignal, conseillers municipaux.

COMMUNE DE BERGONNE.
(287 habitants.)

Même déclaration signée par MM. Gondry, maire; Piment, adjoint; Avoizon, Barthélemy, Crouzillat, Dézandre, Fustière, Loubinoux, Raynaud et Thomas, conseillers municipaux.

COMMUNE DE BRASSAC.
(2,127 habitants.)

Même déclaration signée par MM. Soulignoux, maire; Bareyre, adjoint; Augier, Barreyre, Julien Barreyre, Dufour, Fallet, Ph. Frantz, J. Lamotte, Pagé, Planche, Raynard, Robert, Sabatier, Sauvat Noir et Travers, conseillers municipaux.

COMMUNE DE BRENAT.
(681 habitants.)

Même déclaration signée par MM. Favaron, maire; Pierre Roubille, adjoint; Jean Daylo, Jacques Bordel, Joseph Courty, Jean Chadérat, Baptiste Favard, Joseph Prat, Michel Pichot, Antoine Rodier, Jean Saimat et Louis Voyret, conseillers municipaux.

COMMUNE DE COUDES-MONTPEYROUX.
(1,285 habitants.)

Même déclaration signée par MM. Savoureux, maire; Ravel, adjoint; Auzon, Chapon, Courmier, Flat, Pignol, Pignollet, Ernest Teyras, Tardif, Vazeilles et Volpette, conseillers municipaux.

COMMUNE DE NESCHERS.
(964 habitants.)

Même déclaration signée par MM. Thomas Pinel, maire; Thomas Golfier, adjoint; Bérugier, Chalvon, Chalvon, Meyrand et Raymond, conseillers municipaux.

COMMUNE DE NONETTE.
(632 habitants.)

Même déclaration signée par MM. Jean Pinet Randon, maire; Chadeyrat-Berthet, adjoint; Jean Pezet Brouil, François Bonnet, François Concordat, Jean Fleurand, Pierre Girerd, Antoine Auzat Jurgand, Jean Mouteix, Jean Terrasse, Jean Terlon et Étienne Tixier, conseillers municipaux.

CANTON DE SAUXILLANGES.
(2,001 habitants.)

Même déclaration signée par MM. Brun, notaire, suppléant de la justice de paix, maire; Morin-Giron, adjoint; Victor Girerd, suppléant de la justice de paix, conseiller municipal; Émile Aubert, Chantagrel, Simon Chossidières, Delort, Dorival, Émile Faugières, Victor Girerd, Giraud, Morin, Matussières, Mazet, Montheillet, Souleyres-Chevenier et Thiolas, conseillers municipaux.

CANTON DE SAINT-GERMAIN-LAMBRON.
(2,098 habitants.)

Même déclaration signée par MM. Bernard, adjoint, faisant fonction de maire; de Chalambel, conseiller d'arrondissement et conseiller municipal; J. Aural, Andrieux, Gras, Guerrier Riocros, Sabatier-Romeuf, Verdier et Ernest Verdier, conseillers municipaux.

COMMUNE DE VALZ-SOUS-CHATEAU-NEUF.
(316 habitants.)

Même déclaration signée par MM. Mathieu Passemard, maire; Jean Gimel, adjoint; Pierre Astier, Jean Dospieux, Jacques Giraud, Jean Gladel, Jean Hermet, Marquet-Pouyet et Vidal Prunerolle, conseillers municipaux.

Arrondissement de Riom.

COMMUNE DE BLOT-L'ÉGLISE.
(1,252 habitants.)

Même déclaration signée par MM. Sauvagnat, maire; Chaffraix, adjoint; Chevalier, Fouzet, Fontenille, Martin, Robert, Rougier et Venon, conseillers municipaux.

CANTON DE SAINT-GERVAIS.
(2,508 habitants.)

Même déclaration signée par MM. Basset et Maison, adjoints; Barrat, Cassière, Chaffraix, Gaby, Coursonnet, Gouzonnat, Forestier, Masson, Masson, Mounier, Nénot, Perol et Vernerot, conseillers municipaux.

COMMUNE DE SAINT-HILAIRE-LES-MONGES.
(349 habitants.)

Même déclaration signée par MM. Jaquet, maire; Amadon, adjoint; Dumas, Morel, Pressia et Rouchon, conseillers municipaux.

COMMUNE DE SAINT-MAURICE-PRÈS-PIONSAT.
(1,804 habitants.)

Même déclaration signée par MM. Chassagnette, maire; Rechat, adjoint; Brogiroux, Couriol, Duperrier, Dubosclard, Favier, Mathivet, Minet, Pascanet, Peyrart et Vallenet, conseillers municipaux.

Arrondissement de Thiers.

VILLE DE THIERS.
(16,343 habitants.)

Même déclaration signée par MM. Guillemin-Betant, maire; Guérin-Aureyre et Védel-Souche, adjoints; Bechon-Douris,

Bechon-Genès, G. Beaujin, Bertry, Marc Bontemps, Chauffelas, Chastel, Chezet, Giraud, Lombardy-Chapelat, Ant. Pouzet, Pommier-Pouzet, Renault, Roland, E. Suzeau, Thiers, Vauzy et Viouly, conseillers municipaux.

CANTON DE SAINT-RÉMY-SUR-DUROLLE.

(5,572 habitants.)

Même déclaration signée par MM. Fafourneaux, maire; Bechon-Morel et Beaujou, adjoints; Bechon-Gouto, Bechon, Dr Bouquerot, Chazeaud-Peronin, Delaire, Derbias, David Douris, Douris, Dulas, Dumas, G. Gouttebarse, Jerard, Ch. Jolio, Prudent, Saint-Joanis et Saint-Joanis, conseillers municipaux.

Pyrénées (Basses-).

Arrondissement d'Oloron-Sainte-Marie.

CANTON DE LARUNS.

(2,252 habitants.)

Même déclaration signée par MM. Tapie, maire; Palusbarrabe, adjoint; Artiaque, Béchat aîné, Cazaux, Lacasanave, Loumiot, Piquemal et Souque, conseillers municipaux.

Arrondissement de Pau.

COMMUNE D'AUBOUS.

(193 habitants.)

Même déclaration signée par MM. Tisné, maire; Dabadie, adjoint; Gasson, Hourou, Lacaze, Lebrère, Perbos, Plantier, Pourmaroux et Roger, conseillers municipaux.

Pyrénées (Hautes-).

Arrondissement de Bagnères de Bigorre.

COMMUNE D'ANTICHAN.

(194 habitants.)

Même déclaration signée par MM. Sarraute, maire; François Castex, Claverie, Crauste, Fortassin, Gachie, Jean Raqué et François Voqué, conseillers municipaux.

COMMUNE DE BETTES.
(163 habitants.)

Même déclaration signée par MM. Louis Bégué, maire; Jean-Pierre Bégué, adjoint; Philippe Bégué, Duhar, Jacques Fourcade, Bernard Gachanni, Jules-Louis Pujo, conseillers municipaux, et Osmin Dolhom, instituteur, secrétaire de la mairie.

Pyrénées-Orientales.

Arrondissement de Céret.

VILLE DE CÉRET.
(3,629 habitants.)

Même déclaration signée par MM. Fourcade, maire et conseiller général; Catlla, adjoint et conseiller d'arrondissement; Jean Rigail, adjoint; Anglade, Arqué, Coste, Colçon, Forné, Guitard, Junca, Laporte, Llobet, Malpas, Marill, Puig, Pujarniscle, Saint-Pastou, Vibar et Vinyes, conseillers municipaux.

COMMUNE D'AMÉLIE-LES-BAINS.
(1,429 habitants.)

Même déclaration signée par MM. Jean Forné, député et maire; Vincent Balmajou, Crépin Combes, Comes, Pierre Coutill, Guichou, Got, Jean Joures, Sylvestre Marty, Eugène Tubert et Vails Sennen, conseillers municipaux.

CANTON D'ARGELÈS-SUR-MER.
(2,833 habitants.)

Même déclaration signée par MM. Etienne Pujol, maire, conseiller général; Surjus-Ribes, premier adjoint; V. Padaillé, deuxième adjoint; Augustin Aubry, Azéma, Bachis, Bocabeille, L. Bolué, Joseph Cadene, Padaillé, Payre, Pons, Puboill, Rondelet, Surpis, Sabris, Vech-Muguères, D. Vingo et Virez, conseillers municipaux.

COMMUNE DE BANYULS-DEL-ASPRES.
(617 habitants.)

Même déclaration signée par MM. Guillemat, maire; Comes, Gorma, Marie, Massota, Prats, Quinta, Raynal, Rolland, Rolland, Santes et Soler, conseillers municipaux.

COMMUNE DE BOULOU.
(1,478 habitants.)

Même déclaration signée par MM. Torrent, maire; Cantónys, Grill, Massotta, Noguères, Sales, Sola et Tixadoz, conseillers municipaux.

VILLE DE COLLIOURE.
(3,585 habitants.)

Même déclaration signée par MM. Jean Coste, maire; Frédéric Ay et Thomas Hostabrich, adjoints; Jean Cortade, conseiller d'arrondissement; Joseph Baretje, Auguste Carboneil, Fortuné Cristine, François Ferrer, Paul Ferrer, François Hostabrich, Eugène Nomdedeu, Vincent Olivier, François Péroncille, Vincent Pi, Jérôme Rozès et Louis Vigou, conseillers municipaux.

COMMUNE DE CORSAVY.
(787 habitants.)

Même déclaration signée par MM. Ourtous-Sauveur, adjoint; Constant Delches, Emile Delches, Fortuné Fabre, Joseph Fondecave, Joseph Fort, Michel Roca, Jacques Sala et Joseph Sala, conseillers municipaux.

COMMUNE DE L'ÉCLUSE.
(98 habitants.)

Même déclaration signée par MM. Cardonne, maire; Cardonne, Cardonne, Gitarou, Paillissé et Roque, conseillers municipaux.

COMMUNE DE LAROQUE.
(1,168 habitants.)

Même déclaration signée par MM. Joseph Cantuern, adjoint, faisant fonctions de maire; André Bès, Joseph Calvet, Paul Chaubet, Bonaventure Cordobès, Jean Coste, André Coussanes, Joseph Molins, Barthélemy Sabaté, Jean Sabaté et Michel Sola, conseillers municipaux.

COMMUNE DE MAUREILLAS.
(1,487 habitants.)

Même déclaration signée par MM. Mirapoix, maire; Marill, adjoint; Freixe, Justafré, Justafré, Lanes, Maniel, Mas, Marill-Paré et Roca, conseillers municipaux.

COMMUNE DE MONTAURIOL.
(199 habitants.)

Même déclaration signée par MM. Cammas, maire; Baudile-Coste, Doutres, Doutres-Sauveur et Pierre Monier, conseillers municipaux.

COMMUNE DE MONTESQUIEU.
(368 habitants.)

Même déclaration signée par MM. Saturnin Bos, maire; Joseph Blay, Michel Bizern, Joseph Gaspard, Joseph Molins, Honoré Rière, Barthélémy Serre, Ferréol Serre et Justin Vilar, conseillers municipaux.

COMMUNE D'OMS.
(515 habitants.)

Même déclaration signée par MM. Cavam, maire; Barreil, Jacques Cammas, Cortezy, Costé, Corrent, Druille, Massina, Mirapeix, Puig et Sunyack, conseillers municipaux.

COMMUNE DE PALALDA.
(908 habitants.)

Même déclaration signée par MM. Delman, maire; Olivères, adjoint; Alduy, Bassole, Cabanes, Dagues, Dagues, Déjaule, Forga et Salvat, conseillers municipaux.

COMMUNE DE PALAU-DEL-VIRE.
(915 habitants.)

Même déclaration signée par MM. Casteil, maire; Clotes, adjoint; Alquier, Canals, Danjou, Dispan, Farail, Pagès, Pardineille et Tolra, conseillers municipaux.

VILLE DE PORT-VENDRES.
(2,108 habitants.)

Même déclaration signée par MM. François Colomer, maire; Michel Gerbal, adjoint; Henri Bélieu, Philippe Boutet, Louis Bruno, Jean Carbasso, Damien-Canal, Joseph Colom, Adolphe Cotton, Jean Durand, François Garidon, Paul Lafon, Joseph Mérignac, Vincent Péroneille, Antoine Paré et Bonaventure Py, conseillers municipaux.

COMMUNE DE LE PERTHUS.
(625 habitants.)

Même déclaration signée par MM. Cabanes, maire; Guitard, adjoint; Christophol, Manal, Marty, Puig, Tubert et Vinyes, conseillers municipaux.

COMMUNE DE RIUNOGUES.
(75 habitants.)

Même déclaration signée par MM. Mirapeix, maire; Puig, adjoint; Bardes, Justafré, Parès, Payroton, Puigsagou, Taulère, Tocabens et Tocabens, conseillers municipaux.

COMMUNE DE SAINT-ANDRÉ.
(707 habitants.)

Même déclaration signée par MM. Honoré Bocamy fils, maire; Dominique Gisper, adjoint; P. Aurlach, Jean Cavaillé, Fourquet, Joseph Magnères, André Magnères, Joseph Marill, André Matillo, B. Rongé et Tasqué, conseillers municipaux.

COMMUNE DE SAINT-JEAN-PLA-DE-CORS.
(557 habitants.)

Même déclaration signée par MM. Fité, maire; Ayrol, Blay, Coste, Cavaillé, Dalio, Gonard, Julia, Parent et Simon, conseillers municipaux.

COMMUNE DE SAINT-LAURENT-DE-CERDANS.
(2,362 habitants.)

Même déclaration signée par MM. Garcerie, maire; Chambon, Claret, Delclos, Delclos, Douamiel, Descossy, Galy, Giral, Grill, Sevradell et Surroque, conseillers municipaux.

COMMUNE DE SAINT-GENIS.
(410 habitants.)

Même déclaration signée par MM. J.-J. Roux, conseiller d'arrondissement et maire; Jean Astich, adjoint; Jean Aymerich, Jean Abat, Louis Astich, Joseph Baretge, Antoine Delcros, Pierre Maniel et François Ribes, conseillers municipaux.

COMMUNE DE SAINT-MARSAL.
(518 habitants.)

Même déclaration signée par MM. Pagès, maire; Carbonne, Coymat, Figaro, Llence, Maynéris, Noguès, Parayre et Thubert, conseillers municipaux.

COMMUNE DE SERRALONGUE.
(743 habitants.)

Même déclaration signée par MM. Poncet, maire; Aspar, adjoint; Duch, Fovrer, Jolia, Llense, Paul Llense, Poch et Sola, conseillers municipaux.

COMMUNE DE TAILLET.
(254 habitants.)

Même déclaration signée par MM. Oms, maire; Font, adjoint; Baudières, Emérich, Font, Homs, Lloubières, Malé et Solqs, conseillers municipaux.

COMMMUNE DE TAULIS.
(174 habitants.)

Même déclaration signée par MM. Joseph Guitard, maire; Jean Bails, Jean Guitard, Jean Oms, Joseph Ricard et Jean Sailles, conseillers municipaux.

COMMUNE DE VILLELONGUE.
(470 habitants.)

Même déclaration signée par MM. Badié, Barthélemy Bazi, Jean Boutet, Joseph Cavaillé, Joseph Coste, Jean-Baptiste Guichet, Joseph Pacouil, Jérôme Ribes, Charles Vigo et Jean Vigo, conseillers municipaux.

Arrondissement de Perpignan.

COMMUNE DE BAIXAS.
(2,932 habitants.)

Même déclaration signée par MM. le D' Vals, maire et conseiller d'arrondissement; Louis Erre, Jacob Bobo, adjoints; Raphaël Bertrand, Ferdinand Bonzoms, Dépouis, François Favines, Julien Favines, Michel Gary, Jean Gibard, Paul Laporte,

Hippolyte Lucie, Pierre Malis, B. Marty, Joseph Mary, François Parhaud, Michel Tarrius, Philippe Vidal et Martin Vidal, conseillers municipaux.

COMMUNE DE CAIXAS.
(347 habitants.)

Même déclaration signée par MM. Doutres-Coste, maire; Jean Touron, adjoint; Ausseill-Touron, Jacques Ausseill-Grando, Jacques Calvet, Espinas, Grando, Saturnin Julio et Joseph Thibau, conseillers municipaux.

COMMUNE DE CANOHÈS.
(757 habitants.)

Même déclaration signée par MM. Asqué, maire; Ausseil, Boyer, Louis Brousse, Coubeis, Finé, Guillemoles et Hostaillé, conseillers municipaux.

COMMUNE DE FOURQUES.
(557 habitants.)

Même déclaration signée par MM. Astort, maire; Llabour, adjoint; Ausseil, Capdet-Reynal, Jean Capdet, Dédiès, Pacouil, Rigaud et Roca, conseillers municipaux.

COMMUNE DE LLAURO.
(330 habitants.)

Même déclaration signée par MM. F. Baxès, maire; M. Bosch, adjoint; André Bady, Aug. Boxès, B. Cammas, Parayre, M.-Domengo Planes, Planes et Jean Saqué, conseillers municipaux.

COMMUNE DE LLUPIA.
(258 habitants.)

Même déclaration signée par MM. Pierre Tournet, maire; Sébastien Boitllo, Louis Blanc, Thomas Depado, Thomas Deprade, Thomas Lignéron, Hilaire Macables, M. Montagut, Jean Pons et Thomas Tournet, adjoint et conseillers municipaux.

COMMUNE DE PÉZILLA-DE-LA-RIVIÈRE.
(1,660 habitants.)

Même déclaration signée par MM. Antoine Astor, maire; Paul Astor, adjoint; Joseph Arnaud, Joseph Bergue, Thomas Billès,

Jean Gachet, Jean Gatonnes, Laffont, Victor Modern, Jean Ouillez, Sylvestre Pons, Etienne Portal, Jean Vidal, conseillers municipaux, et Auguste Garrigues, secrétaire de la mairie.

COMMUNE DE POLLESTRES.
(579 habitants.)

Même déclaration signée par MM. Jacques Mascle, maire; Louis Alies, Jean Coste, François Conte, Pierre Delmas, Pierre Fourquet, Joseph Galand, J. Giral, Joseph Maurnil, Joseph Puig et Jean Pratx, conseillers municipaux.

COMMUNE DE PONTEILLA.
(587 habitants.)

Même déclaration signée par MM. François Jaubert, maire; Thomas Duffaut, adjoint; Victor Asquez, Raymond Clar, Eugène Lacaze, Etienne Llucia, Jean Puig, François Puig-Cammas, Etienne Puig, Joseph Tignères et Joseph Toix, conseillers municipaux.

COMMUNE DE SAINT-JEAN-LASSEILLE.
(140 habitants.)

Même déclaration signée par MM. Jean Gaspard, maire; Antoine Armangaud, Simon Armangaud, Baillan, Jean Coste, Couffi, François Couffi, Jaubert, Sarmet et Torrent, conseillers municipaux.

CANTON DE SAINT-PAUL DE FENOUILLET.
(2,297 habitants.)

Même déclaration signée par MM. Calixte Coye, maire; Auguste Caris, adjoint; Jean-Baptiste Audomy, Faustin Calvet, Jean Chichili, Louis Maury, Edouard Parizet, Claude Pasquier, Hercule Rolland et Raymond Vidal, conseillers municipaux.

CANTON DE THUIR.
(2,524 habitants.)

Même déclaration signée par MM. Joseph Bolté, maire; Michel Farran, premier adjoint; Henri Balcine, Sébastien Bonnecase, Jacques Borreil, Raymond Camo, Michel Dagues, Vincent Doutres fils, Antoine Farran, François Lavail, Joseph Lavail, Joseph Modat, Paul Molinié, Jean Ponsole, François Rieux, Joseph Sales, Joseph Vicens et Antoine Vicens, conseillers municipaux.

COMMUNE DE TROUILLAS.
(880 habitants.)

Même déclaration signée par MM. Joseph Farines, maire; Michel Trilles, adjoint; Pierre Bertrand, Joseph Bonafos, Jean Cutzach, Pierre Imbert, Pierre Lobet, Etienne Marly, Jean Massotte, Louis Pomayrol, Salva et Trilles, conseillers municipaux.

Arrondissement de Prades.

COMMUNE DE MOSSET.
(1,063 habitants.)

Même déclaration signée par MM. Benjamin Cantié, maire; Pacouill Côme, adjoint; Bernard Bousquet, Dominique Bousquet, Isidore Manaud, Jacques Marty et Joseph Not, conseillers municipaux.

Rhin (Haut-)

Territoire de Belfort.

VILLE DE BELFORT.
(15,173 habitants.)

Même déclaration signée par MM. L. Parisot, maire; Dr Petitjean, Paul Lalloz, adjoints; Dr L. Fréry, conseiller général et conseiller municipal; Dr Victor Bardy, Jean-Baptiste Canet, Comte-Cognès, Devantoy, Fritsch-Lang, Geist, Hyvernat, Kessler-Grosjean, Georges Lehmann, Salomon Lehmann, Loviton, Eugène Page, Gustave Picard, Emile Schmidt, Thiault, Adolphe Triponé, Antoine Vaure et Yundt, conseillers municipaux.

COMMUNE D'AUXELLES-BAS.
(720 habitants.)

Même déclaration signée par MM. Jean-Claude Peltier, maire; Alphonse Damotte, Joseph Daval, Xavier Peltier, Jean-Claude Richard et Xavier Richard, conseillers municipaux.

Rhône.

Arrondissement de Lyon.

COMMUNE DE BRON.
(2,168 habitants.)

Même déclaration signée par MM. Jacques Gayet, maire; Jacques Bouchet, Drivon, Gayet fils, François Gayet, Lyen et Ponctron, conseillers municipaux.

COMMUNE DE VAULX-EN-VELIN.
(1,245 habitants.)

Même déclaration signée par MM. Viennois, adjoint; Bouvard, Fousoy, Javelot, Nicollet, Joseph Paleyron et Parot, conseillers municipaux.

COMMUNE DE VÉNISSIEUX.
(5,224 habitants.)

Même déclaration signée par MM. N. Sublet, maire; A. Barbier, Bouchard, François Blanchet, Pierre Chambon, Chognien, Dorchy, Forel, Garapon, Girard, Joly fils, Lacombe, L'Hopital, Marmonnier, J. Morin aîné, J. Nauchez, Perrin, Prud'homme, Sambet, Jacques Sambet et Vauchiez, conseillers municipaux.

CANTON DE VILLEURBANNE.
(9,033 habitants.)

Même déclaration signée par MM. Dedieu, maire; Flachet, Gacon, adjoints; Bouchon, Bélime, Bonin, Brellier, Louis Berthet, Chalinel, Chapuis, Corrompt, Catheland, Chabas, Daloz, Enselme, Gallet, Giraudier, Lafay, Murat, Marmonnier et Rué, conseillers municipaux.

Arrondissement de Villefranche.

CANTON DU BOIS D'OINGT.
(1,432 habitants.)

Même déclaration signée par MM. Botte, maire; Etienne Joly, adjoint; Charmettoyet, Dupoisat, Charles Gonnet, Geignaux-Devay, Paire et Poitrasson-Devay, conseillers municipaux.

COMMUNE D'OUROUX.
(1,006 habitants.)

Même déclaration signée par MM. Large, maire; Champagnon, adjoint; Bacot, Champagnon, Desroches et Montel, conseillers municipaux.

COMMUNE DE SAINT-LAGER.
(1,093 habitants.)

Même déclaration signée par MM. Antoine Firmin, maire; Jean Pierre Large, adjoint; Philibert Bulliat, Jean Marie Charvériat, Jean Descoles, Claude Dessaigne, Louis Fontenas, Claude Joubert, Julien Joubert, Pierre Louis, Camille Mérite et Jean Planchot, conseillers municipaux.

COMMUNE DE SAINT-LAURENT D'OINGT.
(787 habitants.)

Même déclaration signée par MM. Périgeat, maire; Chatelus adjoint; Berthier, Biolay-Demours, Bothier, François Chatard, Chatard-Devay, Chavand, Favrot, Maître, Mullot et Vissous, conseillers municipaux.

Saône-(Haute).

Arrondissement de Gray.

VILLE DE CHAMPLITTE-ET LE-PRÉLOT.
(2,580 habitants.)

Même déclaration signée par MM. Simonne, premier adjoint, faisant fonctions de maire; Dr E. Gourdan-Fromentel, ancien maire, conseiller général, président de la délégation cantonale et conseiller municipal; Thierry, délégué cantonal, conseiller municipal; Bouvier, Bois, Bègue, Briard, Boyard, Dr Gourmet, Jannet, Mouget, Maupin, Montagne, Martinoty, Pillot, Petit, Saunois, Antoine Simonne, Signard, conseillers municipaux.

Arrondissement de Lure.

COMMUNE DE BASSIGNEY.
(296 habitants.)

Même déclaration signée par MM. Bonnon, maire; Noé, adjoint; Bernard, Bernard, Amédée Bernard, Charles, Guillot et Simonot, conseillers municipaux.

COMMUNE DE BOULIGNEY.
(713 habitants.)

Même déclaration signée par MM. C. Chauffenne, maire; Célestin, Collinchard, Damidaux, Dioley, Auguste Doizelet, Drapier, Jeanmaire, Paul, Thomas et Vatir, conseillers municipaux.

CANTON DE CHAMPAGNEY.
(4,356 habitants.)

Même déclaration signée par MM. Xavier Vendrely, maire; Xavier Birer et Gustave Renaud, adjoints; Ferdinand Ballay, Augustin Barcey, Hubert Didier, F.-Adolphe Geney, Joseph Labbaye, Augustin Lembelin, Edouard Lermusiaux, Gabriel Olivier, Antoine Parisot, Jules-Emile Pezet, Jean-Baptiste-Auguste Petet, Joseph Piguet, Ferdinand Pequigney, Jean-Baptiste Simonin, Ferdinand Stuimesse, conseillers municipaux.

COMMUNE DE CLAIREGOUTTE.
(560 habitants.)

Même déclaration signée par MM. Paulinier, maire; Petithéry, adjoint; J. Belods, Germain, Grandjean, Henri Hory, Isélin, Isélin et C. Jodry, conseillers municipaux.

COMMUNE DE COUTHENANS.
(287 habitants.)

Même déclaration signée par MM. Georges-Louis Dormoy, maire; David-Frédéric Dormoy, adjoint; David Dormoy, Frédéric-Edouard Dormoy, Frédéric Dormoy, Georges-Frédéric Dormoy, Louis Dormoy, Joseph Graber, Michel Jaquet et Frédéric Viénot, conseillers municipaux.

COMMUNE D'ECHAVANNE.
(188 habitants.)

Même déclaration signée par MM. Desingly, maire; Pochard, adjoint; Dumougin, Edelmayer, Fréchin, Liette, Henri Pochard, Taiclet et Vodat, conseillers municipaux.

COMMUNE DE FRÉDÉRIC-FONTAINE.
(379 habitants.)

Même déclaration signée par MM. Croissant, maire; Croissant, adjoint; Brescyme, Bretegnie, Croissant, Croissant-Faivre, Faivre, Eugène Faivre et Mettey, conseillers municipaux.

CANTON D'HÉRICOURT.
(3,558 habitants.)

Même déclaration signée par MM. Edouard Schwob, maire; Eugène Boigeol, adjoint; L.-V. Lods, adjoint; A. Noblot, conseiller général; G. Aubert, L. Bloch, E. Bretignier, F. Carmien, G. Herr, Juillard, Ketzel, G.-C. Lods, Louis Millier, C. Nardin, S. Pernot fils, Th. Perdrizet et Schlamer, conseillers municipaux.

COMMUNE DE MAGNONCOURT.
(451 habitants.)

Même déclaration signée par MM. Roussel, maire; Jules David, adjoint; Constant David, Henri David, Joseph Folnet, Charles Hérard, Claude-Joseph Jeudy et François Marie, conseillers municipaux.

COMMUNE DE RONCHAMP.
(3,553 habitants.)

Même déclaration signée par MM. Joseph Guillery dit Major, et Constant Giroz, adjoints; François Ferguson, conseiller général et conseiller municipal; Auguste Bourquin, Hubert Bourquin dit Claudot, Jules Bruey, Charles Defrance, Aimé Desgrandchamp, Jules Didier, Antoine Ehrneger, François Faivre, Delphin Geney, Victor Loyet, Victor Marbaix, Charles Marsot dit Sigismond, Jean-Baptiste Marsot, Xavier Peker, Constant Poivey, Antoine Prudent et Quillery Joseph Queque, conseillers municipaux.

CANTON DE SAINT-LOUP-SUR-SEMOUSE.
(2,822 habitants.)

Même déclaration signée par MM. Henri Lebrun, maire; Victor Gérard, premier adjoint; Charles Aubry, deuxième adjoint; Charles Bernardin, Félix Callet, Théodule David, Joseph Gautherot, François-Nicolas Gérardin, Eugène Jacquez, Charles Lamarine, Emile Petitmangin, Stanislas Renaud, François Roger, Adolphe Sibille, Adolphe Thomas, Alphonse Tisserand et Delphin Tuaillon, conseillers municipaux.

Arrondissement de Vesoul.

VILLE DE VESOUL.
(9,206 habitants.)

Même déclaration signée par MM. J. Maillière, maire; Foy, colonel du génie en retraite; Burguy, adjoint; Noirot, député et conseiller municipal; Beauquier, Bresson, C.-F. Bresson, Battaudier, Bersot, Léon Cival, Collilieux, E. Guerrin, Polin et Voisard, conseillers municipaux.

COMMUNE D'ARBECEY.
(743 habitants.)

Même déclaration signée par MM. Carteron, maire; Jobert, adjoint; E. Darviot, Laprevotte et Monin-Mailley, conseillers municipaux.

COMMUNE D'AUBERTANS.
(173 habitants.)

Même déclaration signée par MM. Adrien Nardin, maire; Charles-Martin Costille, adjoint; Hubert Bourdon, Claude Bonnot, Pierre Marche, Auguste Nolot, Joseph Robin, Claude-Étienne Roux, Claude-Étienne Terreaux et Pierre-Jean Terreaux, conseillers municipaux.

COMMUNE DE BARGES.
(408 habitants.)

Même déclaration signée par MM. Marcout, maire; Gardien, adjoint; Martin Convers, Jacquin, Claude Marcout, Claude Poinsot et François Poinsot, conseillers municipaux.

COMMUNE DE LA BASSE-VAIVRE.
(153 habitants.)

Même déclaration signée par MM. Thiébaud, maire; Dispot, adjoint; Bichet, Bresson, Marin, Melin, Sichard et Valette, conseillers municipaux.

COMMUNE DE BAULAY.
(596 habitants.)

Même déclaration signée par MM. Félicien Grandhaye, maire; Armand Grandhaye, adjoint; Auguste Chibert, Joseph Débornay, Claude Fourmies, Edouard Hautier et Jean-Baptiste Lorretto, conseillers municipaux.

COMMUNE DE BESNANS.
(137 habitants.)

Même déclaration signée par MM. Jules-Auguste Genin, maire; Joseph Bas, Jules Courbey, Jules Cousin, Jean-Pierre Guillaume, Claude-François Janneur jeune, Claude-François Janneur vieux, et Claude Peguenet, conseillers municipaux.

COMMUNE DE BETONCOURT-LES-MÉNÉTRIERS.
(255 habitants.)

Même déclaration signée par MM. Claude-François Bouveret, maire; Pétrus Viard, adjoint; Claude-François-Gongoul Bouveret, Justin Bouveret, Jean-Baptiste-Simon Bouveret, Séraphin Bouveret, Alexandre Boigey, Jean-Baptiste Goublet et Noël Piquenet, conseillers municipaux.

COMMUNE DE BOUHANS-LES-MONTBOZON.
(164 habitants.)

Même déclaration signée par MM. Xavier Couturet, maire; Emile Douillenot, adjoint; Nicolas Bouvard, Edouard Chapuis, Claude-François Courtot, Jean Dautrive, Jean-Baptiste Gagey, Jean-Pierre Jacquot et François Varlet, conseillers municipaux.

COMMUNE DE BOULOT.
(301 habitants.)

Même déclaration signée par MM. Jean-François Morel, maire; Albert Caricand, Jean-Félix Costille, Jean-Baptiste Émey, Sébastien Émey, Jean-Baptiste Lacoste et Auguste Painchaud, conseillers municipaux.

COMMUNE DE BOUSSERAUCOURT.
(369 habitants.)

Même déclaration signée par MM. Roussel, maire; Richard, adjoint; Aubectin, Barret, Garnier et Mougin, conseillers municipaux.

COMMUNE DE BOURBÉVELLE.
(310 habitants.)

Même déclaration signée par MM. Mallet, maire; Étienne Bertin aîné, adjoint; Alexandre Arnoult, Jean-Baptiste Bonnon, Félix Vernier, Cyprien Vernier et Nicolas Viard, conseillers municipaux.

COMMUNE DE BOURGUIGNON-LÈS-LA-CHARITÉ.
(203 habitants.)

Même déclaration signée par MM. Pierre-François Clerc, maire; Jean-Claude Rousselet, adjoint; Joseph Coquard, Charles Clerc, Léon Lartilley, Auguste Thierry et Claude-François Vienney, conseillers municipaux.

COMMUNE DE DUTHIÈRES.
(259 habitants.)

Même déclaration signée par MM. Claude-Marie Jottot, maire; Claude-Pierre Cassard, adjoint; François Butte, Claude-François Callot, Ferréol Campionnet, Augustin Jennin, Jean-Pierre Lanchant, Pierre Noël, Jacques Racine et Alfred Robert, conseillers municipaux.

COMMUNE DE CALMOUTIER.
(671 habitants.)

Même déclaration signée par MM. Claude Vouriot, maire; François Besson, Vincent Cabus, Bonaventure Gentil, Claude-Gerard, François Levain, Charles Maire, Jean Maluchot, Étienne Monnin et Joseph Véjux, conseillers municipaux.

COMMUNE DE CENDRÉCOURT.
(639 habitants.)

Même déclaration signée par MM. Cordier-Legendre, maire; Philippe Boutet, adjoint; J. Burthey, Horréard, Pierre Laurent, Lole, Noblot, Payen, Rollet et J. Vivier, conseillers municipaux.

COMMUNE DE CHAMBORNAY-LÈS-BELLEVAUX.
(225 habitants.)

Même déclaration signée par MM. Hubert Tatu, adjoint; François Bas, Marquis Bon, François Planque et François Thomas, conseillers municipaux.

COMMUNE DE CHARGEY-LÈS-FORT.
(510 habitants.)

Même déclaration signée par MM. Lafontaine, maire; Bulot, Ernest Faivre, Gauchey, L. Mersuay, Monassout, Ochard, Pontot, Pontot et Rousselet, conseillers municipaux.

COMMUNE DE CHARMES-SAINT-VALBERT.
(218 habitants.)

Même déclaration signée par MM. Nicolas Martin, maire; Alexis Sirot, adjoint; Eugène Desbœuf, Émile Goublet, Antoine Guillaume et François Loiseau, conseillers municipaux.

COMMUNE DE CHARMOILLE.
(231 habitants.)

Même déclaration signée par MM. François Courtois, maire; Jean Poulain, adjoint; Claude-François Courtois et François Naudenot, conseillers municipaux.

COMMUNE DE CHASSEY-LÈS-SCEY.
(121 habitants.)

Même déclaration signée par MM. Jean-Claude Garriot, maire; Albin Mariot, adjoint; Jean-Claude Bigand, Joseph Coutelier, Étienne Fernot, Georges Gautherot, Jean-Claude Menneglier et François Paris, conseillers municipaux.

COMMUNE DE CEMBOING.
(714 habitants.)

Même déclaration signée par MM. Bony, maire; Bony, Bulot, Brandin, Demandre, J. Petitot et Roux, conseillers municipaux.

COMMUNE DE CLANS.
(232 habitants.)

Même déclaration signée par MM. Jean-Pierre Trifigny, adjoint; Nicolas Hudelot, Joseph Magnin, Joseph Rollin, Émile Trifigny et Joseph Thirion, conseillers municipaux.

COMMUNE DE CORNOT.
(379 habitants.)

Même déclaration signée par MM. Voillot, adjoint, faisant fonctions de maire; Durget, Abel Mairo, G. Mairot et Pierre Prothé, conseillers municipaux.

COMMUNE DE CORRE.
(648 habitants.)

Même déclaration signée par MM. B. Sayard, adjoint, faisant fonctions de maire; Barraud, Clerc P. Clerc, Claudel, Detroye, Hanard, Laurent, Martel, Martin, A. plaint et Quinet, conseillers municipaux.

COMMUNE DE COULEVON.
(181 habitants.)

Même déclaration signée par MM. Jean-Baptiste Villeret, maire; François Michelot, adjoint; Marie Anthoniez, Jean-Pierre

Bejot, Jean Boyon, François Debouche, Pierre Figard, Antoine Morizot, Claude Morizot et Etienne Perrier, conseillers municipaux.

COMMUNE DE DEMANGEVELLE.
(503 habitants.)

Même déclaration signée par MM. Jean-Baptiste Abriet, maire; Claude Jacquinot, adjoint; Félix Bazin, Nicolas Forterre, Jean-Claude Joliet, Joseph-Alphonse Lalance, Alexandre Mouillet et Ambroise Thomas, conseillers municipaux.

COMMUNE D'ESPRELS.
(889 habitants.)

Même déclaration signée par MM. Claude-François Caillet, maire; Jean-Nicolas Corne, adjoint; Pierre Chassagne, Jean-Baptiste Cottet, Jean-Baptiste Corne, Jean-Claude Devaux, Jean-François Dupuis, Aimé Leslourdy, Jacques-Louis Marchand, Jacques-Louis Monniot, Auguste Pizard et François Vincent, conseillers municipaux.

COMMUNE DE FAVERNEY.
(1,406 habitants.)

Même déclaration signée par MM. Clère, maire et conseiller général; Blum, Fleurot, Le Tellier, Maillard, Marchal, Millot et Mirlin, conseillers municipaux.

COMMUNE DE FILAIN.
(431 habitants.)

Même déclaration signée par MM. Petit, maire; E. Bony, adjoint; Bony, Cornuey, Joseph Fiardet, Lorgnot, Mouillet, Perrinot et Paton, conseillers municipaux.

COMMUNE DE HAUTERIVE ET CORDONNET.
(218 habitants.)

Même déclaration signée par MM. Bornet, maire; Emile, Andrey, Georges Bailly, J.-Claude Bouchaud, J.-François Guibard, Jean Guyet, Charles Gaudaret, Claude-Antoine Jacquin, J.-Claude Jeanpierre, et Mathieu Humbert, conseillers municipaux.

COMMUNE D'HYET.
(162 habitants.)

Même déclaration signée par MM. Claude-Auguste Varin, maire; Adolphe Cornubert, François Eme, Alexis Mailley, Constant Mary, Victor Noé, Claude Périard et Alexandre Robert, conseillers municipaux.

CANTON DE JUSSEY.
(2,996 habitants.)

Même déclaration signée par MM. Dr Bontemps, maire; Monel, A. Blum, adjoints; Besson, Catton, Courty, A. Courty, François, Guillaume, Guerrin, Guenel, P. Jacquot, Mougin, Olivier, Poirey, Ployer, Rolland, Rimet, Ruffler, Roger et E. Rolland, conseillers municipaux.

COMMUNE DE JONVELLE.
(666 habitants.)

Même déclaration signée par MM. Nicolas Corçoy, conseiller d'arrondissement, premier suppléant de la justice de paix de Jussey, délégué cantonal et maire; Xavier Pêcheur, adjoint; Pierre-Joseph Blancheville, Paul David, Paul Févré, Pierre-Charles Pêcheur, Jean-Baptiste Remilleret, Chrétien Rogy, Joseph-Justin Tard, Auguste Tissier et Charles Vanier, conseillers municipaux.

COMMUNE DE LA MALACHÈRE.
(218 habitants.)

Même déclaration signée par MM. Adrien Pâris, maire; Jean Galland, adjoint; Charles Chaussalet, Antide Didier, Charles Lavier, Auguste Monnin, Nicolas Paris et Jacques Petitjean, conseillers municipaux.

COMMUNE DE LAMBREY.
(228 habitants.)

Même déclaration signée par MM. François Fontenoy, maire; Jules Courtois, Auguste Mède, conseillers municipaux et par dix-huit électeurs.

COMMUNE DE MAGNY-LES-JUSSEY.
(549 habitants.)

Même déclaration signée par MM. J. Husson, maire; Célestin Billerey, Durget, Duvenet, Girod, Constant Husson, François Husson, Pierre-Marie Husson, Limonier et Loth, conseillers municipaux.

COMMUNE DE MELIN.
(244 habitants.)

Même déclaration signée par MM. Alfred Grossetête, maire; François Valory, adjoint; Jean-Baptiste Langrognet, Jean-Baptiste Macheras, François Morelle et François Quêtel, conseillers municipaux.

COMMUNE DE MONTARLOT-LES-RIOZ.
(269 habitants.)

Même déclaration signée par MM. Jean Jeanrot, maire; François Caille, adjoint; Servais Bas, Jean-Pierre Bersot, Florentin Gaudard, Jean-Pierre Missey, Jean-Pierre Simon, Jean-Pierre Tissot et Jean-Pierre Vie, conseillers municipaux.

COMMUNE DE MONT-LE-VERNOIS.
(380 habitants.)

Même déclaration signée par MM. Claude Charlot, maire; Jean-Baptiste Michel, adjoint; Paul Badier, N. Badier, Jean-Baptiste Badier, François Carrey, Constant Charlot, Philibert Decrouse, Victor Michel et Gaspard Normand, conseillers municipaux.

COMMUNE DE MONTIGNY-LES-VESOUL.
(339 habitants.)

Même déclaration signée par MM. Stanislas Gury, maire; Antoine-Joseph Jourdhui, instituteur; Nicolas Banet, Ignace Barberot, Antide Carteron, Philibert Cordier, Victor Faivre, Claude Humbert et Clément Richard, conseillers municipaux.

COMMUNE DE MONTUREUX-LES-BAULAY.
(353 habitants.)

Même déclaration signée par MM. Jean-Baptiste Marion, maire; Isidore Huguin, adjoint; Jean-Baptiste Cordier, Nicolas Cordier, Justin Marion, Nicolas Monnasson et Hippolyte Vuillerey, conseillers municipaux.

COMMUNE DE MOREY.
(743 habitants.)

Même déclaration signée par MM. Weil, maire; Simon Savonnet, adjoint; Clerc-Tourny, Ferdinand Grossetête, Auguste

Martel, François Maréchal, Jules Richelet et Sordon-Mouton, conseillers municipaux.

COMMUNE DE NAVENNE.
(473 habitants.)

Même déclaration signée par MM. Antoine Bonvalot, Antoine Denelle, Joseph Grattepain, Alexis Henry, Claude-Joseph Jobard et Ignace Jobard, conseillers municipaux.

COMMUNE DE NEUVELLE-LES-LA CHARITÉ.
(509 habitants.)

Même déclaration signée par MM. Quivogne, maire; Claude-François Coudry, adjoint; Claude Duffourd, Claude-François Gagey jeune, Benoît Moussard et Jean-Claude Turbiin, conseillers municipaux.

COMMUNE DE LA NEUVELLE-LES-SCEY.
(333 habitants.)

Même déclaration signée par MM. Peyen, maire; Isidore Bernard jeune, adjoint; Isidore Bernard aîné, Victor Bernard, Jean-Baptiste Chevalier, Jean-Claude Laboureur, François Maire, Jules Migeon et Hilaire Morin, conseillers municipaux.

COMMUNE DE NOIDANS-LES-VESOUL.
(618 habitants.)

Même déclaration signée par MM. Jules Pollen, adjoint; Claude Joliez, Irénée Levrot, Claude Lamblin, Constant Mamy, Maurice Sériot et Joseph Villeret, conseillers municipaux.

COMMUNE D'ORMOY.
(965 habitants.)

Même déclaration signée par MM. Briot, maire et conseiller général; François Jacquot, adjoint; Pierre Belterre, Jean Bourgeot, Auguste Chevalot, Emile Deffuine, François Doizelet, Jacques Gazelot, Pierre Jeannin et Alexandre Sylvestre, conseillers municipaux.

COMMUNE D'OVANCHES.
(325 habitants.)

Même déclaration signée par MM. Flamand, maire; Claude Abbin, Théodore Boudot, Constant Côte, Eugène Fourtier,

Isaïe Flamand, Just Flamand, Joseph Moine et Perney, conseillers municipaux.

COMMUNE DE PONTCEY.
(287 habitants.)

Même déclaration signée par MM. Jean-Baptiste; Berger, maire; Jean-Claude Bouttement, Théophile Decreuse, Joseph Dubois, Jean-Claude Dumont, Maussire et Vallet, conseillers municipaux.

CANTON DE PORT-SUR-SAÔNE.
(2,012 habitants.)

Même déclaration signée par MM. Charles Abram, Barberot, Jules Blandin, Gaspard Besançenot, Jean-Claude Cousin, Jérôme Dormois, Antoine David, Durgel Dubois, Félicien François, Jean-Baptiste Monnot, Pierre Lyautey et Emile Tisserand, conseillers municipaux.

COMMUNE DE PRESLE.
(208 habitants.)

Même déclaration signée par MM. Joseph Clément, maire; Jean-Baptiste Lavey, adjoint; François Bailly, Claude-François Figard, Joseph Froidevaux, François Gainet, Xavier Lorioz, Claude-François Pichard et Auguste Vannot, conseillers municipaux.

COMMUNE DE PUSEY.
(575 habitants.)

Même déclaration signée par MM. Auguste Virot, maire; Louis Courtois, Pierre Courtois, Charles Courtois, Gandeye, Em. Poirson et J. Robardey, conseillers municipaux.

COMMUNE DE QUINCEY.
(444 habitants.)

Même déclaration signée par MM. Constant Cornu, adjoint; Basile Bardenet, Claude Charrière, Jean Figard, Jean-Baptiste Goux, Joseph Henry, Marie-Joseph Lion, et Étienne Jacquot, conseillers municipaux.

COMMUNE DE ROSEY.
(840 habitants.)

Même déclaration signée par MM. Auguste Busson, maire; Jean-Pierre Vigneron, adjoint; Jean-Baptiste Bullot, Alexis

Coutelier, Louis Contet, Claude-François Durand, Joseph Faveret, Auguste Lacroix, Pierre-Albin Menetrez et Dr Pierre Pourchot, conseillers municipaux.

COMMUNE DE ROSIÈRES-SUR-MANCE.
(387 habitants.)

Même déclaration signée par MM. Villemin, maire; Valot, adjoint; Andrey, Cordier, Dapret, Duport, Horus, Lallemand et Rivot, conseillers municipaux.

COMMUNE DE SEMMADON.
(378 habitants.)

Même déclaration signée par MM. Lambert, maire; Théodoze Cheviet, Auguste Liquenet, Alfred Piquenet et Jean-Baptiste Tissier, conseillers municipaux.

COMMUNE DE SENONCOURT.
(506 habitants.)

Même déclaration signée par MM. Laloy, maire; Joseph Petitjean, adjoint; Joseph Doillon, Étienne Grandin, Constant Lallemand, Émile Simonot et Augustin Valley, conseillers municipaux.

COMMUNE DE SCEY-SUR-SAÔNE.
(1,728 habitants.)

Même déclaration signée par MM. Charles Obriot, maire; Pierre-Auguste Calley, Dr Joseph Guillemenot, Joseph Jacquemin, Charles Laboureur, Alexandre Prance, Dr Claude Antoine Racine et Joseph Salins, conseillers municipaux.

COMMUNE DE SORANS-LÈS-BREUREY.
(333 habitants.)

Même déclaration signée par MM. Charles Jobard, maire; Jean Boillon, adjoint; Jean-Claude Ducey et Jean-Claude Grosjean, conseillers municipaux.

COMMUNE DE TARTÉCOURT.
(106 habitants.)

Même déclaration signée par MM. Louis-François Huguin, maire; Antoine Chaillot, Émile Jacquard, Pierre Jacquard,

Charles Lambert, Hippolyte Maparty, Modeste Paris, François Perrin et Jean-Baptiste Tilliard, conseillers municipaux.

COMMUNE DE THIÉNANS.
(157 habitants.)

Même déclaration signée par MM. Pierre Maire, maire; Émile Gely, adjoint; Antoine Bothelin, Jean Bothelin, Eugène Considère, Nicolas Cousin, Jean-Pierre Guillaume, Gabriel Ligney, Pierre-Joseph Ligney et Pierre Vienet, conseillers municipaux.

COMMUNE DE TRESILLEY.
(245 habitants.)

Même déclaration signée par MM. Fleuriot, maire; Bonnet, Goichot, Gret, Guainon, Guardo, Paufez et J. Ziller, conseillers municipaux.

COMMUNE DE TREVEY.
(89 habitants.)

Même déclaration signée par MM. Alexis Gachot, maire; Jean Marey, adjoint; Gabriel Breney, Blaison, Nicolas Lénert, Georges Racine et François Roy, conseillers municipaux.

COMMUNE DE VILLARS-LE-PAUTEL.
(872 habitants.)

Même déclaration signée par MM. Michenon, maire; Grouillet, adjoint; Auguste Carteron, Marcel Delitre, Jean-Baptiste Fournier, Justin Michenon et Jean Pommier, conseillers municipaux.

COMMUNE DE VORAY.
(518 habitants.)

Même déclaration signée par MM. Jacquet, maire; Asmus, Barbézat, Bourgoin, Cadot, Fromond, Jacquard, Lavrat, Jules Muthiot, Rechelandes et G. Vart, conseillers municipaux.

COMMUNE DE VY-LE-FERROUX.
(330 habitants.)

Même déclaration signée par MM. Claude-François Vautrin, maire; Pierre-Antide Moine, adjoint; Nicolas Coudry, Philippe Fourtier, Nicolas Flusin, Jean-Baptiste-Émile Langrognet, Auguste-Nicolas Lombardet, Sébastien Millot et Pierre Raguet, conseillers municipaux.

Saône-et-Loire.

Arrondissement d'Autun.

COMMUNE D'ÉTANG-SUR-ARROUX.
(1,555 habitants.)

Même déclaration signée par MM. Claude Ballard, maire; Laplante, adjoint; Jean-Marie Alexandre; Claude Bouheret; François Bouley, Joseph Garnic, Hubert Gauthey, Jean Jeannin, René Lacroute, Jean-Claude Têtard et Philibert Têtard, conseillers municipaux.

CANTON D'ÉPINAC.
(4,620 habitants.)

Même déclaration signée par MM. May, maire; C. Renaud, adjoint; Jean Boulicaut, Pierre Boulicaut, Boulicaut-Vivant, A.-Pierre Bourgeot, Brugnot, Diot, Drouhin, Michaud, Pelletier, Taupenot, Vauthier, Vauthier et Voisin fils, conseillers municipaux.

COMMUNE DE SAMPIGNY.
(368 habitants.)

Même déclaration signée par MM. Jean Prieur, maire; Lazare Pelletier, adjoint; Dr Bridot, Besuillier-Caru, Caru-Arligny, Clair-Mency, Caru-Lafage, Emile Girardin, Laplanche-Vincent et Pierre Letard, conseillers municipaux.

Arrondissement de Chalons-sur-Saône.

COMMUNE DE CHARRECEY.
(533 habitants.)

Même déclaration signée par MM. Claude Pion, maire; Joseph Beuiller, adjoint; Baron, Bazenet, Jean-Marie Dodille, J.-B. Dodille, Guillemot, Louis Larodas, Mignotte, Manguin, Albert Partet, Jean Picot, Louis Pion, conseillers municipaux.

CANTON DE GIVRY.
(2,057 habitants.)

Même déclaration signée par MM. Jean-Baptiste Limonier, maire; François Champion, Gabriel Chaumont, adjoints; Baron Launay, Edme-Louis Bréchat, Cornu-Joblot, Guillaume David, Henri Gautheron, Benigme Goubard, Charles Léger, Claude

Malaty, Pierre Monetgonard, Emilaud Maudet, François Pernin, Claude Papillot, Jean-Baptiste Paquelin, Louis Ravot, Emilaud Racine, Claude Saunier, Vachet-Pouilly et Auguste Vernachet, conseillers municipaux.

Arrondissement de Charolles.

VILLE DE CHAROLLES.
(3,286 habitants.)

Même déclaration signée par MM. Charles Demolle, sénateur et conseiller municipal; Morain, maire; Deschaintre et Rotival, adjoints; Bernard, Bouissoud, Bourgeon, Chapey, Comte, Desmurs, Fuet, Gondard, Labrosse, Letiévant, Paquet, Perrant, Pain, Perrin, Philippe, Sculfort et Tillion, conseillers municipaux.

Arrondissement de Louhans.

COMMUNE DE LA CHAUX.
(591 habitants.)

Même déclaration signée par MM. J.-B. Guiton, maire; Claude Cordelier, adjoint, Prosper Arveux, J. B. Bon, Antoine Bon, Auguste Henry, Claude Laubriet, Claude Mauchamp, Pierre Malherbe, J.-B. Noirot, Denis Richard et Joseph Thibert, conseillers municipaux.

CANTON DE PIERRE.
(2,046 habitants.)

Même déclaration signée par MM. P. Druard, conseiller général; Solyet, conseiller d'arrondissement et conseiller municipal; Dromard, adjoint; L. Adenot, Brenot, Baillard, Cabaud, Cretin, Forgeot, Pugeot et Noir, conseillers municipaux.

Arrondissement de Mâcon.

COMMUNE DE BURNAND.
(328 habitants.)

Même déclaration signée par MM. François Jean, maire; Jean Dutartre, adjoint; Carré, Chevreau, Louis François, Greuzard, Ravier, Vernanchet et Véty, conseillers municipaux.

COMMUNE DE CORMATIN.
(905 habitants.)

Même déclaration signée par MM. Janaud, maire et conseiller d'arrondissement; O. Duchamps, adjoint; Bernard, Delorme, Guérin, Guibart, Dr Labry, Malicier, Malicier, Marin et Montegut, conseillers municipaux.

Savoie.

Arrondissement d'Albertville.

COMMUNE DE CLÉRY.
(525 habitants.)

Même déclaration signée par MM. Peissel-Cottonaz, maire; Joseph Allier, Louis Biguet, André-Joseph Biguet-Petitjean, Jacques Biguet-Petitjean, Jean Curtet, Pierre-André Palluel et Jean Sibuet Masson, conseillers municipaux.

CANTON DE GRÉSY-SUR-ISÈRE.
(1,447 habitants.)

Même déclaration signée par MM. Maige, conseiller d'arrondissement, maire; Vionnat, adjoint; W. Armand, Jean Berger, Dunand, Feige, Jean Grillet, Antoine Menjou, Jean Métral, Perrot et Maurice Reydet, conseillers municipaux.

COMMUNE DE MONTAILLEUR.
(957 habitants.)

Même déclaration signée par MM. R. Challand de Levin, maire; Carrin, adjoint; Philibert Berger, Billot, Floret, Livrot, François Lourden et Georges Nicolas, conseillers municipaux.

COMMUNE DE NOTRE-DAME-DES-MILLIÈRES.
(932 habitants.)

Même déclaration signée par MM. Maurice Humbert, maire; Martin Laurent, adjoint; Antoine Baudin, Jean-Pierre Bozon Valoton, Jean-Baptiste Bouson, Brunier Goubin-Mavillé, Maurice Charvoz, Jean Clerzirard, François Curlet, Louis Métreaux et François Vellat, conseillers municipaux.

COMMUNE DE PLANCHERINE.
(425 habitants.)

Même déclaration signée par MM. Joseph-Marie-François Ract, maire; François-Clément Bolayron, adjoint; Urbain Clément-Pérrousse, Joseph Fraix-Babuchon et Gaspard Tournier, conseillers municipaux.

COMMUNE DE QUEIGE.
(1,465 habitants.)

Même déclaration signée par MM. Lucien Molliex, maire; Claude Revel-Signorat, adjoint; François Bouvier-Baugillon, Camille Bruet-Hotellat, Dugit-Pinat, François Gautier, Morin-Matholon, Charles Revil-Coutat et Nicole Revil-Signorat, conseillers municipaux.

COMMUNE DE SAINTE-HÉLÈNE-DES-MILLIÈRES.
(1,171 habitants.)

Même déclaration signée par MM. Pierre Portier, maire; Maurice Brison, adjoint; Jean-Baptiste Berthet, François Bonnelaz, Maurice Déglise-Favre, François Dubassaz, Jean Laurent, Jean Lison, Eusèbe Piddat et Joseph Pollet, conseillers municipaux.

COMMUNE DE SAINT-VITAL.
(402 habitants.)

Même déclaration signée par MM. Joseph Biguet-Mermet, maire; Durtet, adjoint; Louis Cléry-Corvand, Joseph Ducret, Joseph Dufour, Antoine Sibuet, J. Sibuet-Bocquet, conseillers municipaux.

COMMUNE DE TOURNON.
(305 habitants.)

Même déclaration signée par MM. Jean-Baptiste Miège, maire; Edouard Bally, adjoint; Louis Blanchin, Pierre Berthier Pierre Belfort, Philibert Combaz, Jacques Fontanet, Joseph Hurard et François Poncet, conseillers municipaux.

COMMUNE DE VERRENS-ARVEY.
(736 habitants.)

Même déclaration signée par MM. Jean-Joseph Fraix, maire; Pierre Fraix, adjoint; Jean-Baptiste Fraix, Philibert Fraix, Jean-Marie Fraix, Jean-Pierre Fraix, Joseph Humbert, Joseph Mojon, Michel Palluel, Jean-Baptiste Sibuet et Pierre Tornier, conseillers municipaux.

Arrondissement de Chambéry.

COMMUNE DE SAINT-THIBAUD-DE-COUZ.
(885 habitants.)

Même déclaration signée par MM. P. Jallet, maire; Claude Vichet, adjoint; Claude Curtet, Thibaud Charret, Jean Donat, François Donat, Fr. Guillermo, Sulpice Guillermo, Benoît Peysson, Côte-Georges Simon et Michel Vallet, conseillers municipaux.

COMMUNE DE VEREL-DE-MONTBEL.
(401 habitants.)

Même déclaration signée par MM. Planche, maire; Bourbon, conseiller général; Nerriez, conseiller d'arrondissement; Berthier, Charvet, Filipon, Pierre Garrin, Jacques Planche, J.-Jean Planche et G.-Jean Planche, conseillers municipaux.

Haute-Savoie.

Arrondissement de Saint-Julien.

COMMUNE DE VETRAZ-MONTHOUX.
(858 habitants.)

Même déclaration signée par MM. Souvairan, maire; Rosset, adjoint; Béguin, Bouvier, E. Cottet, L. Cullet, Détraz, Monfort, Pautex, Jean Pellet et Claude Vuagnat, conseillers municipaux.

Arrondissement de Thonon.

COMMUNE DE CERVENS.
(615 habitants.)

Même déclaration signée par MM. Dépierre, maire; Bossus, adjoint; Bel, Marie Bossus, Desjacques, J.-M. Détry, Joseph Détry, Favrol, Mouchet et Vuagnoux, conseillers municipaux.

Seine.

Arrondissement de Saint-Denis.

COMMUNE D'ASNIÈRES.
(8,278 habitants.)

Même déclaration signée par MM. Mauriceau, maire; Baudouin, E. Camus, Chardon, Chausson, Alfred Delarue, Descoins

Duclaux, Emile Finot, Germaux, Gibelin, Hennino, Hilaire, Hoffmann, Léon Lazard, Charles Levesque, Maillot, Octave Perrier, C. Rémondon, Rispal, Roy et Tanquerel, adjoints et conseillers municipaux.

COMMUNE D'AUBERVILLIERS.
(14,340 habitants.)

Même déclaration signée par MM. J. Schœffer, maire; L. Deschamps, adjoint; Porée, conseiller d'arrondissement; Bruneau, David, Antoine Demars, Nicolas Demars, Théophile Demars, Garnotel, Gervis, Gillon, Leconte, Poisson et Soudet, conseillers municipaux.

COMMUNE DE BONDY.
(2,018 habitants.)

Même déclaration signée par MM. Collardeau-Duhaume, maire; Prot, adjoint; Florentin Brot, Couton, Antony Czechowictz, Frénois, Gallot, Gagnan, Javanelle, Camille Lavidière, J. Philippe, J. Renaud, Dr Abel Thomas et Vincent, conseillers municipaux.

COMMUNES DE COLOMBES, BOIS-DE-COLOMBES, LA GARENNE-DE-COLOMBES ET PETIT-COLOMBES.
(6,640 habitants.)

Même déclaration signée par MM. Guillot, maire; Roquaucourt, premier adjoint; Chaumet, deuxième adjoint; Argentie, Charlot, Coulon, Delanoue, Duchesne, Durand, Fermé, Galien, Giret, Huc, Jeannin, Labouret, Leroux, Nori, Pottier, Renard et Sanglie, conseillers municipaux.

COMMUNE DE DUGNY.
(517 habitants.)

Même déclaration signée par MM. Rouquier, maire; Clément Devaux, adjoint; Aubo, A. Devaux, Nourdin, J.-B. Solin, Trossu, conseillers municipaux, et par 13 électeurs.

COMMUNE DE NANTERRE.
(4,279 habitants.)

Même déclaration signée par MM. Terneau, maire; Moreau, premier adjoint; Barot, deuxième adjoint; Delahaye, Denizart,

Fougeray, Gautier, Noël Giroust, Jean Giroust, Gourdel, Guéniard, Hennape, Hude, Josset, Landois, Nézot, Plainchamp et Poignant, conseillers municipaux.

CANTON DE NEUILLY.
(20,781 habitants.)

Même déclaration signée par MM. V. Daix, maire; Locherot, adjoint; Aubry, Barrault, Brévune, Briant, E. Corra, De Richebourg, Dulud, Duquesne, Langlois, Lion, Martel, Nortier, Jules Petitfrère, Rives, Robinet, Rousselet, Simon, Vacca et Valentin, conseillers municipaux.

Arrondissement de Sceaux.

VILLE DE SCEAUX.
(2,460 habitants.)

Même déclaration signée par MM. Ch. Grondard, maire; Peautonnier, adjoint; P. Auguste, conseiller d'arrondissement; Hippolyte Boulogne, Chapeyron, Dr Chrestien du Souchay, Cochelin, France, Guillous, Mathon, Monentheins, Niquet, Roger et Saugon, conseillers municipaux.

COMMUNE D'ARCUEIL-CACHAN.
(5,299 habitants.)

Même déclaration signée par MM. Émile Raspail, conseiller d'arrondissement, maire; Donnet et Noblot, adjoints; Arnoulot, Ferraille, Frotier, Garnier, Hébert, Lambert, Letellier, M. Poëns, Ravard, Romanet, Sardin et Thiellement, conseillers municipaux.

COMMUNE DE MAISONS-ALFORT.
(7,619 habitants.)

Même déclaration signée par MM. Philippot, maire; Droulin, adjoint; Billard, Chauveau, Durret, Chéron, Lelièvre, Lorreau, Laruelle, Murat, Muloteau, Langlois, Protoy, Riembault, Renault, Em. Travailleur, conseillers municipaux.

COMMUNE DE SAINT-MANDÉ.
(7,499 habitants.)

Même déclaration signée par MM. Meunier, maire; Viteau, premier adjoint; de Rougrave, deuxième adjoint; Tard, conseiller d'arrondissement et conseiller municipal; Charles Bernard, Bourgeois, L. Camus, E. Catalo, J. Couard, Degrond, Deshayes, Adolphe Dreyfus, Guengnier, E. Marion, A. Maronnier, Moynet, L. Niel, Parizot, Dr Philippe, Dr Prunier, Quéhan et L. Revert, conseillers municipaux.

COMMUNE DE SAINT-MAURICE.
(4,577 habitants.)

Même déclaration signée par MM. Jules Decorse, maire; Ernest Desouches et Gaultier, adjoints; Blanc, Bidot, Boullonnois, Bouniol, Colombel, Courtat, Désiré, Dubost, Gallay, Honoré, Jayé, Lhote, Marchal, Moireau, Monard, Pion et Ch. Thomas, conseillers municipaux; Chazotte, commandeur de la Légion d'honneur, directeur de la maison nationale de Charenton, Horric, sous-directeur, Sirvin, secrétaire de la mairie, Jenel, garde-champêtre, et par 50 électeurs notables.

Seine-Inférieure.

Arrondissement du Havre.

VILLE DE FÉCAMP.
(12,684 habitants.)

Même déclaration signée par MM. Frédéric Mazo, premier adjoint; Amédée Roupar, deuxième adjoint; Dufresne, président de la délégation cantonale et conseiller municipal; Ch. Hue, ex-juge au Tribunal de commerce, délégué cantonal et conseiller municipal; Delaroque, juge au Tribunal de commerce et conseiller municipal; G. Duhamelet, conseiller municipal et délégué cantonal; Frédéric Follin, conseiller municipal et membre de la chambre de commerce; Ausse, Grindel et P. Milon, conseillers municipaux; P. Lhonoré, délégué cantonal; Nicole, directeur du *Mémorial Cauchois*, et par 160 électeurs.

Arrondissement de Rouen.

COMMUNE DE CAUDEBEC-LES-ELBEUF.
(11,338 habitants.)

Même déclaration signée par MM. Hardouin, maire; Gesbert et Martin, adjoints; Bogot, Broi, Jules Bosquier, Désormeaux, Deboos, Faupoint, Désiré Fresnel, Hervieux, Lamperrier, A. Lesage, Pierre Leblond, Prévost Lecesne, A. Leroy, Morel, E. Quilbeuf, Maurice Revel, Esprit Rougeron, A. Saint-Ouen, A. Teiton-Coluée et Voir, conseillers municipaux

VILLE D'ELBEUF.
(22,213 habitants.)

Même déclaration signée par MM. D. Picard, conseiller d'arrondissement et conseiller municipal; E. Beer, S. Chuhl, Jules Descoubet, Deschamps, Fiquet, A. Fraenkel, Hulme, Langlois, E. Lechesne, E. Lelong, A. Lehec, C.-A. Malfilatre, C. Patin, A. Pion, Victor Prinvault et Jules Rouland, conseillers municipaux.

COMMUNE DE MONT SAINT-AIGNAN.
(2,985 habitants.)

Même déclaration signée par MM. P. Bazière, maire; Gamelin, adjoint; Auger, Etenard, Fesset, Huet, Jeanne, L. Le Provost, L'Hopital, Rabel, Vidpied et Eugène Vienot, conseillers municipaux.

COMMUNE DE SOTTEVILLE-LÈS-ROUEN.
(11,763 habitants.)

Même déclaration signée par MM. Cretol et Revert, adjoints; Benne, Brodhag, Delaville, Dubois, Dulac, Fournier, Grébouval, Hébert, Langlois, Lebrun, Lozai, Ménagé, Pernel, Ridel, Robillard, Villery et Vochel, conseillers municipaux.

Seine-et-Marne.

Arrondissement de Fontainebleau.

COMMUNE D'AMPONVILLE.
(374 habitants.)

Même déclaration signée par MM. Artois, maire; Charton, Chachignon, Cornichon, Dumesny, Fortier, Huet, Ilyais, Métivet et Richer, conseillers municipaux.

COMMUNE DE COURCELLES.
(185 habitants.)

Même déclaration signée par MM. Boudan, maire; Grognet, adjoint; Brette, Bouvier, Gallois et Roux, conseillers municipaux.

COMMUNE DE FORGES.
(229 habitants.)

Même déclaration signée par MM. Louis Trouvé, maire; Courtault, adjoint; Germain, Paré, Ponet, Percheron, Piou, Jacques-Etienne Rélut, Sillard et François Trouvé, conseillers municipaux.

COMMUNE DE SAINT-PIERRE-LÈS-NEMOURS.
(813 habitants.)

Même déclaration signée par MM. Fleurot, maire, président du conseil d'arrondissement; Rousseau, adjoint; L. Berne, Joliveau et Métais, conseillers d'arrondissement.

COMMUNE D'URY.
(586 habitants.)

Même déclaration signée par MM. Débonnaire, maire; Surjet, adjoint; Baugé, Courtellemont, Vincent Mathieu, Basile Mariage, Maquet, Simon Nolleau, Jean Pointeault, L. Simon, Ulysse Thibault et Eugène Vincent, conseillers municipaux.

Arrondissement de Meaux.

CANTON DE CRÉCY-EN-BRIE.
(934 habitants.)

Même déclaration signée par MM. Béliard, maire; Dumesnil-Lahennicz, adjoint; Ancellin, Béclu, Graverry, Guyot, Hamel, Jacques, Maugeot, Moreau, Naret et Rousselet, conseillers municipaux.

COMMUNE DE LOGNES.
(216 habitants.)

Même déclaration signée par MM. E. Chevretin, maire; L. Bigot, Boyer, Buisson, Francolon, P. Lemoine, Poyer et E. Richet, conseillers municipaux.

COMMUNE DE SAINT-MARTIN-LES-VOULANGIS.
(584 habitants.)

Même déclaration signée par MM. Didier maire; J. Jardin, adjoint; Dijon, Dubois, Favier, Lavigne, L'Huillier, Maignan, Pottier et Scoquartz, conseillers municipaux.

Arrondissement de Melun.

COMMUNE DE CHAMPDEUIL.
(209 habitants.)

Même déclaration signée par MM. Darnet, maire; Caubry, adjoint; Binet, Breton, Cornu, Ed. Geraldy, Eug. Geraldy, Guillié et Mignot, conseillers municipaux.

COMMUNE DE CRISENOY.
(421 habitants.)

Même déclaration signée par MM. Mananne, maire; A. Courcier, adjoint; E. Courcier, Frionnet, J. Robichon, Thomas, E. Vallade et L. Vallade, conseillers municipaux.

COMMUNE DE MAINCY.
(993 habitants.)

Même déclaration signée par MM. Alexandre, adjoint, faisant fonction de maire; Denis Cognet, Théodore Cognet, Ambroise Delaunoy, Auguste-Michel Delaunoy, Athanase Dubois, Denis-Hippolyte Dubois, Eugène Dubois, Jules-Hippolyte Dubois, Victor Jacquelin et Étienne Moussé, conseillers municipaux.

COMMUNE DE PRINGY.
(522 habitants.)

Même déclaration signée par MM. Dargent, maire; Camus, adjoint; Bureau, Beaumont, Caré, Cariot, Cayé, Lancien et Mondoz, conseillers municipaux.

COMMUNE DE SAINT-GERMAIN-LAXIS.
(193 habitants.)

Même déclaration signée par MM. Charles-Germain Lacheny, maire; Théodore Amant, adjoint; Constant Caron, Jean-Baptiste Jauvin, Léon Jauvin, Charles-Adolphe Lacheny, Albert Sebille et Jules Turpin, conseillers municipaux.

COMMUNE DE SAINT-OUEN.
(302 habitants.)

Même déclaration signée par MM. Honoré Sioux, maire; François David, adjoint; Anatole Bijard, Athanase Coutant,

Antoine Hulin, Pierre Marchand, Massé Tranquil fils et Jules Thibault, conseillers municipaux.

COMMUNE DE SAINT-MARTIN-EN-BIÈRE.
(443 habitants.)

Même déclaration signée par MM. Auroy, maire; Puot, adjoint; Barbier, J. Blanchard, Chartier, Delandre, Fourmelly, Ad. Jumeau, Mochard et J. Renault, conseillers municipaux.

COMMUNE DE VAUX-LE-PÉNIL.
(807 habitants.)

Même déclaration signée par MM. Nive, maire; Prats, adjoint; Dubec, conseiller d'arrondissement; Augneau, L. Dumaine, Joubier, E. Lalanne, P. Leroy, Ménager, A. Moissey et Jules-Louis Moissey, conseillers municipaux.

Arrondissement de Provins.

VILLE DE DONNEMARIE-EN-MONTOIS.
(1,031 habitants.)

Même déclaration signée par MM. Louis-Eugène Nalet, maire; Alexandre Bourcier, Jules Gendron, Louis-Eugène Gendarme, Pierre-Paul-Michel Fassier, Edmond Legrand, Dominique Prou et Jacques-Michel Serive, conseillers municipaux.

COMMUNE DE GASTINS.
(638 habitants.)

Même déclaration signée par MM. Guillory, maire; Bonsang, adjoint; Bourlier, Camus, Dollé, Hilaire, Maltaverne et Noël, conseillers municipaux.

COMMUNE DE MONS.
(405 habitants.)

A la déclaration ci-dessus, les soussignés ajoutent :
« Pour sauvegarder l'intérêt des populations rurales, nous
« demandons que l'obligation rigoureuse n'existe que du 1er oc-
« tobre au 1er juin ». — Signé par MM. Goyot, maire; Mayaud, adjoint; E. Blanchet, Carré, P. Delettre, J. Demesse, Finon et Huot, conseillers municipaux.

COMMUNE DE SAVINS.
(499 habitants.)

Même déclaration signée par MM. Pionnier, maire; Rigon, adjoint; Aveline, Achin, Paul Corne, Dumont, Fourtier et Perrot, conseillers municipaux.

COMMUNE DE SAINT-LOUP-DE-NAUD.
(740 habitants.)

Même déclaration signée par MM. Forgeot, maire; François, adjoint; Beaumont, Bodot, Chapotat, Coimod, Cordier, Corne, Givacquel, Limoule, Mellé et Saint, conseillers municipaux.

COMMUNE DE THÉNISY.
(418 habitants.)

Même déclaration signée par MM. Devo, maire; Villain, adjoint; Bureau, F. Gamé, Goise, Guillemain, E. Griès, Griès, Martin et Thierry, conseillers municipaux.

COMMUNE DE VILLENEUVE-LES-BORDES.
(414 habitants.)

Même déclaration signée par MM. Durand, maire; Ch. Colas, Decornoy, E. Entier, A. Fournier, A. Gaucher, L. Ray, Suino, et Thibault, conseillers municipaux.

Seine-et-Oise.

Arrondissement de Corbeil.

CANTON D'ARPAJON.
(2,779 habitants.)

Même déclaration signée par MM. Jumeau, maire; Vergelot premier adjoint; Chantroux, deuxième adjoint; Bontron, Corpechot, Dubois, Gaunoux, Jeanmaire, Fleury, Pepin, Petit, Robert, Saugé, Turquis, Triballot et Vrignoneaux, conseillers municipaux.

COMMUNE DE BRUNOY.
(2,037 habitants.)

Même déclaration signée par MM. Alablanche, Bernard, Bach Culan, Chauvel, Drouin, Gervaise, Mottheau, Pirolle et Vandard, conseillers municipaux.

Arrondissement d'Étampes.

VILLE D'ÉTAMPES.
(7,840 habitants.)

Même déclaration signée par MM. Bourdeau, maire; Breuil, premier adjoint; Moullé, deuxième adjoint; Béliard, Bouché, Bouillot aîné, Blanchet, Chalange, Duclos, Darenne, Dujoncquoy, Forteau, Grugeon, Jousset, Penot et Poussard, conseillers municipaux.

CANTON DE MÉRÉVILLE.
(1,591 habitants.)

Même déclaration signée par MM. Godeau, maire; Roussel, adjoint; Daubignard, Digard, Grenet, Lainé, Menager, Percheron, Sozet, conseillers municipaux; et Siron, secrétaire de la mairie

Arrondissement de Mantes.

COMMUNE DE ROSAY.
(270 habitants.)

Même déclaration signée par MM. Hamon, maire; Serville, adjoint; Guerpin, vénérable de la Loge de Mantes; Cotty, Lapierre, Lecomte, Leguay, Partel, Royer et Veillet, conseillers municipaux.

Arrondissement de Pontoise.

COMMUNE D'HARAVILLIERS.
(360 habitants.)

Même déclaration signée par MM. Xaxier Chouquet, adjoint; Jean-Louis Delendre, Constant Jorel, Grégoire Lecertisseur, Antoine Leduc, André Noël et Charles Rousselet, conseillers municipaux.

CANTON DE MARINES.
(1,575 habitants.)

Même déclaration signée par MM. E. Peyron, maire; Bonnefille, Danger, A. Dejouy, Duchesne, Duclos, Lelou et Rémé, conseillers municipaux.

Arrondissement de Rambouillet.

COMMUNE DE BEYNES.
(785 habitants.)

Même déclaration signée par MM. Boulanger, maire; Boulanger, Camus, Camus, Chemin, Féret, Ferou, Leduc, A. Lemoine, J. Meyrenaud, Thévenon, conseillers municipaux et par cent trois électeurs.

COMMUNE DE JOUARS-PONTCHARTRAIN.
(1,419 habitants.)

Même déclaration signée par MM. Stanislas Barrier, maire; Pierre-Antoine Hémard, adjoint; François Bienloin, Jean-Baptiste Cottin, Joseph Durvis, Pascal, Olivier Richard, Sénéchal, H. Thomas, Vallée jeune, conseillers municipaux, et par cinquante et un électeurs.

COMMUNE DE MAREIL-LE-GUYON.
(204 habitants.)

Même déclaration signée par MM. Henri Meunier, maire; Elisée Drouard, adjoint; Germain Grehier, Isidore Fosse, Denis Leblanc, Alphonse Maillard, Eugène Marchand, Eugène Michel, Louis Petit, Fulgence Thibaut, conseillers municipaux et 26 électeurs.

COMMUNE DE NEAUPHLE-LE-CHATEAU.
(1,221 habitants.)

Même déclaration signée par MM. Thiriot, maire; Lecourt, adjoint; Belhomme, Dr Bertrand, Desclefs, Langlois, Londeau, Ed. Martin, Noël, Royer, conseillers municipaux, et soixante-sept électeurs.

COMMUNE DE NEAUPHLE-LE-VIEUX.
(435 habitants.)

Même déclaration signée par MM. Connétable, adjoint; Auber, Cauville, Chapuis, Gautier, Mousset, conseillers municipaux et trente-neuf électeurs.

COMMUNE DU TREMBLAY.
(360 habitants.)

Même déclaration signée par MM. Gillet, maire; Meudebert, adjoint; Gilbert, Flé, Mongé, conseillers municipaux, et vingt-deux électeurs.

Arrondissement de Versailles.

COMMUNE DE CRESPIÈRES.
(710 habitants.)

Même déclaration signée par MM. J. Rollet, maire; Herse, adjoint; Boulard, Delacre, Flamery, Gaudoin, Gilleron, R. Goupy et Masson, conseillers municipaux.

COMMUNE DE MAULE.
(1,311 habitants.)

Même déclaration signée par MM. Fosse, maire; Roussey, adjoint; Bouland, Bertrand, Blanchard, Charlier, Dubois et D' Piton, conseillers municipaux.

VILLE DE MEULAN.
(2,374 habitants.)

Même déclaration signée par MM. Morand, adjoint; Jozon, conseiller général et conseiller municipal; Berthaux, Ferran, Moutardier, Ribault, Roussel, Soulier, conseillers municipaux, et par trois cent vingt et un électeurs.

CANTON DE PALAISEAU.
(2,464 habitants.)

Même déclaration signée par MM. Bouclier, maire; Evêque, adjoint; Bouzinard, conseiller d'arrondissement et conseiller municipal; Beaujin, Bourgeron, Bouclier, Boyard, Chevalier, Louis Dupont, Imbault, Lécalon, Racary, A. Taphalèchat et Thibault, conseillers municipaux.

CANTON DE POISSY.
(5,063 habitants.)

Même déclaration signée par MM. H. Garnier, maire; J. Besanson, Calutel, Costier, H. Chaumont, L. Courant, Deliance, P. Fouquet, Gantherot, Lambet, Lefranc, Maréchal, Réau, Simon, adjoint et conseillers municipaux.

CANTON DE SÈVRES.
(6,552 habitants.)

Même déclaration signée par MM. Journault, maire; Delaporte, premier adjoint; Mathieu, deuxième adjoint; Brocchi, Deplaix, Gallet, Grillet, Laurent, Pernot, Rejoux, Thion, Tempier, conseillers municipaux.

COMMUNE DE TRIEL.
(2,351 habitants.)

Même déclaration signée par MM. Tallois, conseiller d'arrondissement et conseiller municipal; Blouin, A. Parvery, Pion, Orbinau, Touillet, Denis Tréhoux et Paul Vallin, adjoint et conseillers municipaux.

Sèvres (Deux-)

Arrondissement de Melle.

COMMUNE DE MOUGON.
(1,413 habitants.)

Même déclaration signée par MM. Chaigneau, maire; Pierre Richard, adjoint; Pierre Bergeou, François Bonneau, Braconnier Deljhin, Elie Braconnier, Louis Braconnier, Jacques Gaudin, Jacques Richard et François Richard, conseillers municipaux.

COMMUNE DE SAINT-MARTIN D'ENTRAIGUES.
(345 habitants.)

Même déclaration signée par MM. Jean Daguzay, maire et chevalier de la Légion d'honneur; Jean Gendreau, adjoint; François Balbis, Clément Dousset, Charles Mignoux, Louis Moreau, Louis Perote, François Vesque, Jean Videau et Jacques Videlin, conseillers municipaux.

Arrondissement de Niort.

CANTON DE CHAMPDENIERS.
(1,326 habitants.)

Même déclaration signée par MM. M. Joyon, maire; Fayard, adjoint; Léodenaivre, président du conseil d'arrondissement et conseiller municipal; Belleculée, C. Dupont, L. Danty, A. Favriau, L. Frère et le Dʳ Rivochon, conseillers municipaux.

COMMUNE DE FRANÇOIS.
(636 habitants.)

Même déclaration signée par MM. François Bicaut, maire et conseiller d'arrondissement; E. Braconnier, adjoint; Bonnet, Louis Benest, Louis Cacouault, J. Desmier, Louis Girault, André Olin et V. Tevrès, conseillers municipaux.

COMMUNE DE ROUVRE.
(276 habitants.)

Même déclaration signée par MM. Sionnau, maire; Louis Barbaud, Charles Brunet, Jacques Russail, Joseph Sicot et Louis Sionneaux, conseillers municipaux.

COMMUNE DE SAINT CHRISTOPHE-SUR-ROC.
(694 habitants.)

Même déclaration signée par MM. Joseph Gaillée, maire; François Vivier, adjoint; Jacques Bontemps, François Chollet, Louis Guérin, C. Métayer, François Morineau, Jean Pié, Louis Trouvé et François Vaidy, conseillers municipaux.

COMMUNE DE SAINT-GEORGES-DE-REX.
(512 habitants.)

Même déclaration signée par MM. Richard, maire; P.-C. Boudeau, adjoint; Bailly, F. Cardinaud, Cardinaud fils, F. Jeanneau, J. Jourdain, J. Polloquin, F. Tardy et P. Texier, conseillers municipaux.

VILLE DE SAINT-MAIXENT.
(4,259 habitants.)

Même déclaration signée par MM. Goguet, maire; Nicolas, adjoint; Amail-Granet, Airault, Blain, Bonnan, Cabaille, Chéreau, Foulard, Gelin, Hays, Massé, Mussat, Perrain, Perrin, Seignourin et Vallet, conseillers municipaux.

COMMUNE DE XAINTRAY.
(513 habitants.)

Même déclaration signée par MM. Lucien Baillet, maire; Frédéric Richard, adjoint; Louis Baribeau, François Breillac, André Catholineau, Pierre Guion, Pierre Martin, Augustin Trouvé et Pierre Vandé, conseillers municipaux.

Somme.

Arrondissement d'Abbeville.

COMMUNE DE FEUQUIÈRES.
(1,732 habitants.)

Même déclaration signée par MM. F. Ducorroy fils, maire et conseiller d'arrondissement; Decayeux, adjoint; Ferdinand Davergne, Davergne, Decayeux, Delaporte, Dolattre, Delusdin, Hourdasille, E. Lafillé, Lefrançois, Lion et J. Mabille, conseillers municipaux.

COMMUNE DE VALINES.
(591 habitants.)

Même déclaration signée par MM. Anthime Leclercq, maire; Ferdinand Baudinelle, adjoint; Adolphe Decayeux, Hippolyte Denis, Alfred Forestier, Hippolyte Forestier, Adonias Gaudron, Fidèle Leclercq, Médéric Leclercq, Aimable Parmentier et Jacques Zenobé, conseillers municipaux.

Arrondissement d'Amiens.

COMMUNE D'ANDAINVILLE.
(548 habitants.)

Même déclaration signée par MM. Olive, maire; Boubert, Canaple, Jolly, Laigne, Letellier et Gaston Vilbert, conseillers municipaux.

COMMUNE D'AUMATRE.
(437 habitants.)

Même déclaration signée par MM. A. Verdure, maire; Auguste Corroy, Defrance père, Albert Fortel, Gricourt, Gustave Seigneur et Prudent Seigneur, conseillers municipaux.

COMMUNE DE BELLOY-SUR-SOMME.
(979 habitants.)

Même déclaration signée par MM. Gaudard, maire; Robert, adjoint; Beauveronne, L. Deruelle, Dupontreué, Fauchon et E. Wier, conseillers municipaux.

COMMUNE DE BERNAPRÉ.
(130 habitants.)

Même déclaration signée par MM. L. Doblesse, maire; Thiebault, adjoint; Buisson, Ferrand, A. Frarey, Regnier, Regnier, Sorrel, Sinoquet et Thierry, conseillers municipaux.

COMMUNE DE BOVES.
(1,803 habitants.)

Même déclaration signée par MM. Dr J.-B. Alexandre Vasseur, maire; Demarcy, adjoint; Jean Barbier, Edouard Corbillon, Clément Cresson, Edmond D'Hanguet, Fortuné Estore, Jean-Baptiste Foy, Joseph Hénon, J.-B. Leconte, Eugène Leconte, Claude Régnier et Constant Thivet, conseillers municipaux.

COMMUNE DE BUSSY-LES-DAOURS.
(401 habitants.)

Même déclaration signée par MM. Hyacinthe Delambre, maire; Stéphanie Grévin, adjoint; Auguste Cavillon, Darras-Léger, Adrien Desaintpol, J. Duterlin, Xavier Grévin, Désiré Herbet, Agathon Mallet et Cyprien Poiré, conseillers municipaux.

COMMUNE D'EQUENNES.
(312 habitants.)

Même déclaration signée par MM. Achille Gravet, maire de Saint-Machon, J.-B. Houbillard, Eléonor Liétard, Jules Normand, Prosper Pellerin, Petit-Renne et Désiré Sainneville, conseillers municipaux.

COMMUNE DE FLIXECOURT.
(2,007 habitants.)

Même déclaration signée par MM. Sainte, maire; E. Flandre, adjoint; Bondoux, Carpentier, Duhamel, Duval, Fricot, Guillouard, Latoux, A. Lebrun, Papin, B. Polet et Sainte, conseillers municipaux.

COMMUNE DE FOUILLOY.
(989 habitants.)

Même déclaration signée par MM. Ch. Lavallard, maire; C. Guilbert, adjoint; Augustin Boulan, A. Cottrelle, L. Callot, Laigne, Maximilien Liscourt, Oscar Lhomme, Noiret-Barbier et Alfred Noiret, conseillers municipaux.

COMMUNE DE PIERREGOT.
(392 habitants.)

Même déclaration signée par MM. Debeauviez, maire; Bernault, Duval, Duval, Foné, Tupmine, Tellier et Walet, conseillers municipaux.

COMMUNE DE QUEVAUVILLERS.
(1,004 habitants.)

Même déclaration signée par MM. Vilain, maire; Dr Berneuil, V. Dussenfourmain, Lefèvre, Lemaître, Marquant, J. Marquant, Montelle, Mille, Normand, L. Paillard, Percheval et Permessier, conseillers municipaux.

COMMUNE DE SAINT-SAUVEUR.
(1,214 habitants.)

Même déclaration signée par MM. Brandicourt, maire; E. Lavoine, adjoint; A. Dupuis, A. Gaudefroy, A. Héluin, S. Martin, A. Pecquet, Jean-Baptiste Séné, Séné-Pecquet, Prudent Séné, N. Testu et Vast, conseillers municipaux.

COMMUNE DE SENARPONT.
(590 habitants.)

Même déclaration signée par MM. G. Fouilloy, maire, président de la délégation cantonale; Dʳ Savreux, adjoint; Bigorne-Oin, Léonce Brunel, Buzeaux, Delcourt, Hercelin, Théophile Lefebvre, Joseph Leblond, Levasseur, Mathorel et Sinoquet, conseillers municipaux.

COMMUNE DE VILLERS-BRETONNEUX.
(5,356 habitants.)

Même déclaration signée par MM. Alexandre Outrequin, maire; Bidard-Gossard, Dieu-Poirion, J.-B. Dieu, D'Hoilly-Hordé, Alphonse D'Hoilly, Geoffroy Drouard, Goret-Goudard, C. Laya et Obry-Boullenger, conseillers municipaux.

Arrondissement de Doullens.

CANTON DE BERNAVILLE.
(1,000 habitants.)

Même déclaration signée par MM. Emile Blondelu, maire; Jules Bocquillon, Alphonse Bézu, Auguste Cabochart, Eugène Delasorne, De Saint-Riquier-Rohant, Jules Elluin, François Godart, Ernest Mahélin, François Macron, conseillers municipaux, et Dargent, secrétaire de mairie.

CANTON DE DOMART-EN-PONTHIEU.
(1,243 habitants.)

Même déclaration signée par MM. Auguste Blondelu, maire Saint-Aubin, adjoint; Allix, Ancelin, Béreux, Damerval, Linier, Moinet, Petit et Promont, conseillers municipaux.

COMMUNE DE SAINT-LÉGER-LES-DOMART.
(1,125 habitants.)

Même déclaration signée par MM. Morel, maire; Pecquet, adjoint; Delassus, Duport, N. Duport, Leroy et Vasseur, conseillers municipaux.

COMMUNE DE SAINT-OUEN.
(1,513 habitants.)

Même déclaration signée par MM. Rousselle, maire; Flandre, F. Gods, Gosselin, Helluin, Legrand, Loyer, Lemaire, Manier, Maupin, Pruvot, Roux, Sevin et Tellier, conseillers municipaux.

Arrondissement de Montdidier.

COMMUNE D'ARVILLERS.
(1,333 habitants.)

Même déclaration signée par MM. Leclercq, maire; Quillet, adjoint; Carette père, Auguste Daire, Fichaux-Normand et Harduin, conseillers municipaux.

COMMUNE DE BUS.
(236 habitants.)

Même déclaration signée par MM. Gudary, maire; Déchelle, adjoint; Binant, Dequivre, Heurtaux, Joseph Prouillet, Prouillet, Quenu et Trouvain, conseillers municipaux.

COMMUNE DU MESNIL-SAINT-GEORGES.
(192 habitants.)

Même déclaration signée par MM. A. Labitte, maire; Gadiffort, adjoint; Bonnay, Achille Delaporte, Alexandre Delaporte, Nathalis Massé, Jean-Baptiste Millon, Adolphe Robillard et Vincent, conseillers municipaux, et par quinze électeurs.

Arrondissement de Péronne.

COMMUNE D'EPPEVILLE.
(780 habitants.)

Même déclaration signée par MM. Lanne, maire; Lequeux, adjoint; Dejeune, Dive, Fauchon, Legendre, A. Paux, Reine-Vacheux, Soyer-Roux, conseillers municipaux.

CANTON DE HAM.
(3,122 habitants.)

Même déclaration signée par MM. Mercier, maire ; Achille Bernot, conseiller général et conseiller municipal ; Carabin, Detrée, Dupret, Granier, A. Leblanc, G. Lefevre, E. Matrat, Marié, Minotte et Normand, conseillers municipaux.

VILLE DE NESLE.
(2,377 habitants.)

Même déclaration signée par MM. Savary, maire ; Croquin, adjoint, Beaudoin, Braillon, Duhamel-Cailleux, Guilbert-Chatelain, Jules Le Roy et D. Obry, conseillers municipaux.

Tarn-et-Garonne.

Arrondissement de Moissac.

COMMUNE DE LIZAC.
(705 habitants.)

Même déclaration signée par MM. Nougayrède, maire ; Meric, adjoint ; Auglas, Bellac, Bozouls, Delouse, Durand, Falguières, Olivier et Sahuc, conseillers municipaux.

Var.

Arrondissement de Brignoles.

CANTON DE COTIGNAC.
(2,853 habitants.)

Même déclaration signée par MM. Victor Valence, maire ; Balthazar Senas, adjoint ; Lambert Simon, conseiller général et conseiller municipal ; Loius Abeille, François Capus, Emmanuel Carmagnolle, Louis Carmagnolle, Joseph Garcin, Fortuné Garnier, Martin-Blanc, Joseph Martin, Honoré Malinard, Louis Pin, François Pic, Hippolyte Reboul, Jean-Baptiste Roux, conseillers municipaux, et par 76 électeurs.

COMMUNE DE GARÉOULT.
(1,104 habitants.)

Même déclaration signée par MM. Aubin, maire ; Granet, conseiller général ; Aurrens, Grisolle, Auguste Grisolle, B.

Gueit, Pinaud, Rolland, A. Ricoux et L. Trotobas, conseillers municipaux.

COMMUNE DE MAZAUGUES.
(593 habitants.)

Même déclaration signée par MM. Henri Banniot, maire; Canotto, adjoint; Abram, Aurran, Barbaroux, Granet, Long, Ragon et Tratobas, conseillers municipaux.

COMMUNE DE NÉOULES.
(574 habitants.)

Même déclaration signée par MM. Victor Emeric, maire; D. Bays, B. Brémond, C. Bourguignon, L. Bourguignon, Xavier Long, Joseph Sape, Aimé Simon, conseillers municipaux, et douze électeurs.

CANTON DE RIANS.
(2,511 habitants.)

Même déclaration signée par MM. Dr Alpheran, maire; Rolland, premier adjoint; Beguet, deuxième adjoint; Auguste, Baille, Blanc, Coquillat, Daumas, Durand, Dauphin, Grisolle, Jullien, Laurent, Leydet, Mauric et Peyron, conseillers municipaux.

CANTON DE ROQUEBRUSSANNE.
(1,119 habitants.)

Même déclaration signée par MM. François Sabatier, maire et conseiller d'arrondissement; Amédée Audigier, Louis Christinel, François Félicien, Denis Juès, Siméon Juès, Auguste Reynaud, Ferdinand Reynaud et Joseph Zanetta, conseillers municipaux.

Arrondissement de Draguignan.

VILLE DE DRAGUIGNAN.
(9,223 habitants.)

Même déclaration signée par MM. Oscar Michel, maire: Sylvestre Béranger, Victor Brunet, Victor Brunet, Jean-Baptiste Barbaroux, Louis Bertrand, Antoine Boucharla, Joseph Bodeillat, Symphorien Clavier, André Guiol, Jean-Baptiste Leitzelleman, Honoré Maunier, Antoine Martin, François Michel, Joseph Mouriès, Jacques Reboul et Jean Serraillier, adjoint et conseillers municipaux.

CANTON DE FAYENCE.
(1,810 habitants.)

Même déclaration signée par MM. Antoine Michel, maire; J.-Louis Carlevau, adjoint; J.-B. Blanc, Marius Laugier, Joseph Lucain, J. Martel, J. Justin, André Perrimond, François-Martial Perrimond, Pierre-Marc Perrimond et Louis Roustan, conseillers municipaux.

COMMUNE DE GASSIN.
(804 habitants.)

Même déclaration signée par MM. Roubeuf, maire; Chauvin, adjoint; Auzile, Audibert, Condroyer, Gastaud, Gautier, L. Chic, Héraud et Ollivier, conseillers municipaux.

CANTON DE GRIMAUD.
(1,117 habitants.)

Même déclaration signée par MM. Louis Olivier, maire; Emile Gattus, adjoint; Amédée Michel, juge de paix, conseiller d'arrondissement et conseiller municipal; Lucien Bauc, Léopold Couze, Emile Famot, Philippe Fabre, Eugène Girard, François Hermieu, Albert Jean et Emile Sénéquier, conseillers municipaux.

COMMUNE DE LA MOLE.
(368 habitants.)

Même déclaration signée par MM. A. Roux maire; Giraud, adjoint; Codou, Hermieu, Martin, Porre, Roux et Roux, conseillers municipaux.

CANTON DE LORGUES.
(4,210 habitants.)

Même déclaration signée par MM. Fichet, maire, chevalier de la Légion d'honneur; Collouys, premier adjoint; Perreymond, deuxième adjoint; Dr Cardouan, conseiller général et conseiller municipal; Louis Arnaud, Auguste Brun, Pierre Adacoust, Adrien Courchet, François Courdouan, Marius Courdouan, Emile Demay, Barth.-J. Gaurraud, Antoine Girard, Adolphe Jancelin, François Lautier, Dominique Lombard, Marcel Maunier, Esprit Raibaud, Etienne Sautin et Remy Vigne, conseillers municipaux.

CANTON DU LUC.
(3,526 habitants.)

Même déclaration signée par MM. Victor Philibert, maire ; Gustave Fournier, adjoint; Henry Bernard, Augustin Bouffier, Ferdinand Jassaud, François Jourdan et Joseph Second, conseillers municipaux; Lavagne, secrétaire de la mairie, Emile Chauvet, Joseph Scaléro, instituteurs; Louis Laborde, receveur d'octroi ; Vincent Bonnet, sergent de ville; Gustave Guichard, garde champêtre; et par cent soixante et un négociants ou cultivateurs.

COMMUNE DE MONS.
(1,000 habitants.)

Même déclaration signée par MM. Antoine-Alban Mireur, maire; Pierre Audibert, Jean-Baptiste Bertou, Pierre-Joseph Castely, Louis Férand, Augustin-Isaac Gras, Jean-Baptiste Pelacy, Jean-Honoré Sardou et André-Marius Stable, conseillers municipaux.

COMMUNE DE RAMATUELLE.
(684 habitants.)

Même déclaration signée par MM. Bénet, adjoint ; Bénet, Corel, Martel, Olivier, Olivier et Surle, conseillers municipaux.

COMMUNE DE ROQUEBRUNE.
(2,030 habitants.)

Même déclaration signée par MM. André, maire ; Victor Boyer, adjoint; Pascal Audéole, conseiller général et conseiller municipal ; André Barthélemy, Léon Allou, Jean Avoix, Marius Blay, Philémon Caille, Charles Coulomb, Antoine Duplastre, Barthélemy Fabre, Pierre Fabre, Antoine Faugniaire, Pierre Isnard, Charles Laudon et Louis Peyre, conseillers municipaux.

COMMUNE DE ROQUE-ESCLAPON
(219 habitants.)

Même déclaration signée par MM. Paul-Ferdinand Garnier, maire; J.-B. Ricaud, adjoint; Pierre Collomp, Jean-Joseph Fouques, J.-B. Lions, Louis-Simon Lions, Simon-Adhérant Lions, François Marin, Auguste Porre et Jean Baptiste Veyan, conseillers municipaux.

COMMUNE DE SAINT-PAUL-LES-FAYENCE.
(454 habitants.)

Même déclaration signée par MM. Augustin Niel, maire; Jacques Astier, Jean Astier, Vincent Bertrand, Laurent Fabre, Laurent Gibelin, Joseph Laurent et Joseph Roustan, conseillers municipaux.

CANTON DE SAINT-TROPEZ.
(3,531 habitants.)

Même déclaration signée par MM. Capuro, maire; Barbier et Barret, adjoints; Bélardi, Jean-Baptiste Capus, Galys, J. Gardanno, Gérard, Justin Laugier, Mallet fils, Ch. Marin, J. Maria, L. Michel, L. Olivier, Denis Sevoulle et Louis Vidal, conseillers municipaux.

COMMUNE DE TOURRETTES.
(762 habitants.)

Même déclaration signée par MM. Camille Pascal, maire; François Giraud, adjoint; Antoine Anne, Collomp-Pons, Alexandre David, Jean Ferrand, Henri Lyons, François Maria et Joseph Roux, conseillers municipaux.

COMMUNE DE VIDAUBAN.
(3,132 habitants.)

Même déclaration signée par MM. Edouard David, maire; Alphonse Arnaud, Henri Aycard, Paul Barry, Louis Barrus, Jean Joseph Blanc, Alexandre Caramagnol, Marius Gros, Louis Henry, Jean-Baptiste Icard, Pierre Jacquet, Ludovic Reboul, Léon Rival, Alexandre Raibaud, Clément Roux et Jean-Baptiste Thoubert, conseillers municipaux.

Vaucluse.

Arrondissement d'Apt.

COMMUNE DE BEAUMETTES.
(147 habitants.)

Même déclaration signée par MM. Jean Bourgin, maire; Célestin Martin, adjoint; Hippolyte Auragnier, André Bourgue, Martin, Baptiste Michel, Porte Mathieu et Victorius Viens, conseillers municipaux.

CANTON DE GORDES.
(2,512 habitants.)

Même déclaration signée par MM. Félix Vayson, maire; Jean-Baptiste Auphan et Firmin Rey, adjoints; Daniel Appy, Etienne Bourgue, Joseph Dauphin, Aimé Hardy, Alexis Molinas, Clair Moutin, Jacques Perrottet, Emile Peyron, Jean Robert, Léon Silvan et Frédéric Sylvestre, conseillers municipaux.

COMMUNE DE GOULT.
(1,597 habitants.)

Même déclaration signée par MM. Jules Arnaud, maire; François Ripert, adjoint; Etienne Bourgue, Daumas, Grégoire, Grégoire, Jean, Joseph Malbec, Jean Mathieu, Molinas, Firmin Silvestre et Tassy, conseillers municipaux.

COMMUNE DE JOUCAS.
(397 habitants.)

Même déclaration signée par MM. Rastouil, maire; Lubaud, adjoint; Cabrier, Gardiol, Gaudin, Auguste Ripert, Silvestre et Victor Vincent, conseillers municipaux.

COMMUNE DE MURS.
(616 habitants.)

Même déclaration signée par MM. Bruno Vayson, maire; Casimir Galilée, adjoint; Hilaire Bérard, Baptiste Bourgue, Prosper Bourgue, Antoine Icard, Baptiste Jean, Joseph Maurel, Denis Richard, Roman-Rabot et Joseph-Mathieu Viens, conseillers municipaux.

Arrondissement d'Avignon.

COMMUNE DE CABRIÈRES D'AVIGNON.
(722 habitants.)

Même déclaration signée par MM. Pierre Armand, maire; Anatole Picard, adjoint; Joseph Burle, Louis Burle, François Imbert et Marc-Etienne Vachier, conseillers municipaux.

COMMUNE DE LAGNES.
(973 habitants.)

Même déclaration signée par MM. A. Vélen, maire; Louis Baud, François Clareton, Michel Florent, Ulrich Juillan, Joseph

Raoux, Eugène Serre, Véran Serre et Véran Teste, conseillers municipaux.

VILLE DE LISLE
(6,508 habitants.)

Même déclaration signée par MM. Frédéric Fourmon, maire; Léon Bessy et Alphonse Bigot, adjoints; Théodore Allibert, Louis Arnavon, François Boudin, François Blache, Gaspard Brun, Louis Brun, Louis Clareton, Pierre Donnat, Pierre Favier, V. Geoffroy, Louis Guiramaud, Louis Gambet, Pierre Isnard, Louis Joly, Joseph Julian, Laurent Miraillet, Daniel Monition, Louis Nouguier, Dominique Pinpin et François Robert conseillers municipaux.

COMMUNE DE SAINT-SATURNIN-LÈS-AVIGNON.
(1,762 habitants.)

Même déclaration signée par MM. C. Ferrier, maire; François Bérard, Joseph Blanc, Etienne Brunier, Alphonse Doye, Alphonse David, Anicet Estevenin, Jean Ferrier, André Génin, Jean-Baptiste Grassot, Eugène Mondon, Bénony Mentillon, Léon Perdiguier et Jean Teste, conseillers municipaux.

Arrondissement de Carpentras.

VILLE DE CARPENTRAS.
(10,479 habitants.)

Même déclaration signée par MM. Poujade, maire, député; Gautier, premier adjoint; Guérin, deuxième adjoint; Aulagne, Allègre, Bonfils, Blauvas, Chabaud, Cazimir, A. Comtat, Eysserie, Fabre, Illi, Jurand, Lagier, Largaud, Lazare, G. Maurel, Louis Mely, Moulin, Rayne fils et Robert, conseillers municipaux.

COMMUNE DE CRILLON.
(548 habitants.)

Même déclaration signée par MM. Jean-François Villon, maire; Auguste Blouvac, adjoint; Auguste Barmoin, Joseph Constantin, François Gamoin, Victor Gigoy, Eusèbe Girard, Jean Auguste, Gabriel Pleindoux et G. Roux, conseillers municipaux.

COMMUNE DE FLASSAN.
(472 habitants.)

Même déclaration signée par MM. Michel, maire; Jean, adjoint; Augier, Bonnefoux, Constant, Curnier, Jean, Latour et Villon, conseillers municipaux.

COMMUNE DE MORMOIRON.
(2,110 habitants.)

Même déclaration signée par MM. Vialis, maire; Arnavon, Bezert, A. Bontoux, Bugnol, Cartoux, Conil, Conil, A. Michel, Reynald, Rimbert, Rupart et Saurell, conseillers municipaux.

COMMUNE DE VILLES.
(1,355 habitants.)

Même déclaration signée par MM. Aimé Tissot, maire; Reynaud, adjoint; André Gassin, conseiller d'arrondissement; Arnoux, Joseph Chaud, Floret, Jules Gassin, Théodore Provane, Joseph Saturnin, Laurent Siaud, Torras et Terruz, conseillers municipaux.

Arrondissement d'Orange.

VILLE D'ORANGE.
(10,212 habitants.)

Même déclaration signée par MM. Paul de Gasparin, maire; Dr Alfred Dugat, Émile Moniez, adjoints; Louis Allemand, Auguste Allard, Briançon Mathieu, François Bommenel, Henri Capty, Charles Colomb, Esprit Divol, Louis Laugier, Léon Mialon, Jérôme Marchand, Casimir Moynier, Jules Mallan, Etienne Prudent, Thomas Piellat, François Richard, Alexis Rebattu, Urbain Robert, Julien Roux et Masius Ville, conseillers municipaux.

CANTON DE BOLLÈNE.
(5,478 habitants.)

Même déclaration signée par MM. Henri Reynaud de la Gardette, maire; Dr Pierre Goudareau, conseiller général, Évariste Philip et Michel Varène, conseillers d'arrondissement; Paul Besson, André Berger, Joseph Bourbonnet, Joseph Chouvet, Siffrein Combo, Alexandre Crespo, Maximin Dailho, Albert Gleizal, André Hugues, Cyrille Jullien, Pascal Lassagne,

François Loque, Casimir Michel, Henri Panchin, Joseph Raoux, Auguste Taillou et Louis Tourtin, conseillers municipaux.

COMMUNE DE LAPALUD.
(2,322 habitants.)

Même déclaration signée par MM. Gassiau, maire; Simon Tauponas, adjoint; Hippolyte Arsac, Louis Auzy, Marius Buffier, Joseph Chaussy, Laurent Dagard, Martial Giraud, Laurent Nouguier, Joachim Peyron et Auguste Sauvet, conseillers municipaux.

COMMUNE DE MONDRAGON.
(2,585 habitants.)

Même déclaration signée par MM. Eugène Couder, maire; Pierre-Louis Clariot, adjoint; Antoine-Philis Olivier, adjoint; Etienne-Appolinaire Arnaud, Pierre Bernard, Alexis-Urbain Boyer, Louis-Martin Brugnier, Pierre-Auguste Charrier, Pierre-Zéphirin Clariot, Joseph Deidier, François-Xavier Fumat, Simon François Imbert, Jean-Eugène-Tuphime Marcellin, Etienne-François Mège, Prosper-Fiacre Olivier, François Pradelle-Lacroix, Auguste Roux, Charles Maurice-Roux, Pierre-Sylvestre Toulle, conseillers municipaux, et Jean-Joseph Blazy, secrétaire de la mairie.

COMMUNE DE MORNAS.
(1,391 habitants.)

Même déclaration signée par MM. Joseph Sabatier, maire; Ferdinand Joanin, adjoint; Louis Béraud, Louis Boyer, Gabriel Gilles, Ange Monnet et Jean-André Tinel, conseillers municipaux.

COMMUNE DE SAINTE-CÉCILE.
(2,146 habitants.)

Même déclaration signée par MM. Pierre-Martin Goudareau, maire; Augustin Saussac, adjoint; Denis Bourret, Henri Chabrol, Joseph Crozet, Joseph Dupré, Auguste Farjon, Adrien Monier, Esprit Pouzol, Calixte Pouzol, Denis Quenin, Joseph Quenin, Auguste Seu et Joseph Verchère, conseillers municipaux.

CANTON DE VALRÉAS.
(4,705 habitants.)

Même déclaration signée par MM. Daurand fils, maire; Aubenas, Louis Barnier, Euloge Barral, Auguste Brachet, Ernest Descour, Joseph Filliol, L. Françon, Antoine Gras, Joseph Masson, Henri Merson, André Monier, Pamphile Borde, Xavier Pic, Louis Philibert, Joseph-Michel Raymond, Auguste Raymond, Toussaint Reyre, Jules Roubé, Ange Sauret, Vallier et Varnouzon aîné, conseillers municipaux.

Vendée.

Arrondissement de la Roche-sur-Yon.

VILLE DE LA ROCHE-SUR-YON.
(9,755 habitants.)

Même déclaration signée par MM. Périer, maire; Chassant, premier adjoint; David, deuxième adjoint; Borion, Boisson, Courant, Dumy, Et. Febvre, Galipeau, Guillemé, Genot, Girard, Giboteau, Jourde, Le Roux, Loizeau, Eug. Louis, Le Boyer, Motheau, Mercier, Moreau, Pontarlier, Tandil aîné, conseillers municipaux.

COMMUNE DE BOURNEZEAU.
(2,227 habitants.)

Même déclaration signée par MM. Daniel Lacombe, maire et conseiller général; Renoud, adjoint; Boisliveau, Bibard, Bristeau, Marchand, Morin, L. Monnereau et Rouillon, conseillers municipaux.

COMMUNE DE LA CHAIZE-LE-VICOMTE.
(2,496 habitants.)

Même déclaration signée par MM. Péaud, maire; Tacaud, adjoint; Borion, Victor Dézainy, Denis Daviot, Émile Dorie, Léon Loiseau, Marchand, Narcisse Mandin, Micheau, Ratouet, Victor Robin et Justin Rousseau, conseillers municipaux.

COMMUNE DE LA FERRIÈRE.
(2,205 habitants.)

Même déclaration signée par MM. Brancard, maire; Ch. Ratier, adjoint; E. Batiot, A. Brancard, Debien, F. Drapeau,

Fort, Girardeau, Mallard, Nexiau, Perrin, Regrenil, Robert et Sorin, conseillers municipaux.

CANTON DE MONTAIGU.
(1,700 habitants.)

Même déclaration signée par MM. D¹ Alfred Gouin, maire et délégué cantonal; Ouillon et Léon Rigaud, conseillers municipaux et délégués cantonaux; Boidron, Chapelain, Calixte Durand, Duroussy, Garraud, A. Guilleaux, Michelon, Pairraud, Joseph Sicot et T. Thiérot, conseillers municipaux.

COMMUNE DE MOUCHAMPS.
(2,850 habitants.)

Même déclaration signée par MM. Detroye, maire; Gendron, premier adjoint; Flandrois, deuxième adjoint; Bloteau, Bridonneau, Cousineau, Deladouèspe, Deverteuil, Grenon, Héraud, Mathieu, Michaud, Pilastre, Rotureau, Sarazin, Soulard, Thomas et Tremblet, conseillers municipaux.

Vienne.

Arrondissement de Civray.

COMMUNE DE COUHÉ.
(1,757 habitants.)

Même déclaration signée par MM. D¹ Chargelaigue, maire; Marc Desmarest, adjoint; Andron, Bigeon-Groisil, Auguste Braud, Martial Demelier, Léopold Dubois, Louis Fouchet, Granger aîné, Ulysse Lalande, Jules Lenoir, Daniel Liège, Jean Rossignol et Seillier père, conseillers municipaux.

Arrondissement de Montmorillon.

COMMUNE D'ADRIERS.
(1,917 habitants.)

Même déclaration signée par MM. Antoine Thiaudière, maire; Ulysse Charpentier, Paul Chauvet, Pierre Crosnier, Jean Dubaz, François Guerrin et René Latus, conseillers municipaux.

Arrondissement de Poitiers.

VILLE DE POITIERS.
(33,253 habitants.)

Même déclaration signée par MM. Tantin, adjoint, faisan-onctions de maire; Doucet, adjoint; D¹ Auché, Augé, Brixtf

Bruère, Bolley, A.-E. Chaignet, Chataignon-Amirault, Drouin, Guimbaud, Guitteau, A. Gassan, Léon aîné, Lorne, Mesmin, E. Réau, Sabourin et Thiéry, conseillers municipaux.

COMMUNE DE CLOUÉ.
(503 habitants.)

Même déclaration signée par MM. Granger-Richard, maire; Jean Barillot, Chauvineau, d'Agoutienne, F. Grangé, E. Martin, Pain, H. Pairon, Pierre Roullet et P. Viault, conseillers municipaux.

Haute-Vienne.

Arrondissement de Bellac.

COMMUNE DE THIAT.
(736 habitants.)

Même déclaration signée par MM. Léon Herbert, maire; P. Desbrousses, adjoint; Silvain Desbrousses, Baptiste Garrillat, Pierre Pescher et René Prot, conseillers municipaux.

Arrondissement de Limoges.

CANTON DE SAINT-LÉONARD.
(5,089 habitants.)

Même déclaration signée par MM. Daniel Lamazière, maire; ancien représentant du peuple; Georges Seidenbinder et Simon Voisin, adjoints; Dr Léonidas Voisin, conseiller d'arrondissement; Barrière, receveur central de l'octroi; Marquet, secrétaire en chef de la mairie; Bazin, Bigus, Chamarat, Chillon, Couturier, Francillon, Dumas James, François Magy, Marquet, Mounier, Pommepy, Romefort, Rougerie, Rouchon et Valière, conseillers municipaux.

Arrondissement de Rochechouart.

VILLE DE SAINT-JUNIEN.
(8,221 habitants.)

Même déclaration signée par MM. Thomassin, maire; Dumas, Jourdy, adjoints; Codet, député, conseiller municipal; Pouliot, conseiller général; Desvergnes, Lafont-Defage, Roché, conseillers d'arrondissement et conseillers municipaux; Bourdy, Dubant, Dussoubz, Darconnat, Ferrand, Gaillard, Giboin, Granet, Maublanc, Peyretout, Raymond, Tarrade, Teilliet, Vignaud et Vincent, conseillers municipaux.

Arrondissement de Saint-Yrieix.

VILLE DE SAINT-YRIEIX.
(7,429 habitants.)

Même déclaration signée par MM. Ch. Denuelle, maire; Ph. Toussain, premier adjoint; J.-B. Lacoste, deuxième adjoint; Camille Abria, F. Arnaud, Bayle, Cellérier, Escorne, Féral, Grangé, F. Lachâtre, Marchais, Peltier, F. Pradeau, M. Roux, Roudaud, Saine et Valluand, conseillers municipaux.

Vosges.

Arrondissement d'Épinal.

COMMUNE D'AYDOILLES.
(767 habitants.)

Même déclaration signée par MM. Martin Just, maire; Olriel Valentin adjoint; Jean-Claude Aubertin, Alexandre Coanet, P. Colnel, Félicien Demange, Jean-Baptiste Demange, E. Guidot, Antoine Houllay, Étienne Lançon, François-Xavier Perrin et P. Rounel, conseillers municipaux.

COMMUNE DE BEAUMÉNIL.
(163 habitants.)

Même déclaration signée par MM. Jules-Émile Pierrat, maire; Jean-Dominique Cunin, adjoint; Édouard Didier, Jean-Baptiste Grivel, Jean-Joseph Mougel, Jean-Napoléon Pierrat, Jean-Auguste Richard, Jean-Damas Royer, François Soriot et Jean-Baptiste Tisserand, conseillers municipaux.

CANTON DE BRUYÈRES.
(2,849 habitants.)

Même déclaration signée par MM. Mathieu, maire et conseiller d'arrondissement; Dr Picheval, adjoint; Cuny, capitaine en retraite, chevalier de la Légion d'honneur et conseiller municipal; L. Beckler, J.-B. Bernard, Antoine Berquand, Joseph Berquand, Camille Claudel, L. Ladague, Parmentier, Rabel et Simon, conseillers municipaux.

COMMUNE DE CHAUMOUSEY.
(405 habitants.)

Même déclaration signée par MM. Édouard Arnould, Auguste Boulay, Gabriel, Élie Garnier, Nicolas-Joseph Marotel, Félix Marotel, Auguste Peutot et Désiré Rouillon, conseillers municipaux.

CANTON DE CHATEL-SUR-MOSELLE.
(1,210 habitants.)

Même déclaration signée par MM. Adolphe Vallon, adjoint; Covillat, Coché, Lejean, Louis Lutz, Paul Paniot, Georges Pfeiffer et Trompette-Petitjean, conseillers municipaux.

COMMUNE DE DAMAS-AUX-BOIS.
(819 habitants.)

Même déclaration signée par MM. Vogien, maire; Thomas, adjoint; Jeannot, Lallemand, Eug. Légé, Milan, Mourot, Véron et Villaume, conseillers municipaux.

COMMUNE DE DEYVILLERS.
(681 habitants.)

Même déclaration signée par MM. Durupt, maire; Jean-Nicolas Bailly, Jean-Nicolas Colin, Victor Colin, Charles Georges, Auguste Krépeuil Morel, Jean-Joseph Parisot, Auguste Vanay et Vichard, conseillers municipaux.

COMMUNE DE DOMÈVRE-SUR-AVIÈRE.
(391 habitants.)

Même déclaration signée par MM. Joseph-Victor Gourguillon maire; François Béclier, Jean-Èvre Beluche, J.-Victor Chaput, Ferdinand Chatelain, Georges Denis et Charles Lecoanet, conseillers municipaux.

COMMUNE DE DOMPIERRE.
(358 habitants.)

Même déclaration signée par MM. Haumonté, maire; Cuny, adjoint; Honoré Bontemps, Jean-Louis Bontemps, Fève, Gaudenot, Nicolas Haumonté et Victor Haumonté, conseillers municipaux.

COMMUNE DE FAYS.
(276 habitants.)

Même déclaration signée par MM. Jean-Baptiste Fremiot, maire; F. Leroyer, adjoint; J.-C. Colin, Georgy, Grosdidier, J. Poncet, J.-B. Rivat et Tilleroy, conseillers municipaux.

COMMUNE DES FORGES.
(1,210 habitants.)

Même déclaration signée par MM. Ch. Bigeard, maire; N. Bégat, adjoint; Nicolas Ferry, Alfred Gérardgeorge, Th. Janot, V. Lamoise, Aug. Leclerc, Am. Pierron, Jean-Baptiste Serpolin et Dam. Thomas, conseillers municipaux.

COMMUNE DE GOLBEY.
(782 habitants.)

Même déclaration signée par MM. Arnould, Jean-Baptiste Charles, François Darve, E. Grossier, Jacquot, A. Mougeot et J.-J. Petot, conseillers municipaux.

COMMUNE DE GUGNÉCOURT.
(257 habitants.)

Même déclaration signée par MM. N.-E. Herbé, maire; Jean-Baptiste Aubert, adjoint; Emile Balland, Joseph Durand, Nicolas Fays, Jean-Baptiste Pierrat, Auguste Pierre, Jean-Baptiste Constant Vaillant, conseillers municipaux, et par vingt-six électeurs.

COMMUNE DE JEANMÉNIL.
(995 habitants.)

Même déclaration signée par MM. J. Bourgau, maire; Jean-Baptiste Jacquot, adjoint; Gérard, Joseph Gérardin, Constant Léger, Prosper Mougin, Joseph Payeur et Gustave Vuillame, conseillers municipaux.

COMMUNE DE NEUVEVILLE-DEVANT-BRUYÈRES.
(226 habitants.)

Même déclaration signée par MM. Jeanmaire, maire; Ballaud adjoint; Hogard, Lacôte, Lecomte et Mongelle, conseillers municipaux.

COMMUNE D'ONCOURT.
(145 habitants.)

Même déclaration signée par MM. Joseph Gaillot, maire ; A. Didelot, adjoint; V. Colé, Jean-Baptiste Cossin, V. Gaillot, Eugène Gaillot, Jules Guillerez, Paul Jeandal, A. Mariotte et Eugène Renaux, conseillers municipaux.

COMMUNE DE PREY.
(108 habitants.)

Même déclaration signée par MM. Jean-Baptiste Pourel, maire; Félix Michel, adjoint; Jean-François Balland fils, Nicolas-Joseph Badonnel, Nicolas Bégel, Dominique Didier, Prosper Poirot, Jean-Nicolas Bourel et Joseph Salmon, conseillers municipaux.

CANTON DE RAMBERVILLERS.
(5,281 habitants.)

Même déclaration signée par MM. Léon Pernet, maire; Ch. Voirson, juge de paix; Henriot et Petitjean, adjoints; F. Aron, Christophe, Eug. Deflin, Drouel, Gentilhomme, Gilot, E. Helle, C. Maire, Manganot, Émile Maurice, V. Marçot et Roussel, conseillers municipaux.

COMMUNE DE SAINTE-BARBE.
(734 habitants.)

Même déclaration signée par MM. Bontemps, maire; Colin, adjoint; André, Barthélémy, Haite, Mary, Mathieu, Saint-Dizier et Simon, conseillers municipaux.

COMMUNE DE THAON.
(1,867 habitants.)

Même déclaration signée par MM. Édouard Diehl, adjoint; Henri Boulanger, Jules Dieterlen, Jules Escham, Armand Lederlin, Camille Malaisé, Alexandre Schlinger et Léon Vogel, conseillers municipaux.

COMMUNE D'UZEMAIN.
(1,622 habitants.)

Même déclaration signée par MM. Champy, maire; Cossin, Ch. Dany, Joseph Fromiot, George, N.-Léonard Grégy, C. Prétot, Victor Prétot, D. Tachet, Ch. Valentin et Vauthier, conseillers municipaux.

Arrondissement de Mirecourt.

COMMUNE DE BONVILLET.
(526 habitants.)

Même déclaration signée par MM. Naidet, maire; Grosjean, adjoint; Bouvinet, Coqron, Jacquerez, Jacquotté, Legros, Mercier, Prévot et Ramassine, conseillers municipaux.

COMMUNE DE CLAUDON.
(1,094 habitants.)

Même déclaration signée par MM. Thiellement, maire; Auguste Drouet, Galaput, A. Garillon, L. Gautier, Prenel, Rollin, Slifinard, F. Thonon, J. Vernier, conseillers municipaux, et par 40 électeurs.

COMMUNE DE DERBAMONT.
(407 habitants.)

Même déclaration signée par MM. Antoine Finot, maire; Charles-François Colin, adjoint; Jean-Baptiste Demangel, Victor Fauton, Cyrille Génin, Joseph Laurent, Pierre Mattenez et Jean-Baptiste Vaillant, conseillers municipaux.

CANTON DE DOMPAIRE-LAVIÉVILLE.
(1,368 habitants.)

Même déclaration signée par MM. Léopold Mathieu, maire; Didier, adjoint; Dr Legras, conseiller d'arrondissement; Charles Clair, Auguste Grandvallet, Grobert, Maudru, Lucien Pécherot et Joseph Thouvenot, conseillers municipaux.

COMMUNE DE DOMBROT-LE-SEC.
(591 habitants.)

Même déclaration signée par MM. Gaulard, maire; Barjonet, Cévotte, Cévalte, Gilbert, Guillemin, Emile Halliot, Lardenois, Munier, Richard et Thirion, conseillers municipaux.

COMMUNE DE MARTINVELLE.
(540 habitants.)

Même déclaration signée par MM. Joseph Andriot, maire; Joseph Bredin, adjoint; Durand, François Ferdinand, Eugène

Hacquard, Antoine Jamel, Jules Joly, Alexandre Martin, François Richard et Louis Vaillant, conseillers municipaux.

CANTON DE MONTHUREUX-SUR-SAONE.
(1,534 habitants.)

Même déclaration signée par MM. Édouard Bresson, maire, conseiller général et député; Eugène Prenelle, adjoint; Charles Brodard, Chrysostôme Fenard, Félix Gaillard, Léon Marquelet, Armand Petigny, Nicolas Poincelot, Benoît Vernet et Nicolas Vernet, conseillers municipaux.

COMMUNE D'OËLEVILLE.
(503 habitants.)

Même déclaration signée par MM. Eugène Didelot, maire; Bourdouche Protot, adjoint; Victor Bastien, Auguste Bourdouche, Lucien Bourdouche, Eugène Guillerey, Joseph Miard, Emile Noël et Lucien Poincot, conseillers municipaux.

COMMUNE DE SENONGES.
(475 habitants.)

Même déclaration signée par MM. Brutte, maire; Barthélemy, Bertrand, Franquin, Grandjean, Pierre, Suprin, Thouvenel et Valentin, conseillers municipaux.

COMMUNE DE SAINT-BASLEMONT.
(290 habitants.)

Même déclaration signée par MM. Pierre Gantois, adjoint; Joseph Clément, Joseph Fauté, Charles Gallois, Jules Lorrain et Victor Lorrain, conseillers municipaux.

Arrondissement de Neufchâteau.

COMMUNE DE CRAINVILLIERS.
(528 habitants.)

Même déclaration signée par MM. Robert, maire; Diolot, adjoint; Besot, Clavier, Collot, Didelot, Poirson, Raould, Triboulet, Vareille et Villaume, conseillers municipaux.

COMMUNE D'ÉTANCHE.
(65 habitants.)

Même déclaration signée par MM. L. Bogard, maire; Baudry, Courrière, Crélier, Gamar, Jacquin, Larcher, Lhuilier et Thiéry, conseillers municipaux.

COMMUNE DE FOUCHÉCOURT.
(267 habitants.)

Même déclaration signée par MM. E. Pothier, maire; Félix, adjoint; J. Darney, Fèvre, J. Georges, P.-N. Perrin, C. Prevot, Suprin et Vincent, conseillers municipaux.

COMMUNE DE HOUÉVILLE.
(162 habitants.)

Même déclaration signée par MM. Claudel-Joseph Lambert, maire; Prosper Bégin, Emile Galand, Isidore Lallemand, Nicolas Mougenot, Benjamin-Jean Piérot, Nicolas Piérot et Aimé Turlat, conseillers municipaux.

COMMUNE DE MARTIGNY-LES-GERBONVAUX.
(355 habitants.)

Même déclaration signée par MM. Simon, maire; Casimir Aubry, adjoint; Joseph Cherpitel, Leloup et B.-C. Maîtrehanche, conseillers municipaux.

COMMUNE DE MARTIGNY-LES-LAMARCHE.
(1,077 habitants.)

Même déclaration signée par MM. Rifflat, maire; Thibaut, adjoint; Collard, ancien maire et conseiller municipal; Bourcier, Dharréville, Enderlin, Ferry, Hittel, J. Hubetot, Mérouël, J. Robin et Vaillant, conseillers municipaux.

COMMUNE DE MONT-LÈS-NEUFCHATEAU.
(321 habitants.)

Même déclaration signée par MM. Barthélemy Parmentier, adjoint, faisant fonction de maire; Joseph-Adolphe Mathieu, ancien maire; Joseph Berger, Charles Chané, Auguste Claude, Eugène Gahon, Hippolyte Huguet, Emile Humbert et Augustin Jacob, conseillers municipaux.

COMMUNE DE MORELMAISON.
(189 habitants.)

Même déclaration signée par MM. Morlot, maire; J. de Saint-Sulpice, Ditte, A. Grandidier, Haurent, J. Morlot, Paintendre et Picard, conseillers municipaux.

COMMUNE D'OLLAINVILLE.
(234 habitants.)

Même déclaration signée par MM. Aimé Brenel, maire; Jean-Baptiste Bourgon, adjoint; Hilaire Claude, Séraphin Frébillot, Eugène Lassaux, Hippolyte Lassaux, Justin Lassaux, Aimé Mangin et Firmin Renaut, conseillers municipaux.

COMMUNE D'OUTRANCOURT.
(108 habitants.)

Même déclaration signée par MM. Camus, maire; Delamontagne, Develotte, Gassour, François, Mansuy, Messager et Rigollot, conseillers municipaux.

COMMUNE DE PUNEROT.
(426 habitants.)

Même déclaration signée par MM. Philippe, maire; Bauvoy, Boulangé, Cochinaire, Durand, Héber, Adolphe Mangeoz et Serdoz, conseillers municipaux.

COMMUNE DE ROUCEUX.
(2,256 habitants.)

Même déclaration signée par MM. Mercier, maire; Nicolas-Alexandre Pernot, adjoint; Charles Décosse, V. Martin, Morlot, Charles Simonin et Théodore Soulard, conseillers municipaux.

COMMUNE DE RUPPES.
(314 habitants.)

Même déclaration signée par MM. François, maire; Simonin, adjoint; Jules Aubry, Paulin Aubry, Marrand, Mahalin, Pierre Simonin, Ch. Thouvenin et Paulin Thouvenin, conseillers municipaux.

COMMUNE DE SAINT-ELOPHE.
(120 habitants.)

Même déclaration signée par MM. Messager, maire; Joseph François, adjoint; Bourion, J. François, Galand, Joseph Lebrun, Mahalin, Claude Mourot et P.-F. Rasquin, conseillers municipaux.

COMMUNE DE SONCOURT.
(195 habitants.)

Même déclaration signée par MM. Dillot, maire; Chutin, Duval, Noël et Rollin, conseillers municipaux.

COMMUNE DE TOLLAINCOURT.
(355 habitants.)

Même déclaration signée par MM. Simon, maire; Aubert, Collin, Henriot, Lechantre, Michel, Plyant, Rochot et Soyer, conseillers municipaux.

Arrondissement de Remiremont.

COMMUNE DES GRANGES-DE-PLOMBIÈRES.
(1,412 habitants.)

Même déclaration signée par MM. Rapin, maire; Bernardin, V.-J. Bernardin, Bonnard, S. Creusot, F. Duchêne, Etienne, Jeanvoine, R. Joly et Lemercier, conseillers municipaux.

COMMUNE DE RAMONCHAMP.
(1,505 habitants.)

Même déclaration signée par MM. Besson, maire; Maudelert, adjoint; Antoine, Demange, Duhoux, Félix, Godel, Picard et Souvay, conseillers municipaux.

COMMUNE DE TENDON.
(1,064 habitants.)

Même déclaration signée par MM. Humbertclaud, maire; A. J. Martiné, adjoint; E. Aubry, Bégel, Boubarde, Ferry, Dr Jacquot, Lacote, Benoît Latray, Pierrat, Pierron et Villemin, conseillers municipaux.

COMMUNE DE VENTRON.
(1,340 habitants.)

Même déclaration signée par MM. A. Mounet, maire; J. Jeanpierre, Laneux, D. Mourot, Dominique Perrin, D. Valdenaire, D. Vatroff et Veans, conseillers municipaux.

Arrondissement de Saint-Dié.

COMMUNE DE BAN DE SAPT.
(comprenant les villages de Le Rouaux, La Fontenelle, Laître, Le Freyteux, Nayemont, Launoy et Gemaingoutte, 1,441 habitants.)

Même déclaration signée par MM. Humbert, maire; Constant Colin, adjoint; Barlier, Bertrand, D. Colin, Jean-Louis Didiot, Jacquot Herry, A. Jardel et Nicolas Lhôte, conseillers municipaux.

COMMUNE DE BELVAL.
(334 habitants.)

Même déclaration signée par MM. Guillaume maire; Charpentier, Gaire, Guidat, Guillaume, Payeur et Urbain, ancien maire, conseillers municipaux.

COMMUNE DE CHATAS.
(346 habitants.)

Même déclaration signée par MM. Blosse, maire; Michel adjoint; Bertrand, Blosse, Clevenot, Didion, Gérard, Jendel, Mary, Michel et Morel, conseillers municipaux.

CANTON DE GÉRARDMER.
(6,543 habitants.)

Même déclaration signée par MM. Martin, maire; Claude et Valentin, adjoints; Bédel, A. Cuny, Lalevée, Martin-Pierrat, Pierrat, Toussaint, J. Étienne Thomas, Charles Valentin et Vincent-Viry, conseillers municipaux.

COMMUNE D'HURBACHE.
(518 habitants.)

Même déclaration signée par MM. Gérard, maire; André, adjoint; Nicolas Cuny, Louis Claudel, Victor Glay, Nicolas Gérard, Pierrat et Adolphe Ory, conseillers municipaux.

COMMUNE DE LA PETITE-RAON.
(1,215 habitants.)

Même déclaration signée par MM. Georges Valentin, maire; Paul Rochatte, adjoint; Jules Arnould, Jean-Georges Adenot, Jean-Baptiste Caumont, Charles Chibel, Alexandre Fréchard, Élie Jeandel, Jean-Baptiste Langlaude et Eugène Paté, conseillers municipaux.

COMMUNE DU PUID.
(380 habitants.)

Même déclaration signée par MM. Couin, maire; Jean-Baptiste Pierron, adjoint; H. Barthélemy, Émile Humbert, J.-F. Nicole, C. Odile et Sennery, conseillers municipaux.

COMMUNE DE MENIL.
(402 habitants.)

Même déclaration signée par MM. Joseph Pierron, maire; Auguste Bayard, adjoint; Grégoire Conroy, Victor Comond, Jean-Baptiste Nicolle, Joseph Nicolle, Lucien Lallemand et Denis Pierson, conseillers municipaux.

COMMUNE DE MOYENMOUTIER.
Comprenant les villages de Faire, Lachapelle, Brayel, Saint-Blaize, la Brelle et Himbeaumont (le grand et le petit).
(3,339 habitants.)

Même déclaration signée par MM. Victor Foy, maire; Joseph Poignon, adjoint; Charles André, Joseph Antoine, André, Ernest Baverot, Hubert Baze, Victor Barthélemy, Joseph Bastien Sébastien Chaudron, Joseph Colin, Émile Claude, Charles Gérard, Jean-Baptiste Gérardin, Idulphe Humbert, Idulphe Jacquot, Joseph Jacquot, Hippolyte Kauffer, Idulphe Nicolas et Joseph Vincent, conseillers municipaux.

COMMUNE DE MOUSSEY.
(1,810 habitants.)

Même déclaration signée par MM. Marchal, maire; Bastien, adjoint; Michel Bastien, Émile Blaise, Valentin Collé, François Eigle, J. Guidat, Jutien Gallevie, Émile Hung, Augustin Millière, Baltazard Poussardin, Joseph Quirin et Eugène Urbain, conseillers municipaux.

COMMUNE DE SAINT-REMY.
(724 habitants.)

Même déclaration signée par MM. Duvic, maire; Luole, adjoint; Joseph Avoije, Jean-Baptiste Blaise, Émile Blaise, J.-H. Cherdavoine, Dominique Cuny, Derveaux, André Foucal, François Husson, A. Pierrat, Eugène Régnier, conseillers municipaux, et Colin, instituteur.

COMMUNE DU SAULCY.
(834 habitants.)

Même déclaration signée par MM. Rapp, maire; Bénitte, Durand, Launay, Litaise, E. Louis et Mangin, conseillers municipaux.

CANTON DE SÉNONES.
(2,950 habitants.)

Même déclaration signée par MM. Bazin, Calba, Caumont, Dette, Herriot, Lanne, Marlier, Léon Maréchal, C. Pierson et Sayes, conseillers municipaux.

COMMUNE DE VERMONT.
(325 habitants.)

Même déclaration signée par MM. Bastien, maire; Fenery, adjoint; Georgeon, Humbert, Masson, Mathieu et Poirot, conseillers municipaux.

COMMUNE DE VIEUX-MOULIN.
(308 habitants.)

Même déclaration signée par MM. Jean-Baptiste Herry, maire; Louis Gainel, adjoint; Benoît Barthélemy, Jean-Baptiste Claudel, Jean-Baptiste Colin, Jean-François Colin, Louis Nicolle, Eugène Nicolle et Charles Toubhans, conseillers municipaux.

Yonne.

Arrondissement d'Auxerre.

VILLE D'AUXERRE.
(16,239 habitants.)

Même déclaration signée par MM. Dalbanne, maire; Victor Claude, adjoint; Boivindonnet, Coste, André Camille, Desmolières, Guitton, Hérold, Huillier, Lorin, Maignet, J. Massot, Menceaux, Martin, Perriquet, Pescheux et Richard, conseillers municipaux.

COMMUNE D'AUGY.
(378 habitants.)

Même déclaration signée par MM. Lhéritier, maire; Chapotin, Chevoins, Défaix, Perreau, C. Ravençon et Thièvre, conseillers municipaux.

COMMUNE DE BEAUMONT.
(408 habitants.)

Même déclaration signée par MM. Martin, maire; Delarche adjoint; A. Plart, Tribaudeau, Vernière, V. Villain et E. Villain, conseillers municipaux.

COMMUNE DE LA CHAPELLE-VAUPELLETAIGNE.
(215 habitants.)

Même déclaration signée par MM. Jean-Baptiste Fourrey, maire; Pierre Tremblay, adjoint; Luis-Séverin Papavoine, Rousselet Baudel, Louis Tremblay, Narcisse Tremblay et Louis Vocoret, conseillers municipaux.

COMMUNE DE CHEMILLY, PRÈS SEIGNELAY.
(569 habitants.)

Même déclaration signée par MM. Claude Gaillard, maire Naillet-Cyr, adjoint; Louis Chavard, Ambroise Couché, Debriat-Cyr, Antoine Deschamps, Maximilien Gaillard, Ferdinand Ferrand, Alexandre Pillin, Auguste Naillet et Sévère Naillet, conseillers municipaux.

COMMUNE DE CHENY.
(831 habitants.)

Même déclaration signée par MM. Barillon, maire et conseiller d'arrondissement; Colombet, adjoint; Boursin, Brillault, Bey, Boucheron, Chambon, Cappé, Mocquot, Vallée et Valodin, conseillers municipaux.

COMMUNE DE CHICHY.
(63 habitants.)

Même déclaration signée par MM. Duveaux, maire; Alexandre Gouvine, adjoint; Bourguignon, Filley, Louis Gouvine, Rousseau-Sillas et Louis Rousseau, conseillers municipaux.

COMMUNE DE GURGY.
(594 habitants.)

Même déclaration signée par MM. A. Mathieu, maire; Étienne Berault, adjoint; Elie Baillot, Louis Calmaud, G. Demeaux, Étienne Jeangneau, André Latroye, Germain Latroye,

Claude Plard, A. Robin, A. Rousseau, conseillers municipaux, et Romand, conseiller municipal et conseiller général.

COMMUNE D'HAUTERIVE.
(953 habitants.)

Même déclaration signée par MM. A. Déguy, maire; Célestin Déguy, adjoint; Célestin Clairin, Chênegros, Chartraire, L. Déguy, Cyprien Fay, R. Fourcy et L. Sauvage, conseillers municipaux.

COMMUNE D'HÉRY.
(1,588 habitants.)

Même déclaration signée par MM. S. Moreau, adjoint au maire; Chambon, G. Cornu, B. Clemenceau, F. Gautherin, Lemasson, Jules Loiseau, Petitjean et Rousseau, conseillers municipaux.

COMMUNE DE LICHÈRES-PRÈS-AIGREMONT.
(355 habitants.)

Même déclaration signée par MM. Auguste Duchatel, maire; Jean-Baptiste Berthault, Auguste Blondeau, Narcisse Chartraire, Joseph Gounot, Nizé Gounot, Eugène Langlois, Edouard Lemoine et Eugène Rougneau, conseillers municipaux.

COMMUNE DE LIGNORELLES.
(361 habitants.)

Même déclaration signée par MM. Hugot, maire; Tremblay, adjoint; Victor Durup, Guillé, Edme Hugot, Claude Jolly, Justin Jolly, Firmin Tapinier et J. Tremblay, conseillers municipaux.

CANTON DE LIGNY-LE-CHATEL.
(1,418 habitants.)

Même déclaration signée par MM. H. Tournier, maire; Lapert, adjoint; Madelain Blond, Desvaux, Feuilley, Fontelle, Fournier, Goulley, Mersier, Pigé et Vallot, conseillers municipaux.

COMMUNE DE MAILLY-LE-CHATEAU
(905 habitants.)

Même déclaration signée par MM. Prudot, maire; Millereau, adjoint; Boisanté, Alexandre Boudin, Charles Boudin, Camelin, Debretagne, Delastre, Foubard, Messant, Sestre et Soirat, conseillers municipaux.

COMMUNE DE MALIGNY.
(1,067 habitants.)

Même déclaration signée par MM. Amédée Delinotte, maire; François Picq, adjoint; Louis Bachelier, Victor Crochet, Jean Durup, Ambroise Guinot, Firmin Jossot, Nicolas Laroche, Ulysse Masquelet, Georges Moreau, Auguste Rousselet et Pierre Turpinier, conseillers municipaux.

COMMUNE D'ORMOY.
(698 habitants.)

Même déclaration signée par MM. Laurent Cappé, maire; Germain Sourdillat, adjoint; Léon Andry, Lucien Baillot, E. Basset, Arthur Bey, Léon Boursin, Augustin Cappé, Louis Chanoin, Louis Chat et Frédéric Maillard, conseillers municipaux.

COMMUNE DE PONTIGNY.
(852 habitants.)

Même déclaration signée par MM. Duranton, adjoint; Guillotot, Laroche, Lordereau, Parisot, Vallet et Viaux, conseillers municipaux.

COMMUNE DE ROUVRAY.
(326 habitants.)

Même déclaration signée par MM. Auguste Brillé, maire; Célestin Malaquin, adjoint; Ernest Cazenave, Louis Chaney, Paul Chaney, François Coquibus, Auguste Darlot, Ferdinand Gascoin et Félix Potherat, conseillers municipaux.

COMMUNE DE SACY.
(694 habitants.)

Même déclaration signée par MM. Paul Pivot, maire; Edme Brevin, adjoint; Gustave Barbier, Jean-Baptiste Bourdillat, Jean-Baptiste Carré, Alexandre Cornevin, Eugène Cornevin, Edme Disson et Jean-Baptiste Rouard, conseillers municipaux.

COMMUNE DE SAINT-CYR-LES-COLONS
(774 habitants.)

Même déclaration signée par MM. N. Griffe, maire; Mary, adjoint; F. Alliot, Defflot, A. Duborie, Louis Droin, C. Griffe, A. Gros, Eugène Leseur et F. Roget, conseillers municipaux.

VILLE DE SAINT-FLORENTIN.
(2,482 habitants.)

Même déclaration signée par MM. Lancôme, conseiller général, maire; Donizot, conseiller d'arrondissement et conseiller municipal; Berthelin, D' Boussard, Colinet, Huchard, Hunot, D' Hordereau, Jacquier, Moiset, Frédéric Robert et Vincent, conseillers municipaux.

COMMUNE DE VARENNES.
(444 habitants.)

Même déclaration signée par MM. Courtaux, maire; Barbier, Defert, Guillé, Jean-Baptiste Maugras, Pattey, Jean-Baptiste Rousseau, Rossignol et Tremblay, conseillers municipaux.

COMMUNE DE VILLENEUVE-SAINT-SALVES.
(232 habitants.)

Même déclaration signée par MM. Alexandre Moriamé, maire; Pierre Robin, adjoint; Thomas Coquibus, Séran Massé, Célestin Picard, Amable Truchy et Augustin Vinot, conseillers municipaux.

COMMUNE DE VINCELLES.
(784 habitants.)

Même déclaration signée par MM. Muzard, maire; Boullé, adjoint; Paul Beaufumé, Béguigné, Chevrier, Ferlit, Louis Hadery, Letord, Maupetit, Tribeaudot, Léonce Truchon et Louis Truchon, conseillers municipaux.

Arrondissement d'Avallon.

VILLE D'AVALLON.
(5,930 habitants.)

Même déclaration signée par MM. Bessette, adjoint; J. Mathé, conseiller général et conseiller municipal; J. Bouché, Bourey, Chevalier, Gally, Hourley, Lechion, Nicat, Perdu, Veaulin et Verrier, conseillers municipaux.

COMMUNE DE CHATEL-CENSOIR.
(1,235 habitants.)

Même déclaration signée par MM. Lault, maire; Pillon, adjoint; Félix Bazin, Félix Joachim, P. Maudron, E. Pinet, Sellier, Tissier, Godefroy Vincent et Vildé, conseillers municipaux.

Arrondissement de Joigny.

COMMUNE D'ARCES.
(905 habitants.)

Même déclaration signée par MM. Beaudoin, maire; Poisson, adjoint; Fournier, L. Grand, E.-L. Jobart, Parrigot, Poirier, Thollois et F. Tessot, conseillers municipaux.

CANTON DE BRIENON-L'ARCHEVÊQUE.
(2,707 habitants.)

Même déclaration signée par MM. Leclerc, adjoint, faisant fonction de maire; Félix Chaudet, Julien Creveau, Durand-Désormeaux, Charles Ferlet, Félix Fossé, Henri Grand, François Hurpeau, Georges Mercier, Jules Moreau, Ulysse Ratineau, Dominique Thierry et Villard-Couard, conseillers municipaux.

COMMUNE DE BRION.
(802 habitants.)

Même déclaration signée par MM. E.-A. Vincent, maire; S. Mercier, adjoint; D. Bougnon, C. Coppin, L. Courtois, Cornu, P. Gendot, Larrivé, M. Rativeau, C. Saffroy et D. Soudais, conseillers municipaux.

COMMUNE DE CÉZY.
(1,117 habitants.)

Même déclaration signée par MM. Jean-Baptiste Vincent, adjoint, faisant fonction de maire; Isidore Bénard, Marie Billion, Etienne Bouchet, Théophile Fillot, Isamaël Griache, Théophile Griache, Alphonse Lajoie, Isidore Lajoie, Etienne Protat et Charles Vincent, conseillers municipaux.

COMMUNE DE CHAMPLOST.
(1,359 habitants.)

Même déclaration signée par MM. Victor Giruit, maire; Desbarres-Grandrupt, adjoint; Isidore Bézine, Jules Bézine, Edmond Bézine, Jean-Baptiste Brot, Pierre Compérat, Jean-Baptiste Delagneau, Dominique Delagneau, Alexandre Floriot, Michel Godard et Ferdinand Meunier, conseillers municipaux.

COMMUNE D'ÉPINEAU-LES-VOVES.
(440 habitants.)

Même déclaration signée par MM. Élie Giraudon, maire; Lucien Didelin, adjoint; Hippolyte Bruneau, Louis Duret, Auguste Gagnier, Hippolyte Fouilloux, Eugène Pellard, Athanase Pichon et Eugène Vallot, conseillers municipaux.

COMMUNE DE FONTAINES.
(092 habitants.)

Même déclaration signée par MM. Grivé, maire; Brouille, Gallon, Painchaut et Préaudot, conseillers municipaux.

COMMUNE DE PERREUX.
(801 habitants.)

Même déclaration signée par MM. Baratin, maire; Bourderon, adjoint; Bernier, Carré, Deguenne, Fourchotte, Garnier, Alexis Girardot, Leclerc, Mulon et A. Pierron, conseillers municipaux.

COMMUNE DE SOMMECAISE.
(614 habitants.)

Même déclaration signée par MM. André Laurin, maire; André Nollot, adjoint; Baratin, Alexandre Deroy, Barthélemy Fay, Clément Géry, Louis Géry, Joseph Gillon, Paul Jacob, Théophile Leclerc, Eugène Leverne et Niel, conseillers municipaux.

COMMUNE DE SAINT-CYDROINE-LAROCHE
(989 habitants.)

Même déclaration signée par MM. Étienne Renault, maire; Ch. Molleveau, adjoint; Bridon, Fromont, Gallois, Laurin, Perchein, Henri Rativeau, Armand Rativeau, Saffroy et Sercy, conseillers municipaux, et par MM. Bonnerot, conseiller général et Bandelocque, conseiller d'arrondissement.

COMMUNE DE TURNY.
(1,079 habitants.)

Même déclaration signée par MM. Martin, maire; Charlois, adjoint; Deligne, Villain Dionis, Lavigne, C. Moreau, Paillery, A. Pescheur, Roy, Agénor Simon et Simon Benoni, conseillers municipaux.

Arrondissement de Sens.

COMMUNE DE BAGNEAUX.
(587 habitants.)

Même déclaration signée par MM. Pomel, maire; Pellerin, adjoint; Médéric Carré, Edouard Domine, Désiré Lubrat, Etienne Masson, Poulain-Sirriau, Ridoux et Dominique Simonet, conseillers municipaux.

COMMUNE DE COLLEMIERS.
(452 habitants.)

Même déclaration signée par MM. Jean Guichard, maire; Léon Guichard, adjoint; Bonneau, Bressot, Ernest Pouteau, Joseph Pouteau, Louis Pouteau, Rouif et Terrier, conseillers municipaux.

COMMUNE DE GISY-LES-NOBLES.
(577 habitants.)

Même déclaration signée par MM. Gramain, maire; Aubert, Baudoin, Bizard, Bouchet, Bourgoin, Chenetau, Eugène Guyot, Cyrille Guyot, Sylvestre, Vallon et Viard, conseillers municipaux.

COMMUNE DE MOLINONS.
(310 habitants.)

Même déclaration signée par MM. Louis Sivriau, maire; Moreau, adjoint; Ducie, Gaudissant, Godard, J. Grand, Hippolyte Moreau, Percheron et Simonnet, conseillers municipaux.

COMMUNE DE NOÉ.
(398 habitants.)

Même déclaration signée par MM. Hodry, maire; Masson, adjoint; Audry, Berthelin, Bouchereau, Formé et Vassaré, conseillers municipaux.

COMMUNE DE PARON.
(461 habitants.)

Même déclaration signée par MM. E. Maitrat, maire; Balais, Bourgoin, J. Fouet, Lhéoreau, Picard, Roblot et Ernest Vaudoux, conseillers municipaux.

COMMUNE DE SAINT-DENIS.
(186 habitants.)

Même déclaration signée par MM. Hardy, maire; Blain, Bronchard, Cœurderoy, Dubois, Fasse, Moret, Regnault et Vallon, conseillers municipaux.

COMMUNE DE SUBLIGNY.
(407 habitants.)

Même déclaration signée par MM. Béreault, maire; Fouet, adjoint; Bonneau, Brisson, Guichard, Létoffé, Meunier, Poreau, Rouif et Tesson, conseillers municipaux.

COMMUNE DE VAREILLES.
(345 habitants.)

Même déclaration signée par MM. Théophile Pigeard, maire; Antoine Donon, adjoint; Félix Donon, Etienne Lavoué, Pierre Pigeard, Amédée Polette et Antoine Roy, conseillers municipaux.

COMMUNE DE VÉRON.
(1,190 habitants.)

Même déclaration signée par MM. Ferdinand Baudouard, maire; Louis Rousseau, adjoint; Athanase Barrier, Cyrille Berthelot, Arsène Berthelot, Antoine-Jean Bertrand, Cyprien Cornu, Julien Giguet, Jules Millot, Léon Mérot et Victor Mimard, conseillers municipaux.

CANTON DE VILLENEUVE-L'ARCHEVÊQUE.
(1,878 habitants.)

Même déclaration signée par MM. Edme-Alexandre Thibault, maire; Adolphe Challié, adjoint; Alexandre Chardon, conseiller d'arrondissement et conseiller municipal; Jean-Edme Auger, Félix Bourgeon, Alexandre Cosson, Louis-Augustin Dajou, Elphège Gauthier, Auguste Girard, Pierre-Jules Lanoue, Alexandre Moreau, Achille Noël, Louis Paris, Armand Regnard et Émile Retel, conseillers municipaux.

Arrondissement de Tonnerre.

COMMUNE DE BEUGNON.
(310 habitants.)

Même déclaration signée par MM. Théodore Gibier, maire; Célestin Gibier, adjoint; Narcisse Chattez, Adolphe Chailley, Nicolas Gibier, Isidore Gourmand, Ismaël Tribaudeau et Isidore Tribaudeau, conseillers municipaux.

COMMUNE DE LÉZINNES.
(680 habitants.)

Même déclaration signée par MM. Parès, maire; L. Renard, conseiller d'arrondissement; Quillot, conseiller municipal et délégué cantonal; Baudier, Chamon, Charlochet, Cochois, Jossier, Leclerc, L. Paillot, A. Paillot et Roche, conseillers municipaux.

COMMUNE DE NEUVY-SAUTOUR.
(1,380 habitants.)

Même déclaration signée par MM. Crantin, maire; Hubert, adjoint; P. Chauvelot, conseiller municipal et délégué cantonal; Darley, Fourrey, A. Gourmand, Guillot, Jay, Lhuillier, W. Paillery, Tribaudeau, conseillers municipaux, et Hospied, instituteur.

COMMUNE DE TRONCHOY.
(284 habitants.)

Même déclaration signée par MM. Claude Alépée, maire; Félix Cavenet, adjoint; Édouard Alépée, Ferdinand Mathieu, Louis Maugard, Eugène Millot et Pierre Pacot, conseillers municipaux.

ALGÉRIE.

Département d'Alger.

VILLE D'ALGER.
(57,495 habitants.)

Même déclaration signée par MM. Dr Fouillot, maire; Alphandéry, premier adjoint; Dumain, Guillemin et Ach. Huré, adjoints; Dr Boyer, Joseph Crispo, Léon Chudaca, Crech, Ipalla, Martin, Mustapha Raïato, V. Mallarmé, Palisser, Pezé, Roby, Rampon, H. D. Solal, Wahl et Vignard, conseillers municipaux.

COMMUNE DE BERROUAGHIA.
(520 habitants.)

Même déclaration signée par MM. Jean, maire; Demolin, Noël, Jules Sicard fils, Robert et Sportiche, conseillers municipaux.

COMMUNE DE MÉNERVILLE.
(4,703 habitants.)

Même déclaration signée par M. Paul Just, maire; Gabriel; Farges, adjoint; Joseph Catala, Jean Saint-Romas, conseillers municipaux; Winime, adjoint à Bellefontaine; Jean-Baptiste Moisson, adjoint à Souk-el-Haad et Henri Roussel, conseiller municipal.

VILLE DE MILIANA.
(7,350 habitants.)

Même déclaration signée par MM. Eugène-François Pichon, maire; Trouetté, adjoint; Allemand, Moïse Adda, Anastazo, Hunoux, Tambuorini, conseillers municipaux, et par quatre-vingt-six électeurs.

COMMUNE DE PALESTRO (commune mixte.)
(19,967 habitants.)

Même déclaration signée par MM. Micoud, maire; Becker, adjoint; Azeau, Bernard, Dauvergne, Finet, Mari et Salzy, conseillers municipaux.

COMMUNE DE SIDI-MOUSSA.
(1,904 habitants.)

Même déclaration signée par MM. Jean-Louis Crouzet, maire; Jean-Claude Paris, adjoint; Valentin Forestier, Pierre Mousset et Joseph Perez, conseillers municipaux.

Département de Constantine.

Arrondissement de Bône.

COMMUNE DE BARRAL.
(580 habitants.)

Même déclaration signée par MM. Merlo, maire; Paquier, conseiller municipal; Th. Cellerin, P.-E. Cornu, E. Mermet, principaux imposés.

COMMUNE DE GASTU.
(495 habitants.)

Même déclaration signée par MM. Godard, maire; d'Hesmivy d'Auribeau, adjoint; Depaire, Gourel et Martel, conseillers municipaux.

CANTON DE MONDOVI.
(1,080 habitants.)

Même déclaration signée par MM. Warion, maire; Barèges, conseiller général et conseiller municipal, et Simonin, conseiller municipal.

Département d'Oran.

COMMUNE D'ASSI-AMEUR.
(251 habitants.)

Même déclaration signée par MM. Taroill, maire; Spithaler, adjoint; Faure, Finkbeiner, Fouilloux, Gukert, Mosser et Schneider, conseillers municipaux.

COMMUNE D'ASSI-BOU-NIF.
(338 habitants.)

Même déclaration signée par MM. Joseph Lagier, maire; M. Couzinet, Schœffner, F. Suplen, G. Steibel et Charles Villier, conseillers municipaux.

COMMUNE DE FLEURUS.
(548 habitants.)

Même déclaration signée par MM. Rabisse, maire; Grenier, Jean-Baptiste Martin, Etienne Paillas, Auguste Rabisse et Francisco Vidal, conseillers municipaux.

VILLE DE MOSTAGANEM.
(11,770 habitants.)

Même déclaration signée par MM. Rousseau, maire; Samuel Cohen et David Cyrille, adjoints; Mohammed-ben-Djennat, adjoint indigène; Alioua-ben-Alioua, Baroudi-ben-Sadoun, Fouque, Gatto, Jautard, Rabuel, Soulès, Teilh et Vagnon, conseillers municipaux.

COMMUNE DE SAINT-CLOUD.
(2,402 habitants.)

Même déclaration signée par MM. Drouin, maire; Blot et Lacroix, adjoints; Jœger, Laurent, Lavie et Vallon, conseillers municipaux.

COMMUNE DE SAINT-LEU.
(5,070 habitants.)

Même déclaration signée par MM. Marchal, maire; Blanfunay, adjoint; Etienne Bay, Chabre, Leininger, Millicher et Bertrand Roubineau, conseillers municipaux.

COMMUNE DE SAINT-LOUIS.
(1,063 habitants.)

Même déclaration signée par MM. Vincent, maire; Antonio Galant, Léopold Coulon, Alexis Jacquet, Ferdinand Louvet, Olivier, Phalippon et Joseph Placide, conseillers municipaux.

VILLE DE TIARET.
(3,308 habitants.)

Même déclaration signée par MM. Jaupois, conseiller général; Martin, maire; Sentenac, adjoint; Abd-el-Kader-ben-Nassour, Bénazech, Jaupois, Roger et Solor, conseillers municipaux.

Le Comité du Cercle Parisien adresse l'appel le plus pressant aux sénateurs et députés républicains, aux conseillers généraux et d'arrondissement, aux maires et aux conseillers municipaux, aux délégués cantonaux, enfin à tous ses correspondants, pour qu'ils stimulent le zèle des personnes qui n'ont pas encore donné leur adhésion à notre enquête.

Tous les véritables amis de l'instruction, tous les partisans sincères de la liberté de conscience, se feront un devoir et un honneur de joindre leurs efforts aux nôtres, et nous les en remercions à l'avance.

Le secrétaire général,
EMMANUEL VAUCHEZ.

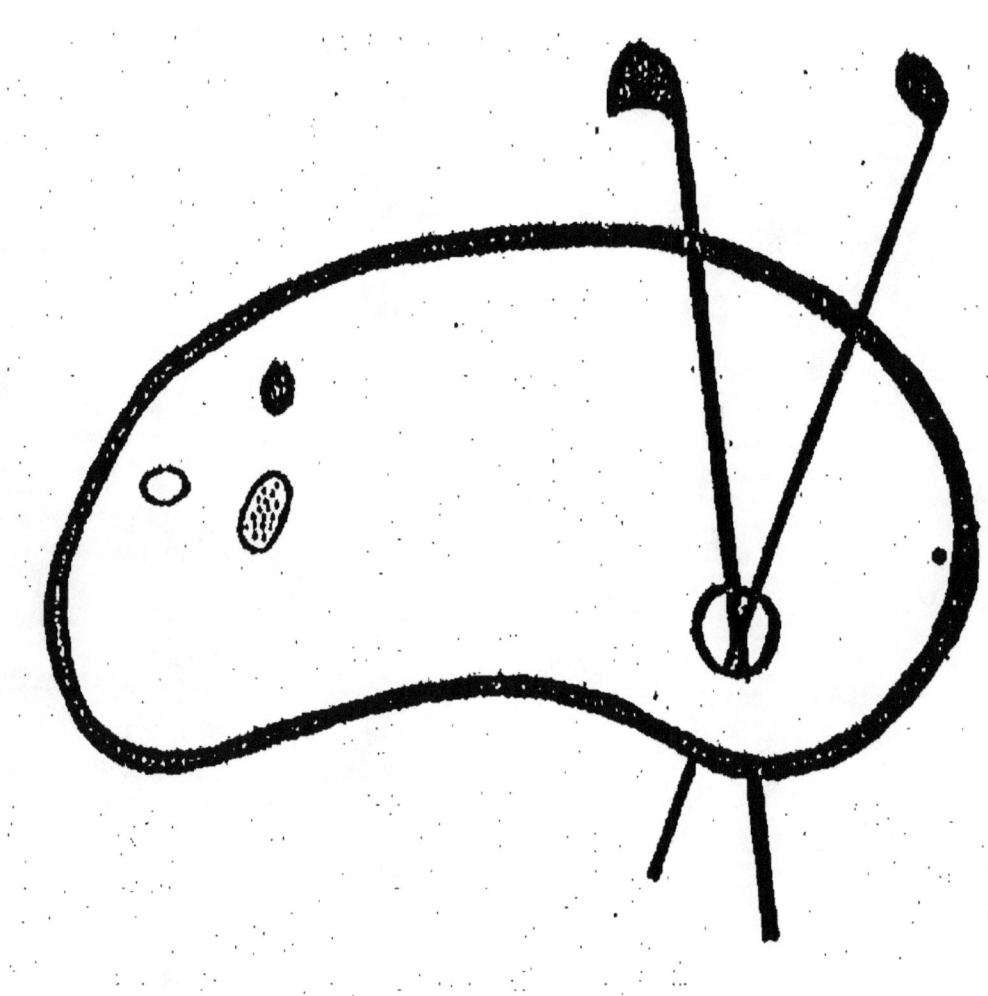

ORIGINAL EN COULEUR
Nº Z 43-120-8

www.ingramcontent.com/pod-product-compliance
Lightning Source LLC
Chambersburg PA
CBHW050336170426
43200CB00009BA/1618